U0965229

中央财政支持高等职业学校提升专业服务能力项目成果教材

电子商务与动态媒体

——3D技术在动态媒体中的应用

宋丽芳　严增镔　主编

中国农业大学出版社
·北京·

内容简介

本书根据一个真实虚拟旅游网站的开发过程，按照工作任务方式进行编写。全书一共分为两大部分，项目一主要对电子商务与动态媒体进行基本概述，项目二结合项目主要介绍了虚拟网站的开发过程，其中任务一到任务三介绍了项目基本情况、项目实施的基本条件和前期准备，任务四重点介绍了如何使用 3D Max 软件建模以及灯光、材质、贴图、环境等技术的具体使用方法，任务五介绍了如何结合实际项目创建房屋、地形等模型，任务六和任务七介绍了 3D 技术与虚拟现实怎样与电子商务平台结合以及其在商务网站中的展示。

本书可作为高职院校相关专业以及社会培训班的教材，同时也可作为电子商务与动态媒体相关工作人员的自学参考用书。

图书在版编目(CIP)数据

电子商务与动态媒体——3D 技术在动态媒体中的应用/宋丽芳，严增镔主编.—北京：中国农业大学出版社，2013.12

ISBN 978-7-5655-0809-7

Ⅰ.①电… Ⅱ.①宋…②严… Ⅲ.①多媒体-应用-电子商务-高等职业教育-教材 Ⅳ.①F713.36

中国版本图书馆 CIP 数据核字(2013)第 207156 号

书　　名　电子商务与动态媒体——3D 技术在动态媒体中的应用
作　　者　宋丽芳　严增镔　主编

策划编辑　康昊婷　伍　斌　　　**责任编辑**　刘耀华
封面设计　郑　川　　　**责任校对**　王晓凤　陈　莹
出版发行　中国农业大学出版社
社　　址　北京市海淀区圆明园西路 2 号　　　**邮政编码**　100193
电　　话　发行部 010-62818525,8625　　　读者服务部 010-62732336
编辑部 010-62732617,2618　　　出　版　部 010-62733440
网　　址　http://www.cau.edu.cn/caup　　　**E-mail**：cbsszs @ cau.edu.cn
经　　销　新华书店
印　　刷　北京时代华都印刷有限公司
版　　次　2014 年 3 月第 1 版　2014 年 3 月第 1 次印刷
规　　格　787×1 092　16 开本　11 印张　268 千字
定　　价　22.00 元

图书如有质量问题本社发行部负责调换

编者名单

主　编　宋丽芳（北京农业职业学院）

严增镔（宜宾职业技术学院）

副主编　赵丽红（中央民族大学继续教育学院）

朱京燕（北京农业职业学院）

李燕芳（中国大运河文化旅游研究开发中心）

高　鹏（北京农业职业学院）

参　编　杜一馨（北京农业职业学院）

薛晓燕（北京农业职业学院）

耿乔科（北京农业职业学院）

韩　欧（北京农业职业学院）

杨建青（北京农业职业学院）

陈　江（北京启明星辰卡通文化传播有限公司）

刘　鹏（北京启明星辰卡通文化传播有限公司）

曹　方（宜宾职业技术学院）

杨　博（宜宾职业技术学院）

刘书会（北京市门头沟区农村工作委员会）

李保牙（北京市门头沟区农村工作委员会）

顾　问　王九中（北京市门头沟区农村工作委员会）

陈　军（北京启明星辰卡通文化传播有限公司）

序　言

东山之巅三尊神，福禄寿星照古村；
上得爨头纳紫气，下有门插锁财神。

这是对北京市门头沟区斋堂镇爨底下村的形象描绘。门头沟区爨底下村是具有悠久历史的一个古村落，风景优美，传承有序，渗透着浓浓的历史文化气息。伴随着依据要素禀赋和产业发展基础，确立“一带、两线、四点”的产业发展思路，门头沟区将大力发展旅游文化产业，并着力促进旅游与文化产业的深度融合。

但是在宝贵的资源条件下，要挖掘历史文化内涵，开发旅游文化产业，门头沟需要提升和优化传统的商业模式，打造高端生态消费品牌，建立功能完备、特色鲜明，符合宜居城市发展要求的商业体系和商业氛围。

正是在这样的背景条件下，作者试图编写一部实用教材，这部教材将现代信息技术的理念和手段与文化产业的开发和商业运作融为一体，既服务于相关专业的在校学生，也服务于当地的旅游文化产业，这无疑具有很强的现实意义。

本教材将实现两方面的功能需要：一是以爨底下旅游文化产业开发项目为背景，介绍和分析电子商务技术在旅游业中的一般应用，并在此基础上引入动态媒体技术来展示和推广旅游文化产品；二是结合实际产业项目，为在校学生开发工学结合、理实一体化的应用型教材，从而满足高等职业院校职业技能培养的要求。这种立足于产业实际，以产业发展的功能需求为出发点，结合现代理念和技术开发培训教材的尝试是值得赞赏的。

我们可以相信，本教材将在创新山区旅游文化产业的推广载体、为京郊文化产业的发展提供高效的技术手段、培养更多的技能型人才等方面起到积极的促进作用。

门头沟区区长 王洪钟

2014 年 1 月

序　言

东山之巅三尊神，福禄寿星照古村；

上得爨头纳紫气，下有门插锁财神。

这是对北京市门头沟区斋堂镇爨底下村的形象描绘。门头沟区爨底下村是具有悠久历史的一个古村落，风景优美，传承有序，渗透着浓浓的历史文化气息。伴随着依据要素禀赋和产业发展基础，确立“一带、两线、四点”的产业发展思路，门头沟区将大力发展旅游文化产业，并着力促进旅游与文化产业的深度融合。

但是在宝贵的资源条件下，要挖掘历史文化内涵，开发旅游文化产业，门头沟需要提升和优化传统的商业模式，打造高端生态消费品牌，建立功能完备、特色鲜明，符合宜居城市发展要求的商业体系和商业氛围。

正是在这样的背景条件下，作者试图编写一部实用教材，这部教材将现代信息技术的理念和手段与文化产业的开发和商业运作融为一体，既服务于相关专业的在校学生，也服务于当地的旅游文化产业，这无疑具有很强的现实意义。

本教材将实现两方面的功能需要：一是以爨底下旅游文化产业开发项目为背景，介绍和分析电子商务技术在旅游业中的一般应用，并在此基础上引入动态媒体技术来展示和推广旅游文化产品；二是结合实际产业项目，为在校学生开发工学结合、理实一体化的应用型教材，从而满足高等职业院校职业技能培养的要求。这种立足于产业实际，以产业发展的功能需求为出发点，结合现代理念和技术开发培训教材的尝试是值得赞赏的。

我们可以相信，本教材将在创新山区旅游文化产业的推广载体、为京郊文化产业的发展提供高效的技术手段、培养更多的技能型人才等方面起到积极的促进作用。

门头沟区区长　刘供钟

2014 年 1 月

前 言

随着网络技术的飞速发展，商务活动电子化的优越性更加显著，电子商务技术日趋成熟，传统的电子商务平台无法给用户身临其境的感受，本书将3D技术和虚拟现实技术引入到电子商务平台当中，将多媒体技术与仿真技术相结合，生成逼真的视觉、听觉和触觉一体化的虚拟环境，使网民足不出户就能在网上体验和游览，带来身临其境的感觉。

本教材是在校企合作开展真实化项目的基础上，按照项目工作任务方式进行撰写。爨底下虚拟旅游网站搭建项目是经过前期缜密的市场调研及论证，得到门头沟区政府、景区所在斋堂镇及爨底下村领导、专家的指导、支持，双方以城市郊区旅游作为突破口，瞄准北京京郊丰富的旅游资源，引入创意产业元素，使浏览者获得良好的线上体验，进而产生订单并到此旅游消费，为进一步促进当地经济发展提供解决方案。项目实施的过程中，北京启明星晨卡通文化传播有限公司与北京农业职业学院电子商务专业共同制订了教学实施方案。由北京启明星晨卡通文化传播有限公司设计项目方案，按照项目工作任务方式，校内任课教师与企业讲师穿插讲授项目知识和技能，并指导学生实际操作，学生在掌握必要的知识与技能后，承接项目部分任务。

本教材主要分为两个项目进行编写，项目一着重介绍电子商务概念知识，项目二记录项目小组制作爨底下虚拟旅游景区的具体流程，该项目中主要介绍了项目的背景、前期的准备、行业规范标准、爨底下模型的建立(3D软件的使用)以及虚拟现实技术的展示等。

本教材聘请北京市门头沟区农村工作委员会的王九中和北京启明星晨卡通文化传播有限公司的陈军为顾问；由北京农业职业学院电子商务专业宋丽芳老师和宜宾职业技术学院严增镔担任主编；由中央民族大学继续教育学院副院长赵丽红，北京农业职业学院朱京燕、高鹏，中国大运河文化旅游研究开发中心秘书长李燕芳担任副主编；北京农业职业学院杜一馨、薛晓燕、耿乔科、韩欧、杨建青以及北京启明星辰卡通文化传播有限公司陈江、刘鹏，宜宾职业技术学院曹方、杨博，北京市门头沟区农村工作委员会刘书会、李保牙参加了教材的编写。

在编写过程中，编者借鉴和吸收了国内外专家、学者的最新科研成果，同时也参阅了大量相关书籍和资料。在编写过程中北京启明星晨卡通文化传播有限公司、北京市门头沟区农村工作委员会、北京市门头沟区斋堂镇旅游科、北京市门头沟区斋堂镇爨底下村委会提供了相关项目资料、项目实施文件等，同时也得到了门头沟区政府领导的认可和支持，在此对他们表示衷心的感谢；同时也衷心感谢在此书出版过程中给予我们支持与帮助的相关老师和企业人员。

由于编者水平有限，书中错误和疏漏之处在所难免，请不吝指正，同时欢迎从事课程教学工作的同仁与我们共同探讨项目化教学及教材编写的相关问题。

编 者

2014年1月

目　录

项目一　电子商务与动态媒体介绍 …… 1

任务一　电子商务应用 …… 1

一、电子商务应用现状 …… 1

二、电子商务在旅游业中的应用 …… 5

三、京郊旅游电子商务的应用 …… 9

任务二　动态媒体在电子商务中的应用 …… 12

一、动态媒体软件在电子商务中的应用情况 …… 12

二、3D 技术在电子商务中的应用情况 …… 14

项目二　电子商务与动态媒体案例——爨底下虚拟旅游网站搭建项目 …… 17

任务一　项目基本情况 …… 17

一、项目背景 …… 17

二、项目目标 …… 18

任务二　项目实施的基础条件 …… 18

一、爨底下旅游电子商务化分析 …… 18

二、爨底下景区用 3D 形式表现的必要性分析 …… 18

任务三　项目前期准备 …… 19

一、项目需要的人员配备与分工 …… 19

二、项目工作流程 …… 19

三、项目设备要求 …… 19

四、制作质检规范 …… 20

五、拍照技巧及要求 …… 30

任务四　动态媒体制作过程 …… 31

一、3D Max 工作界面介绍 …… 31

二、基础建模 …… 43

三、高级建模 …… 67

四、多边形建模 …… 80

五、网格建模 …… 92

六、NURBS 建模 …… 96

七、材质与贴图技术 …… 104

八、常用贴图 …… 116
任务五　动态媒体制作实例 …… 121
一、初级 3D 模型房屋制作 …… 121
二、古建筑在 3D Max 中的表现——以爨底下村房屋制作为例 …… 131
三、爨底下村地形制作 …… 136
任务六　将模型导入到动态引擎平台——虚拟现实技术 …… 142
一、虚拟现实技术介绍 …… 143
二、Unity 3D 介绍 …… 143
任务七　3D 技术在商务网站中的展示 …… 160
一、旅游商务网站的特点及未来趋势 …… 160
二、网站内容展示 …… 160
参考文献 …… 165

项目一　电子商务与动态媒体介绍

任务一　电子商务应用

一、电子商务应用现状

受到欧洲债务危机不断加剧，美国经济复苏缓慢等全球经济增长缓慢的影响，中国的经济形势也受到影响。当前经济环境对企业间电子商务行为产生较大影响，企业是电子商务的主要支撑者，但是电商行业与传统行业同样面临着供大于求、市场增加放缓、进口关税政策调整等因素影响。与此同时，快递物流行业新规整顿亦备受考验，随着新规实施普及，对于 B2C 而言有利于其市场发展的良性循环。而另一方面，B2B 外贸模式同样面临不少进出口问题的挑战。海关总署最新发布的数据显示，2012 年全年中国进出口总额为 38 667.6 亿美元，较 2011 年增长 6.2%，而 2011 年同期的增速为 22.5%，下降 16 个百分点。占据电商行业交易规模 80%以上的 B2B 市场规模在 2012 年增速放缓直接影响了整体规模增速，见图 1-1-1。

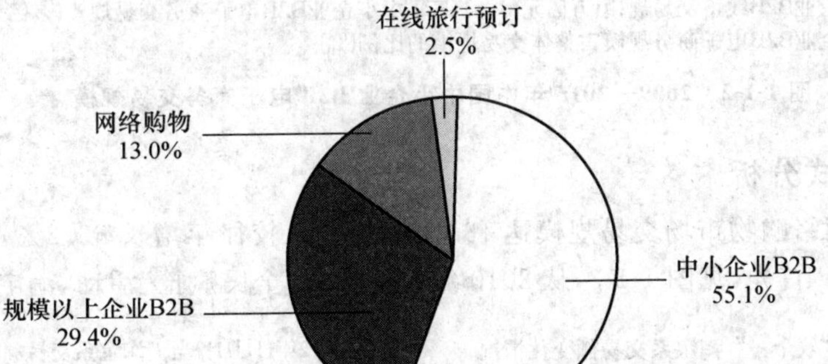

注：2012年中国电子商务市场整体交易规模为1.76万亿元，为预估值。
资料来源：根据企业公开财报、行业访谈及艾瑞统计预测模型估算，仅供参考。

图 1-1-1　2012 年中国电子商务市场交易规模细分行业构成

根据统计数据显示，2012 年电子商务市场细分行业结构中，中小企业 B2B 电子商务占比 53.3%，规模以上 B2B 占 28.3%，企业间电子商务合计占 81.6%；网络购物交易规模市场份额达到 16.0%；在线旅游交易规模占比为 2.1%。

（一）B2B 模式分析

电子商务在我国工业、农业、商贸流通、交通运输、金融、旅游和城乡消费等各个领域的应用不断得到拓展，应用水平不断提高，正在形成与实体经济深入融合的发展态势。跨境电子商务活动日益频繁，移动电子商务成为发展亮点。大型企业网上采购和销售的比重逐年上升，部分企业的电子商务正在向与研发设计、生产制造和经营管理等业务集成协同的方向发展。B2B 电子商务交易平台凸显行业特性，大型 B2B 网站通过细分行业，提高服务能力，按行业特性降低交易成本。与此同时，垂直行业 B2B 交易平台显示出良好的发展势头，国内将出现大量的行业 B2B 网站。行业 B2B 网站竞争差异化特征明显，树立品牌。当前主流的 B2B 网站有中国商品交易中心(CCEC)、阿里巴巴、慧聪等。

电子商务在中小企业中的应用普及率迅速提高，2010 年中小企业网上交易和网络营销的利用率达到 42.1%，网络零售交易额迅速增长，“十一五”期间年均增速达 100.8%，占社会消费品零售总额比重逐年上升，成为拉动需求、优化消费结构的重要途径。2010 年我国网络零售用户规模达 1.61 亿，交易额达到 5 131 亿元，占社会消费品零售总额比重达到 3.3%。中小企业经营状况总体较好，在国内扩大内需、国际经济形势不确定因素影响下，中小企业内贸 B2B 仍将占据较高比例，见图 1-1-2。

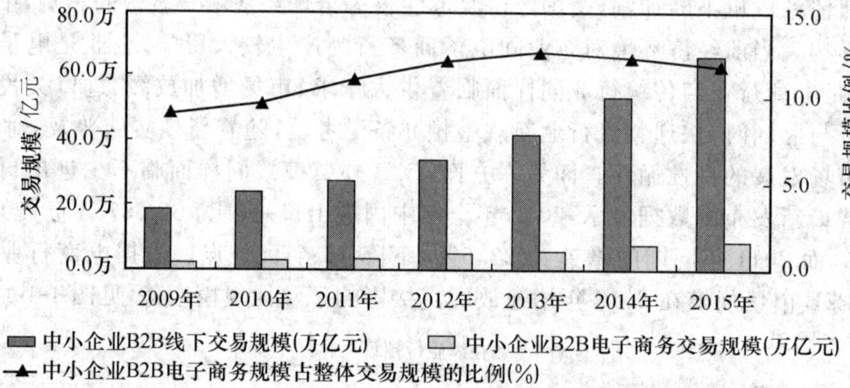

图 1-1-2　2009—2015 年中国中小企业 B2B 电子商务交易规模

(二)B2C 模式分析

2012 年中国网络购物市场交易规模达 13 040.0 亿元，较往年增长 66.2%，占社会消费品总零售额的 6.2%。首先，见图 1-1-3，从 2010 年起受十一“全民疯抢”活动，淘宝商城“双十一”

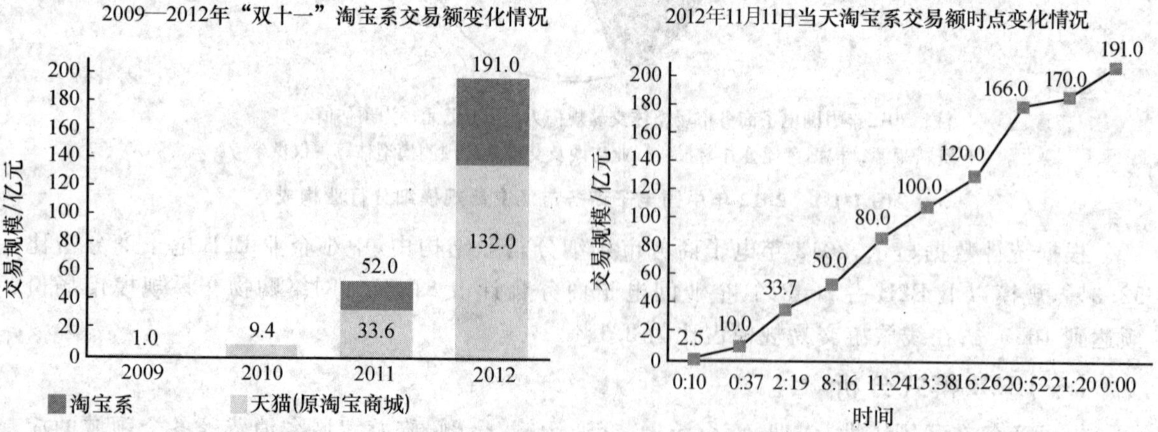

图 1-1-3　淘宝交易额对比图

(资料来源:企业公开资料整理)

大促销，单日交易额 9.36 亿元，创造了商业史上的一个神话。时至 2011 年，当日有 1.2 亿的用户在淘宝上进行了消费，总销售额也达到了 52 亿元，这一数据在 2012 年被刷新为当天淘宝系交易额达到 191.0 亿元，同比增长 267.3%，交易额创历史新高。

伴随着销售额快速增长，中国网络购物逐步进入成熟时期。在未来几年，随着传统企业大规模进入电商行业，中国西部省份及中东部三四线城市的网购潜力的进一步开发，中国网络购物市场整体还将保持较快增长速度，预计 2015—2016 年中国网络购物市场交易规模将超过 30 000 亿元(图 1-1-4)。其次，团购类(O2O)电商继续洗牌，行业排名将浮出水面。B2C 必然是未来电子商务的核心，见图 1-1-5。

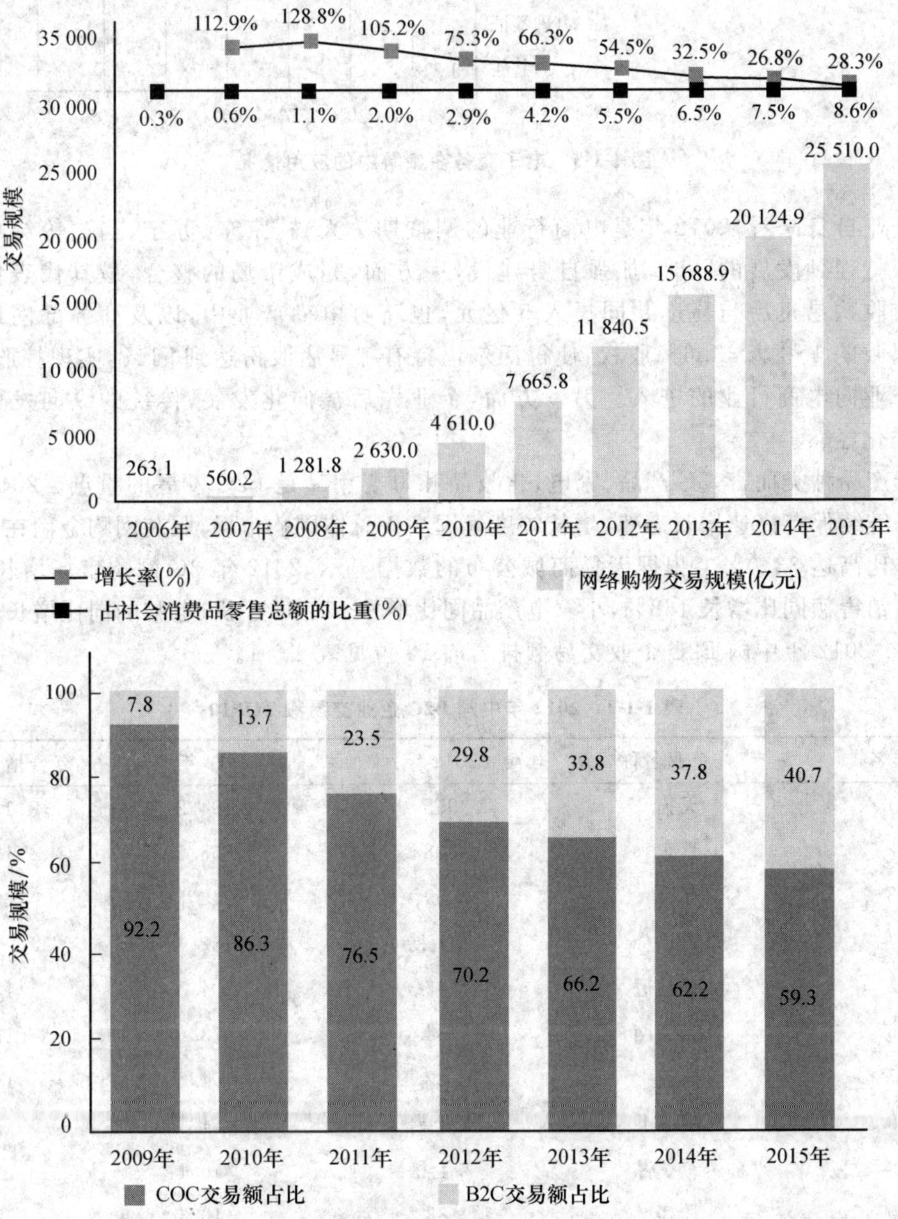

图 1-1-4 网络交易规模变化图与 C2C 所占比例对比图

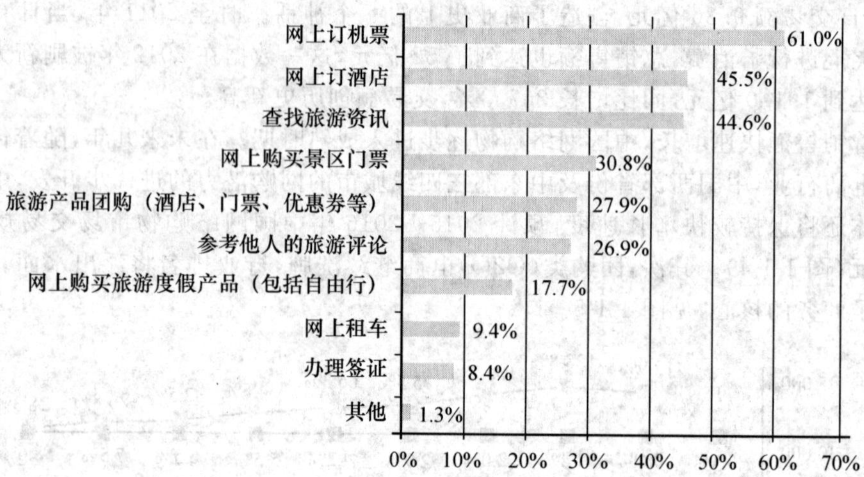

图 1-1-5　电子商务在旅游中的应用情况

对企业自身来看，2012 年是电商行业的调整期。天猫、京东、苏宁、当当等综合类电商平台在保持强劲发展的同时，加强自身建设，一方面，完成市场的整合，最具代表性的是腾讯在完成收购易迅后与易迅共同投入 5 亿元，也跻身电商产业中，以及商务部网站正式批准沃尔玛收购 1 号店 33.6％股权，使得沃尔玛持有 1 号店股份达到 51％，实现控股，实现传统实体产业向电商行业的进入。另一方面，企业先后横向化发展，传统的纵向发展的企业逐步多样化经营。

对于产品种类而言，3C 产品、家电、化妆品和母婴用品是 B2C 发展的重点。2012 年服装网购市场继续保持高速增长态势，增长幅度远远高于总体网购市场，服装网购金额在总体网购金额中占比高达 33.0％。根据天猫商城公布的数据显示，2012 年 3C 网购市场增长迅速，大家电产品销售额同比增长 168％，小家电产品同比增长 155％，手机、电脑的同比增长则超过了 2 倍以上。2012 年中国 B2C 企业交易额排名前 10 位见表 1-1-1。

表 1-1-1　2012 年中国 B2C 企业交易额 TOP10

排名	企业名称	2011 年	2012 年	复合增长率/％
1	天猫	955	2 194.2	130
2	京东	308	758.5	146
3	苏宁	59	213	261
4	腾讯	未上榜	182	
5	亚马逊	46	104.5	126
6	当当网	34	73.5	116
7	国美	22	54.1	146
8	唯品会	未上榜	54.1	
9	1 号店	未上榜	46.1	
10	凡客	38	46.4	22

(三)在线旅游模式

旅游电子商务市场占有率虽然所占比例较低，但近年来受机票、酒店、旅游度假等细分市场的驱动，一直保持30%以上增长速度，随着先进的计算机网络及通信技术和电子商务的基础环境改善，整合旅游企业的内部和外部的资源，扩大旅游信息的传播和推广，实现旅游产品的在线发布和销售，为旅游者与旅游企业之间提供一个知识共享，增进交流与交互平台的网络化运营模式的普及。旅游电子商务将逐渐成为电子商务市场重要的组成部分。

二、电子商务在旅游业中的应用

(一)中国旅游电子商务的发展

旅游电子商务是传统产业与信息技术结合的一个代表性领域。它与金融、软件、出版物并列为电子商务的四大应用领域之一。美利坚航空公司和IBM公司于1959年联合开发了世界上第一个计算机定位系统(SABRE)，成为旅游业信息化萌芽的标志。20世纪90年代晚期，旅游电子商务尚处于萌芽阶段，虽然当时全球旅游电子商务网站才2 500个左右，但是旅游业的电子化和网络化却成为不可阻挡的历史潮流在全球蔓延。此后西方一些发达国家先后建立了比较完善的旅游电子商务体系，旅游电子商务网络和在线交易已形成了一定规模。

在我国，2011年中国互联网用户达4.85亿，网民消费意向明显增强，旅游在线预订市场增长远超过网民增长速度。2009年网上旅游预订用户规模达到3 024万人，比2008年增加77.9%。艺恩旅游咨询统计数据显示，2010年，中国旅游电子商务产业规模达到390亿元，相比2009年的275亿元增长42%，预计未来2年，旅游电子商务市场的年增长率保持在30%以上，到2012年底市场规模有望达到680亿元。旅游业是我国第三产业的主导性产业。经过30多年的发展，逐步发展成为我国国民经济的重要产业，我国的旅游市场规模已跃居世界前列，逐步成为全球最大的旅游市场，旅游业已进入大众化、产业化发展的新阶段。根据国家旅游局预测，到2015年，我国将成为全球最大的旅游市场。在我国发展旅游电子商务有着重要意义。

目前我国旅游电子商务大致分为几种形式：一种是传统旅行社建立起来的旅行社网站，主要服务职能包括信息发布、旅游线路预订等。如网易、中华网的旅游频道等；一种是支持服务类网站，主要服务职能在于旅游服务支持与增强，直接介入旅游服务的某些环节，从而获得服务增值收益。如以提供酒店预订服务为主营业务的携程网以及以提供打折机票为主营业务的艺龙网。此外，网络团购作为一种新兴的商业零售业态，革新了消费领域电子商务的渠道模式。作为旅游团购作为消费领域的一个重要部分，从2011年开始，发展出垂直领域的旅游产品团购，成为我国旅游电子商务中的热点，满座网、拉手网等综合类团购网站推出了独立酒店频道，淘宝旅行平台推出了“淘宝旅行团”活动，除原有的携程、同程、艺龙等老牌在线旅游企业的预订网站，行业外的百度、网易、新浪、腾讯、淘宝等互联网巨头等也先后参与到旅游电子商务中。

(二)电子商务在旅游产业中的应用

1. 电子商务在传统领域的应用

网络旅游应需求而诞生，旅行社、酒店、景区有了自己的旅游网站宣传平台，网络旅游为大家的旅游出行提供了方便之门。旅行社通过网络满足自己的旅游发布需求：旅游企业概况、联系方式、旅游产品资源等；网络旅游同时为游客提供多重选择：丰富的旅游资源、图文并茂的旅游产品等。从网络到旅游为我们实现了一对一的合作模式，游客可以根据网络了解旅行社所提供的资源，自助的安排旅游行程，旅游企业也可以直接面对客户提供多方位的服务。目前，如图 1-1-5 所示，旅游电子商务占据主导的业务以机票、酒店预订等传统业务为核心。根据 2012 年的调查数据显示，旅游者使用最多的三项旅游网站服务分别为：网上订机票(61.0%)、网上订酒店(45.5%)和查找旅游咨询(44.6%)。

旅游电子商务在延续传统的机票、酒店、咨询等业务的同时，网上支付、网上促销、发布信息等功能日益凸显。旅游者可以通过互联网预订服务，可以减少旅游活动的盲目性又可以对质量进行必要的监控。酒店、航空公司可以通过订单决定管理模式，提高效率与服务。

2. 电子商务的延伸应用

在继承传统旅游业务的同时，旅游电子商务的范围不断扩展，通常表现为消费指南的发布和旅游广告的发布。政府主管部门或者电子商务网站可以通过互联网发布真实而丰富的消费指南，让旅客充分了解旅游目的地的注意事项，主要景区、文化传承以及电话地址等信息，在方便旅行者的同时，提高自身美誉度。旅游广告的开发。游客市场是一个具有较强购买力的群体。电子商务企业可以利用旅游电子商务平台提供旅游广告服务，既可以以广告盈利，也为自己赢得了更多的商机。

(三)旅游电子商务的主要优势

1. 资源整合能力强，形成旅游电子商务综合服务平台

从目前市场需求来看，旅游电子商务平台、旅游信息咨询服务、旅游联盟大网络连接等方面的需求比较突出，为个性化旅游提供全方位的信息咨询服务。在现代旅游中，个性化旅游带给旅行者全新的旅游体验，旅行者可自主安排旅行时间和路线，电商经过整合资源，在一个平台上将各种旅游产品提供旅游者挑选，适合当前消费者的消费需求，旅行者自主安排吃、住、娱、购等内容。这种服务具有进一步发展的潜力。以移动商务为例，这种结合了智能网络技术，为移动的游客提供无处不在的个性化、实时的贴心服务，将会真正实现以人为中心的旅游移动服务应用，这为传统的旅游服务无法解决游客在旅游区域和旅行途中临时产生的一些需求，如订餐、租车、购票、订房、更改旅游路线等提供了解决问题的方案。未来旅游业移动商务技术主要应用于移动支付、短信以及基于位置等方面的服务。

2. 减低成本，形成价格优势

首先，降低企业的交易成本。电子商务的一大优点是能够节约交易费用。据互联网研究与发展中心发布的《中国电子商务指数报告》的测算结果表明，电子商务比传统交易方式节省 11.61%的费用和 9.34%的时间。企业之间的信息沟通与交流是企业间形成各种关系的基础，开通电子商务的旅游企业，借助于网络可以很方便地与其他企业建立网络型商务联系。其次，国内的在线旅游网站主要有携程、艺龙、去哪儿网、同程旅行网、驴妈妈旅游网、芒果旅行网、途牛旅行网、悠哉旅游网等，代理售卖旅游产品、提供垂直搜索服务、提供旅游攻略等是大部分旅游网站的职能。除了利用自己的旅游网站，目前许多旅游网站还看中了淘宝等综合交易平台，通过旗舰店等形式减低服务费或者通过促销活动凭借订单量实现利润。

3. 扩宽销售渠道，利用市场资源

互联网具备 3 个特点：①空间无限，能存储海量的信息；②具有交互功能，使得网络两端的使用者能自如交流，直接沟通；③对信息的发布和使用不存在实质性的限制。网络营销是指利

用互联网进行的市场营销活动。

(1)广泛应用点评社交网站　旅行社交化的本质是SNS社区与用户推荐系统的结合，以SNS社区烘托氛围，以UGC内容服务吸引用户，为更多旅游者提供消费决策帮助。旅游点评和社交网站让用户查询点评攻略、制订旅行计划、分享旅程见闻，是社交、用户生成模式在旅游行业的突破。目前旅游社交和点评服务在中国尚处于发展期，百度等互联网企业也逐步开始建设，随着中国旅游人数的快速增长，旅游需求将不断增加，以社交网站模式与广泛且价值巨大的旅游市场结合起来，旅游社交网站正是这一过程中每一阶段的细分需求的提供者。

(2)微博成为旅游网络营销新媒介　2009年新浪微博推出，迅速抢占了发展先机，2010年腾讯微博凭借原有6亿用户开始强势介入微博。截至2012年，仅新浪微博的注册用户已达到5.03亿。庞大的用户群体，紧密的社会联系是微博产品在未来市场中的基础，目前微博营销已广泛深入到了旅游产业链的各个环节，在线旅游企业越来越重视微博营销的作用，许多企业已经通过应用微博这一社会化媒体营销平台提升自身影响力，航空公司、酒店、旅行社、旅游局和旅游网站纷纷开通了官方微博。对在线旅游企业来讲，微博不仅为商家面向用户提供了绝佳营销平台，也为产品和用户满意度的监测提供了平台。

(3)提高旅游服务质量　传统的旅游营销手段(如广告、宣传手册)与旅游电子商务对比则相形见绌。旅游网络营销创造性地利用互联网三大特点，结合旅游散客化、个性化的发展趋势，弥补了传统营销传播面有限、信息不对称、成本较高、回馈机制迟钝的劣势。旅游电子商务可以向用户提供诸多旅游咨询，让旅游消费者获得可供决策的信息；体现出目标市场的个性化要求，旅游者能通过互联网对旅游产品供给者提供的旅游线路、产品，再根据自己的情况进行组合，真正做到量身定做；它同时也扩大了销售推广的市场范围，能超越时间和空间的性质，随时随地提供营销服务。

旅游电子商务的内容包括旅游路线、景点、酒店、餐饮、交通、人文以及旅游感官等信息；这些信息多以图文结合，声像并茂的形式展示，更详细真实地介绍了相关信息，而通过多媒体制作虚拟场景使有形产品与无形服务达到完美结合，不仅给用户身临其境之感，也迎合了人们“看货购物”的消费习惯。旅游网站可以覆盖中国大型城市乃至新兴村镇的旅游景区，为用户提供全面的旅游咨询、景区预览、客房餐饮等预订服务等，为用户的决策提供信息。此外，旅游网站可以突破时间和地域限制，为用户提供随时随地的快捷服务。

此外，随着社会经济的发展和生活水平的提高，个性化的消费日益成为旅客所追求的目标，追求个性化的旅游、个性化的旅游线路、个性化的旅游经历、个性化的旅游纪念品等。而不断改善的高速交通网络，缩短了旅途时间，加剧了这种个性化需求的发展。在我国旅游业中，90%来自于商业散客和家庭自助游，与此相对的传统的业务模式需要极大的运营成本，旅游电子商务则为此提供了一个广阔的发展空间，以类似“定制”的方式去满足众多的远距离、小批量的旅游消费需求，提升客户满意度。

(4)提升国际竞争力　随着境内外双边经贸交流合作的进一步加强，国外旅游服务公司长驱直入，凭借成熟的电子商务经验，引发的不仅是传统旅游竞争。当前旅游市场逐步开放，网络旅游迅速成熟，整个旅游行业现在的竞争格局逐步被改变，我国旅游企业只有积极参与运用电子商务，适应国际旅游需求的新特征和国际旅游交易的新方式，不断提升品牌形象和服务水准，才能将资源优势转化为产品优势和市场优势，从而提高自身的国际竞争力，在国际旅游市场上赢得一席之地。

4. 旅游电子商务没有物流的制约

旅游业本身并不是以实物交换为主的行业，从旅游业的需求方来说，旅游者购买的是一种经历；从供给方来说，旅游企业提供各种服务，以此来赢得收入，并不涉及任何实物交换。这与做实物经营的企业比起来就省去了许多后顾之忧。从旅游业的行业特点来看，旅游业更适合开展电子商务，电子商务涉及信息流、资金流与物流的协调整合问题，而旅游业却并不涉及复杂的物流问题，资金也可以通过网上结算的方式直接付款。旅游产品比实物形态的产品拥有明显的优势，其生产和销售的过程是在服务过程中完成的，同时旅游产品就是将食、住、行、游、购、娱等产品信息组合在一起，传达给有旅游需求的人群，旅游产品的销售过程实际上是产品信息的传递过程。

(四)旅游电子商务发展中存在的问题

1. 消费者与旅游电子商务企业之间的信任关系还需加强

旅游电子商务企业和消费者之间的信任度还比较低，缺乏了信任将抑制整个旅游电子商务的发展。当前的企业并没有良好的服务意识，多考虑自身利益最大化，忽视与消费者之间的交流。同时，电子商务作为网络经济的发展主力，其法律监督约束与道德的约束还不完善。在传统观念的影响下，许多消费者对旅游电子商务缺乏信任，从而无法相信产品和服务。此外，在网络上，企业的信任度也不容易维护。因此，需要在稳步快速地发展中，重视提高两者之间的信任度问题。

2. 整个行业的品牌合作意识不足，资源整合力度不够

首先，品牌意识决定了未来旅游电子商务发展的方向，整个行业需要鼓励旅游电子商务的创新和品牌意识，通过品牌来实现消费者与企业的共赢。其次，网络经济发展的最大特点就是开放的互联网和公开性。这就造成了网络中的产品和创意具有高模仿复制性，在没有相关知识产权维护渠道和法律支持的情况下，致使旅游电子商务行业的竞争极其激烈。为了进一步实现品牌的效应，需要网络经济中有效可行的知识产权保护法律或制度来维护，更需要旅游电子商务具备品牌合作意识。

3. 网站运行以及电子商务平台建设的资金成本较高

旅游网站在建设、维护和运行中都需要较大的资金投入，来更好地为客户提供高效服务。而同时在搭建旅游电子商务平台，或者加入这个平台中，也要投入一定的资金。当前，电子商务中旅游网站的推广费用占整个资金投入的比重大，市场推广中的成本投入以及盈利周期长的特点，决定了旅游网站以及电子商务平台建设的成本高。在信息化发展中，基础建设需要达到一定的水平，才能保证旅游电子商务具有合理的成本，同时可以让消费者能够在充分信息化的网络经济中获得更多的效益。

4. 行业和地区的差异显著，整体尚待完善

从地域来看，全国型旅游网站集中在北京、上海和广州等几个区域，大多数省份网站发展仅有零星的网站，这也与电子商务整体发展规律相符。从我国旅游业发展状态和国家相关政策上看，二三线城市，以及新疆维吾尔自治区(以下简称新疆)、西藏自治区(以下简称西藏)等旅游电子商务还具有很大市场潜力。从行业来看，根据企业经营的类别、规模、信息化程度的不同，电子商务的发展程度也很大不同。以酒店行业为例，大型酒店和度假村大部分加入了中央酒店预订系统，新发展的例如七天假日、如家等中小型连锁酒店网上服务系统基本完善，但

近年来盛行的"古镇游"、"近郊游"的网上预订还未开始或者尚待完善。

三、京郊旅游电子商务的应用

(一)京郊旅游电子商务现状

1. 京郊旅游中电子商务的现状

电子商务是以信息化为基础,当前我国城乡信息化基础设施有了迅猛发展。2005 年以后,连续 5 年中央有关农业发展强调了农村信息化建设,工业和信息化部等五部委联合制定的《农业农村信息化行动计划(2010—2012 年)》明确把农村信息化当成"推进社会主义新农村建设,全面建设小康社会"、"培养新型农民、切实提高国民素质的迫切需求"、"改造传统产业、促进现代农业发展"、"以工促农、以城带乡、缩小城乡数字鸿沟,形成城乡经济社会发展一体化新格局的现实选择"。以北京郊区旅游为重点,北京郊区具有独特的区位优势,客源市场广阔,发展潜力巨大。北京郊区乡村旅游产品形式丰富,数量众多,以民俗旅游和观光农业为主要经营形式。2007 年,民俗旅游接待游客 1 168 万人次,农业观光园接待游客 1 447 万人次。2010 年春节期间,北京市乡村旅游共接待游客 58 万人次,同比增长 7.4%;乡村旅游收入 5 380 万元,同比增长 13.6%。

2. 京郊旅游发展的特征

第一,京郊客源地域相对集中。以京城居民、在京工作就读的人口为主,周边城市市民所占比率较小。开辟周边城市市场,吸引当地客源,不失为接下来农家乐网络营销目标市场的选择方向之一。

第二,出行时间和形式。在春、夏、秋三季周末、国定小长假是旅游高峰时节,而冬季以及工作日为景区旅游淡季。在景区的滞留期间多为 1～2 天,通常以单位、家庭、同学等团体形式为主,以自驾游为主要交通方式。

第三,种类多样。农家乐:农家乐是目前京郊旅游中最具市场占有率的旅游项目。根据目前市场状况,京郊各区都有开展,并且与自然风游、文化游等其他项目都可以结合发展。赏花:受季节等限制。采摘:采摘与农家乐的经营形似,甚至可以混合经营。文化游:包括民俗旅游和古镇游,是近年来发展快,极具市场潜力的旅游项目。风景游:传统旅游项目。

第四,随着国民旅游需求和在线旅游渗透率的提升,国内在线旅游市场将释放巨大潜力,相关机构未来 5 年将保持 40%以上的高增长率;休闲度假将进一步壮大,创新的预订模式与合作形式将进一步涌现和成熟,休闲与信息技术的融合,迎合时代发展潮流,乡村旅游电子商务前景光明。

3. 主要网站

服务或产品生产商网站。如,北京安利隆山庄网、乡村婺源旅游网。综合性门户网站。如,Yahoo、Sohu、网易、Sina、中国旅游网等。中间商网站。如,携程网、艺龙网、中宇生活网、黄山旅游电子商务网等。其他专业的乡村旅游信息网站。如,京郊农家乐旅游信息网、中国休闲农业乡村旅游网、北京郊区旅游网、乡村旅游网等。研究性网站。如,乡村旅游与休闲观光农业研究所网等。

这几种类型的网站可能在某些情况下有交叉,并且随着网络知名度和综合服务功能的增加必将互相融合,互相联系也更加紧密。

(二)京郊旅游电子商务需要解决的问题

通过与传统营销方式相比较,网络营销在成本、市场、客户服务等方面具有明显的优势,已经也将持续成为京郊旅游营销中不可或缺的重要部分。但同时其中也存在着问题。根据调查显示,主要问题包括:缺乏特色、信息不真实、网页缺乏美感、缺少互动等。

根据市场细分的原则,京郊旅游消费群主要集中于城市的工薪阶层、学生、家庭出游、离退休职工和入境游客。在这些目标市场中,除了离退休职工对于互联网的使用相对较少外,其他人都会或多或少地接触网络。特别是学生、工薪阶层和入境游客,使用网络的频率相当高,这为农家乐旅游进行网络营销奠定了基础。

经营者以自建网站以及在相关农家乐信息网站上投放农家院信息图片为主要营销渠道,利用百度推广、竞价排名来获取网站的较高点击率。可以说,运用网络来宣传农家乐的观念已经深入经营者的管理中,但其中来自经营者主体以及种种客观条件的限制,农家乐网络营销仍存在诸多问题。

1. 经营者对网络营销专业知识的缺乏

经营者认识到了网络营销的重要性,但大多数经营者都缺乏电子商务及专业旅游业务的知识。建设旅游网站涉及运营、管理及多方面知识,使很多京郊旅游网站或者实体产业经营者处于不利地位。

许多网络营销经营者建设农家院网站,靠他人维护,自己只负责在百度推广中存入推广费用,若带来新客源则继续加大投入资金,而对于网络的运营状况,内容陈旧,以及是否需要增加新功能、新内容则很少过问,也很少对客源市场做深入的调查了解。采用百度推广是京郊很多景区或者店面的营销方式,初期效果甚好,游客纷至沓来,但效仿者迅速进入网络营销,竞争使竞价排名的关键词价格持续上升,促使网络营销的成本整体上升。参与网络营销的经营者增多,旅游者在出游前往往会点击搜索引擎第一屏的网站来获取信息。排名靠前的网站因之带来的旅客流量、利润和排名稍靠后的得到的效益差距逐步缩小,推广成本增加而推广利润渐渐减少。许多门户网站和搜索引擎利用夸大网络推广的优势使经营者盲目接受在其上投放信息,也使得京郊网络营销的成本进一步扩大,因此有经营者放弃网络营销的方式。

2. 网站内容同质化,缺乏特色吸引力

旅游网站所提供的信息比较单一,没有与景区的人文、环境特色相结合。以农家乐相关网站为例,京郊多个旅游景区都有以农家乐为主题的度假村,但从网站的内容和形式来看,信息形似、结构单一,包括菜肴照片、房舍照片、景区介绍、景区图片等大致相同,网站整体风格单一,缺乏吸引力。旅客在检索信息时除了对网站上所标明的住宿价格有所比较外,较难从网站所提供的信息分辨出农家院的明显不同。

3. 网站缺乏服务性

在游客对京郊旅游网站普遍反映的问题排序中,"农家院介绍千篇一律,缺少特色"排在第一位,其余凸显的问题依次为:网站信息与实际不符、论坛交流的互动存在问题以及页面设计不美观等。在注重网站信息量、注重内容与宣传的同时,京郊旅游网或者旅游开发者缺乏对经营特色或者品牌树立的注意,往往以有稳定客源或者以现有成熟的模式运作,例如现在比较流行的农家院。此外网站没有设置留言或论坛系统等可以使游客之间、游客与经营者之间交流的平台,造成缺少游客间、游客与网站、经营者之间的互动与交流的现状。

(三)京郊旅游电子商务的发展策略

1. 基于规模选择合适宣传渠道

网络营销的最终目的是通过互联网在空间与时间上的优势迅速有效地开拓市场，收集潜在客户，打开知名度，提升形象，最终使客流量及经济效益迅速增长。

(1)领头雁构建网站，优化搜索引擎　对于营销而言，构建网站是网络营销永远必不可缺的。京郊旅游网站不仅是提供住宿餐饮信息，介绍活动及服务的媒体载体，还是大众了解农家院的旅游目的地的一个窗口。

对于经营业务规模不大的经营者而言，建设、维护、推广网站的成本占总成本比例大，又拘于农家乐规模小业务范围有限，带来的回报与未开展网络营销时相比差距不大。而对于经营基础较好的经营者，在网站建设上可多投入资金，加入最新资讯、会员管理、旅游区餐饮住宿预订模块、中英文版本等。经营者投入适当精力来管理网站，更新资讯，在假日和特定节日推出适宜的活动吸引消费者，使网站功能与其他经营者形成差距，使优势明显扩大化，逐步淘汰规范程度不高的网站。也可用搜索引擎推广使竞争者数目降低，而竞争者质量提高，在竞价排名的同时，定期维护发布新信息，提高自然搜索排名。

(2)通过综合性网络平台进行宣传　建立一个网络社区(bbs)不仅需要资金的投入，更需要相关人员长期稳定的管理。这对于个体经营者难以完成，特别是中小型经营者，而旅客对信息交互功能的需求却与日俱增。可以通过与专门网站或者大型综合性网站合作，通过专业受过培训的人员管理，实现旅游相关服务的规划与运营。在其上开设各农家院的信息介绍、旅游游记板块、常见问题专区等，既满足了旅客的需求，又利用口碑宣传，提升景区形象。

2. 选用新的网络营销模式

(1)利用博客宣传　博客营销是利用博客这种网络应用形式开展的网络营销，能通过较强的博客平台帮助企业或公司零成本获得搜索引擎的较前排位，以达到宣传目的的营销手段。经营者可以选择免费的博客托管网站，免费注册成为用户，拥有自己的博客，大大降低网络推广费用。博客文章内容为用户通过搜索引擎获取信息提供了机会，可以方便增加景点或其他农家乐的网站链接。其简约性、交互性、可读性、易管理性等特点拉近了农家乐与访问者的距离。

(2)利用社交网站(SNS)宣传　社交网站是指基于个人之间的关系的网络系统网站。

调研结果表明，农家乐的主要目标市场为18～40岁的学生族以及工薪阶层。以腾讯网、新浪网为代表的以及不断涌现的新型通信社交网络，几乎学生族及上班族每人都拥有其中至少一个账户。在社交网站上投放广告或直接成为其用户，以增强交互性宣传，也更直接地深入到目标市场之中。

(3)打造网站鲜明特色　京郊旅游网站现存内容同质化，界面友好程度低等不足。在改善这一劣势的对策方面，可以参考厦门鼓浪屿诸多家庭旅馆、青年旅社的网站建站风格。其提供信息内容差异不大，但在如何组织，如何排版，照片美化等方面做得很好，从访问者访问网站伊始就对此旅游产品产生好感。在文字表述方面，采用第一人称、亲昵的口吻，拉近客与主的关系；交通路线表述方面，有手绘指示图，且细节表达明确；住宿预订方面，为降低网站建设成本，常采用给出淘宝网店铺地址，用支付宝平台交易的方式。近来北京郊区旅游网已经初见规模与成效，形成了京郊游的服务平台。

任务二　动态媒体在电子商务中的应用

近几年，随着互联网、软件等技术的发展，动态媒体在电子商务中的作用逐步加重，服务的项目也不仅仅局限于传统模式，根据动态媒体的自身优势，支持现有电子商务中的功能，促进电子商务的完善，动态媒体在电子商务中的应用发挥了越来越重要的作用。

一、动态媒体软件在电子商务中的应用情况

动态媒体技术指计算机交互综合处理文本、图形、图像、声音、视频等多种媒体信息，使多种信息建立逻辑联系，集成为一个具体有交互性的系统技术。企业通过建立电子商务网站，实现"企业—个人"、"企业—企业"、"企业—政府"的快速信息交流，达到宣传企业、树立企业良好形象的目的。中国网民人数近亿，企业为了争夺这个潜力巨大的市场，为了吸引网民的眼球，在商务网站中运用了大量媒体技术。利用媒体技术可以制作生动、有趣的网页，使得 Internet 上的浏览者会一再光临您的网站而流连忘返。到目前为止，在 Internet 上所能使用的多媒体可以说越来越广泛，从简单的 GIF 动画，3DVRML 动画，广播站到电影文件几乎都可搬上 Internet。为旅游服务的动态媒体电子商务，一般在火车站、飞机场、饭店大厅、大型商场（购物中心）重要的景区景点、旅游咨询中心等场所配置多媒体触摸屏电脑系统，根据不同场合咨询对象的需求来组织和定制应用系统。它以多媒体的信息方式，通过采用图像与声音等简单而人性化的界面，生动地向旅游者提供范围广泛的旅游公共信息和商业信息。有些多媒体电子商务终端还具有出售机票、车票、门票的功能，旅游者可通过信用卡、储值卡、IC 卡、借记卡等进行支付，得到打印输出的票据。

交互性是动态媒体应用有别于传统媒体的主要特点之一。动态媒体技术可以实现人对信息的主动选择和控制，还可以进行人机对话，实现信息发布与接收的及时性和交互性。在电子商务中采用动态媒体技术提供文字、图像、音频、视频等综合性的信息服务可以做到声、图、文并茂，使用户产生身临其境的感觉。下面介绍几种动态媒体软件。

1. 视觉媒体

视觉媒体包括文字、图形、图片等，它是构成平面媒体的基本元素。由于受到计算机屏幕尺寸的限制，文字与图片的布局要做到清晰明确、有主次。通过相应的编辑与制作软件可以使这些元素有机地结合，在多媒体中使用文本信息，其表述要精确、简洁、有力，过长的文字会使人失去阅读兴趣；对于简单图像，尽可能用矢量图形，其占用空间小，主要用于线型的图画、美术字、统计表的制作。对于色彩丰富包含复杂细节的绘画则使用位图文件。

常用的视觉软件有 Photoshop、CorelDraw、Illustrator、Freehand、AutoCAD 等 5 种，Photoshop 是图像处理软件，针对位图进行加工，应用极为广泛。如效果图后期合成、非编动画的素材加工、网页页面设计、特效图片文字制作、数码相片编辑等操作。CorelDraw 是矢量绘图及编排软件，与 Illustrator 功能相似，很多操作也相似。主要有 2 方面应用，一是画图，如插画、效果图、形象标志设计等；二是编排设计，因为是矢量输出的，通常用其排版要印刷输出的平面文件。Illustrator 也是矢量绘图及编排软件。后辍为 AI 的文件是 Illustrator 制作的文件，是矢量图，它的优点是无论如何放大图像都不会产生马赛克现象，也就是不会虚，是在广

告、印刷包装方面使用的软件，能够绘图、设计等这种格式的图片是矢量的，也就是说像 Freehand、CorelDraw 那样的图片可以随意放大但不失真。AutoCAD 是自动计算机辅助设计软件，用于二维绘图、详细绘制、设计文档和基本三维设计，平面布置图、施工图、立面图以及三维图的绘制都是用 AutoCAD 这个软件来操作的。

2. 听觉媒体

清新、悦耳的音乐，可以提高浏览者的观看兴趣，延长停留时间，从而使更多的信息输送给网民。目前比较流行的音频文件主要有 MID、WAV、RM、MP3 等格式。以前必须先将音乐或电影下载到本地机器，然后使用相应的程序来播放，但音频或视频文件都比较大，需要较长的下载时间。流(stream)技术出现以后，动态媒体设计者充分、巧妙地应用此技术，让浏览者在下载过程中就可以欣赏音乐，增强了页面传播信息的表现力和感染力。

常用的音频软件有 GoldWave 和 Audition 软件，其中 GoldWave 是一个集声音编辑、播放、录制和转换的音频工具，体积小巧，功能却不弱。可打开的音频文件相当多，包括 WAV、OGG、VOC、IFF、AIF、AFC、AU、SND、MP3、MAT、DWD、SMP、VOX、SDS、AVI、MOV 等音频文件格式，也可以从 CD 或 VCD 或 DVD 或其他视频文件中提取声音。内含丰富的音频处理特效，从一般特效如多普勒、回声、混响、降噪到高级的公式计算(利用公式在理论上可以产生任何你想要的声音)，效果多多。Audition 提供专业化音频编辑环境。Adobe Audition 专门为音频和视频专业人员设计，可提供先进的音频混、编辑和效果处理功能。Adobe Audition 具有灵活的工作流程，使用非常简单并配有绝佳的工具，可以制作出音质饱满、细致入微的最高品质音效。

3. 视听媒体

数字化的视频信息有利于存储、重放、特殊处理及高速传输，在多媒体信息中，它是最新和最有魅力的一种。网上流行的视频文件主有 FLASH、VMW、ASF、RM、AVI、MPG 等格式。

常用的视频处理软件有 Premiere、After Effects(视频特效)和动画技术软件 3Ds Max(三维动画)。其中由 ADOBE 公司出品的 Premiere(视频编辑)功能强大，操作方便，在非编软件中处于领先地位。由它首创的时间线编辑概念已成为行业标准。Premiere 是一个集音频视频为一体的后期非线性编辑软件，其通用性，兼容性很强，支持众多的图形，视频，音频格式，还支持很多强大的第三方插件，并支持市面上大多数视频卡，成为非线性编辑系统中的核心软件，是影视后期制作中进行非线性编辑的有力工具。Premiere 广泛应用在视频制作的各个领域，如，电视、多媒体、游戏、网络制作等许多方面，具有广泛的实用性。3D Studio Max(以下简称 MAX)是以 3DS 4. x 为基础的升级版本，它以全新的 Windows 界面及更强大的功能展示在我们面前。用 MAX 来制作三维动画就像是当一个大导演——一切的角色、道具、灯光、摄像机、场景(包括如云、雾、雪、闪电等特效场面)及配音、镜头的剪辑合成等都任你来安排处理。如果你是一位设计家，用 MAX 来设计产品模型的感觉就像是雕塑家和魔术师，复杂的模型几乎是在瞬间就奇迹般地建立起来了。而用 MAX 修改创建的模型更是轻而易举的事，完全可以把宝贵的时间和精力集中用在使设计更加完美、更加理想上。MAX 适合于从事下列任何一种职业的专家或业余爱好者：电影特技、立体和影视动画广告设计、工业设计、建筑和室内装潢设计、包装与装潢设计、三维游戏开发、软件开发(制作软件片头)、教学多媒体演示制作、军事科学研究和物理、化学或生物化学研究以及所有对三维动画和立体造型感兴趣的广大电脑玩家等。

4. 交互媒体

在 Web 环境下，人们不再是一个传统媒体方式的被动接受者，而是以一个主动参与者的身份加入到信息的加工处理和发布之中。利用 ActiveXControl、VBScript、JAVA、FLASH 等技术，动态媒体设计人员根据电子商务设计阶段的经营目标，配合不同时期的经营策略，以及用户的反馈信息，经常地进行调整和修改。

常用软件有 Adobe Flash 软件，Adobe Flash Professional CS6 为创建数字动画、交互式 Web 站点、桌面应用程序以及手机应用程序开发提供了功能全面的创作和编辑环境。Flash 广泛用于创建吸引人的应用程序，它们包含丰富的视频、声音、图形和动画。可以在 Flash 中创建原始内容或者从其他 Adobe 应用程序（如 Photoshop 或 Illustrator）导入它们，快速设计简单的动画，以及使用 Adobe AcitonScript 3.0 开发高级的交互式项目。设计人员和开发人员可使用它来创建演示文稿、应用程序和其他允许用户交互的内容。Flash 可以包含简单的动画、视频内容、复杂演示文稿和应用程序以及介于它们之间的任何内容。通常，使用 Flash 创作的各个内容单元称为应用程序，即使它们可能只是很简单的动画。您也可以通过添加图片、声音、视频和特殊效果，构建包含丰富媒体的 Flash 应用程序。

二、3D 技术在电子商务中的应用情况

在发达国家，3D 技术早已成为产品设计、制造、管理、市场、服务、消费等的创新基础和新的竞争高地，掌握最前沿的 3D 技术，为这些发达国家把控产业链、获取利润提供了基础和途径。3D Max 软件由国际著名的 Autodesk 公司的子公司 Discreet 公司制作开发，它是集造型、渲染和制作动画于一身的三维制作软件。3D Max 主要应用于影视、游戏、动画方面，拥有软件开发工具包(SDK)，SDK 是一套用在娱乐市场上的开发工具，用于软件整合到现有制作的流水线以及开发与之相合作的工具，在 biped 方面作出的新改进将使用户轻松构建四足动物。Revealu 渲染功能将使用户更快地重复，重新设计的 OBJ 输入也会让 3D Max 和 Mudbox 之间的转换变得更加容易。

3D Max Design 主要应用在建筑、工业、制图方面，主要在灯光方面有改进，有用于模拟和分析阳光、天空以及人工照明来辅助 LEED 8.1 证明的 Exposure 技术，这个功能在 Viewport 中可以分析太阳、天空等。将 3D 技术与电子商务相结合，将使消费者在选购商品时，体验由网上进入的购物环境与真实环境一样的感觉，能扩大贸易机会，降低运营成本，为企业带来巨大利润。而 3D 电子商城的以三维虚拟空间和实时交互为特征的 3D 互联网能够多方面展现商品，消费者可以更详细地查询商品的多种特征，看、听、甚至触和嗅，给消费者极大的观察空间和自由。

（一）在现场游览中的展示

通过虚拟方式来互动体验的旅游，是各类 3D 旅游网站发展迅速的基础。比如三维实景图的中国全景网、可虚拟体验台湾游的爱情公寓网站、北京故宫博物院推出的“超越时空”、利用 360°三维实景技术的“虚拟瑞典”网站等。这种在现实旅游景点景观的基础上建立起来的虚拟旅游方式，运用三维实景和电子地图，通过网络构建出虚拟的、可媲美现实的 3D 旅游环境。向游客宣传和展示三维虚拟游览系统是景区最直接最有效的营销途径。景区可以在游客接待中心专门设置 3D 旅游景区游览系统的展示点，游客在进入景区的第一时间或是休息的时候，就可以通过触摸展示区内的大屏幕进入动态的三维虚拟游览系统，利用三维实景展示结合互

动创意让固化的景区活起来，让一个个景点变成一道道流动的风景，让游客得到仿佛置身于景区现场一样的体验，激发游客对景区的兴趣。

通过网站虚拟的旅游实景图，可以从不同角度进行观赏，不管是平视、俯视、仰视都可以随意而为，还可以调整景观的特色、拉近街道的模样等。以网站为依托，网络上的景区门户网站代表了景区的网络形象。有别于传统的、文字性叙述的景区介绍内容，一个构思巧妙、手法创新、设计精美、内容新颖的三维虚拟游览系统，不仅可以展现出景区美丽独特的风貌、深厚的文化内涵、细致人性的服务，还可以介绍景区内的节庆活动等内容，更增强了景区与游客之间的积极互动，给游客更多的感受体验，是提升景区知名度的有效途径之一。如 3D 旅游网、古蛙旅游网、厦门旅游网、黄山旅游网等许多网站，都相继推出在线虚拟 3D 旅游场景，满足游客需求。

(二)在网络上的虚拟场景

北京故宫博物院推出的“超越时空”虚拟 3D 旅游项目，是近年来引人瞩目的一个 3D 应用项目。一方面，其为许多不能到紫禁城去游览或游览过于匆匆的游客打造了一个高度模拟的仿真世界，在将故宫建筑群以及精品珍藏尽收眼底的同时，还有导游提供解说等服务。另一方面，网站提供了虚拟场景，游客可以选择虚拟身份回到百年前的紫禁城陪伴皇上批阅奏折，以武士的身份在射箭场上切磋技艺，变身格格悠然逛御花园等，实现体验与旅游的双重乐趣。故宫虚拟旅游是第一个展示重要历史古迹的虚拟网站，因此不仅虚拟游客可以在现实中参观，同时可以虚拟在现实中没有对游客开放的建筑以及在不同时代中建筑物的特色，甚至将曾经存在的伟大建筑在虚拟世界中还原，最著名的当属圆明园建筑群，通过在虚拟网站看到的文物、建筑，满足了人们的好奇心与弥补了遗憾。通过虚拟旅游去游览原本望而却步之地，对经济条件、时间安排、身体状况受限制的人群来讲，是一种休闲的方式。而旅游线路的设计、当地风俗的了解、攻略等准备工作也可以在系统中完成。在未来，3D 技术对旅游电子商务必然产生更大的影响。

(三)在虚拟商城中产品展示

近几年国内电子商务发展迅猛，各大商城网站都在寻求新的突破，以期达到差异化展示的目的。在通过以广告吸引流量后，优众商城、菲星 DV 商城等行业知名商城已经率先使用 3D 展示。将产品的细节通过 3D 的方式差异化展现出来，为其带来稳定的流量与增加对客户的黏度，继而产生高的购买转化率。甚至于现在团购网站也以采用如此技术作为增值服务，以达到帮商家更好推广与刺激更多购买力的目的。

3D 产品展示技术一般是对产品的进行精细处理和装配、拆卸模拟，以及功能演示。所以它的适用范围很广，可以进行模具的工作原理、工程机械的生产过程、机器的拆分组装、流水线设备的运作流程、系统型设备的运转方式、产品的使用方法等产品的模拟写实展示动画。所以它适用的行业也很多，如电子商品行业、汽车领域、五金领域、零售业等。3D 产品展示技术能给客户带来的价值是从视觉冲击开始，到传递信息的精准。真实、生动的震撼视觉效果。从微观世界到宏观世界，从真实空间到想象空间真实、全面展现。清晰的说明力。利用很少的资源就能给客户展现出产品的特色、用途等信息。说明力较强。

(四)虚拟旅游网宣传营销

目前，综合介绍旅游的网站很多，但大多数展示的都是一些景区的平面图片和简单的宣传片，介绍的内容也往往不够详细生动。可以把三维虚拟游览的模块嵌入对方网站，或提供快速链接，从而在这些旅游综合性网站上能够得到很好的展示。此外，旅游景区还可利用其他具有较高人气的信息分享型网站，如人人网（www. renren. com）、新浪微博（weibo. com）、腾讯微博（t. qq. com）等，建立自己的公共主页，将三维虚拟游览的模块放在主页上或在主页上提供快速链接，供网友观看体验并分享给其他拥有该网站账号的网友，网友通过加粉丝的方式专注景区的公共主页，可以把对这个景区感兴趣的信息不断分享给更多的人，吸引更多的人关注该景区。主页上还可以插入景区风景的3D图片，同时播放景区的3D宣传片。在浏览景区的公共主页过后，网友可以在主页的留言板上提出疑问、意见和建议，景区工作人员可以直接通过回复留言解答网友的问题。

项目二　电子商务与动态媒体案例——爨底下虚拟旅游网站搭建项目

任务一　项目基本情况

一、项目背景

爨底下村位于京西门头沟西北部，解放前属宛平县八区，现为斋堂镇所辖。斋堂镇距京100 km，海拔650 m，辽代已成村，村北有建唐贞观年间的灵岳寺，当年香火旺盛，外地进香者常常食宿于此，故名斋堂。斋堂镇境内文物古迹众多，如全国历史文化名村爨底下村、京西灵水举人村、东胡林人遗址等。此地旧时为军事要道，明代万历年间在此建立斋堂城，驻扎军队，遗迹部分尚存。村内斋堂中学存有"宛平县人民八年抗战为国牺牲纪念碑"，以表先烈事迹，英名犹存。门头沟地区位处清水河流域，依山傍水，自然条件优越，适合养羊，养蜜蜂；农产品丰富，盛产玉米、大豆、药材、花生和芝麻等产品；形成了核桃、大杏扁、盖柿、京白梨、樱桃、苹果、大枣和葡萄等一区六带产业基地，以京白梨在北京最负盛名，有较好的发展潜力。爨底下村位于门头沟西北部，东为徐家村，北邻柏峪。村北山崖顶端形似灶台，被称爨头，因村庄位于山崖之下，故名爨底下。曾谐音改为川底下，近年改回原名。村成于明代，距今400余年，自始为韩氏家族所居，现保存70余套500余明清民宅，村舍规划严谨，为台地四合院，门墩雕刻精美，砖雕影壁古拙朴素，壁画楹联鳞次栉比。村后1.2 km处有古道"一线天"，悬崖耸立，鬼斧神工，景色优美。村北相邻柏峪村，因柏树与榆树繁盛而得名柏榆村，后谐音改为今名。自古以来，此地一直为军事要地，村北有元代所建的天津关遗址，当年金兵与元兵都曾经该地攻入居庸关。附近有明内长城，绵延数里，戚继光管理北方军务时沿城所建敌楼7座，俗称"七座楼"，基于战略目的，明代于此设有重兵驻守。村内部分民居仍保留明清时代的建筑格局。建有民俗展室，通过实物展品，表现了柏峪村村民几百年来的生产和生活状况。

爨底下古山村是中国古典建筑的瑰宝，它所蕴含着深厚的北方建筑文化内涵，是国家A级景区，市级文明单位，市级民俗旅游专业村，2003年被国家建设部，国家文物局评为首批中国历史文化名村，区级革命传统教育基地。发展旅游业具有价廉、环保、节能的产业特点，并结合人文、生态、地理、资源的优势，也是新时期农民增收的重要途径之一。人们为暂别现代都市生活的喧嚣，走进古镇、体验文化、亲近自然也成为一种新时尚，尤其在金融危机影响蔓延的当下，借助短途旅游产业来拉动内需也受到极大的重视。爨底下村因其独具特色的古镇风格，而被电影《手机》、《投名状》等影片选为外景地，随着互联网等传播，这座被历史逐渐淡忘的古老村落重新回到了人们的视线中。当地特色美食，烤羊腿、焖酥鱼、香椿鸡蛋、野蘑炖鸡也极具特色。

二、项目目标

本项目根据门头沟地区爨底下村发展特点结合当地旅游资源现状和旅游市场需求分析，对爨底下村网络营销进行了市场现状分析，针对网络营销发展中存在的问题及原因，提出一些具有可操作性的建议。并通过研究拓展爨底下村甚至门头沟地区风景、民俗、历史旅游的网络营销规划思路，增加其附加价值，促进以爨底下村为代表京郊旅游网络营销发展的规范化及有效化。

任务二　项目实施的基础条件

一、爨底下旅游电子商务化分析

随着都市人生活压力不断增大，走进古村落回归恬静质朴生活的原始纯情已成为当代人生活的新时尚。近年来，古镇游受到人们的追捧。始建于明代的爨底下村环境优美，房屋雕刻精致，院落布局完整，是一座以农业为主、农耕结合、耕读结合的古村落。古镇游所处的旅游业是信息密集的行业，信息的有效传递和流通是其生命力的源泉。网络营销凭借互联网覆盖面广、信息传递迅捷、成本相对低廉等优势，逐渐成为旅游市场营销的一个重要手段。都市郊区旅游景点，相对著名风景区，爨底下村文化底蕴深厚但闻名程度稍显劣势，产业粗放，规模小，未形成固定的盈利模式，受到地区、人力、财力、物力的限制，更需要系统、完善、富于个性化的营销手段——网络营销，来与顾客沟通，并吸引潜在顾客。根据市场细分的原则，古镇游的旅游消费群主要集中于城市的工薪阶层、学生、家庭出游、离退休职工和入境游客。在这些目标市场中，除了离退休职工对于互联网的使用相对较少外，其他人都会或多或少地接触网络。特别是学生、工薪阶层和入境游客，使用网络的频率相当高，这为爨底下村进行网络营销奠定了基础。

二、爨底下景区用 3D 形式表现的必要性分析

21 世纪初，受电子商务影响，旅游业、出版业、银行业、证券交易、公用事业、娱乐业、加油站等行业将发生重组。而互联网则成为变革旅游业的重要方式。网络已经成为人们日常生活中信息来源不可缺少的主导媒体，只有在需求或者潜在需求时才导致外化的浏览行为。网站与浏览者是一种供给与采购的消费关系，网站上的图片信息和文字信息同时起到很好的传播效应。随着电子商务技术日趋成熟，传统的电子商务平台无法给用户身临其境的感受。对于制作爨底下村旅游网站而言，只依靠图片和文字无法带给用户真实的画面感，因此在旅游网站中引入 3D 多媒体技术对未来旅游业的发展有重要作用。

虚拟现实技术运用多媒体技术与仿真技术相结合，生成逼真的视、听、触觉一体化的虚拟环境，用户以自然的方式对虚拟环境中的对象进行体验和交互。用户能沉浸在浏览器所呈现的虚拟环境中，并以视觉、听觉等多种形式感知信息，因为虚拟环境中的物体运动接近物理定律，可以呈现出逼真的画面，增强真实感。网上景区展示的目的不仅仅是展示景点，更重要的是通过让用户了解景区环境、服务质量、食宿条件而提高景区的参观人数。通过网络虚拟现实技术可将景区全貌，各个景点及介绍，食宿环境等进行虚拟，让用户可以身临其境地感受爨底

下景区的特色，有发展的必然性。

任务三 项目前期准备

一、项目需要的人员配备与分工

北京启明星晨卡通文化传播有限公司是一家主营3D动画制作、动画培训、动画特效制作、展演动画制作的现代化公司。创立以来致力于IT信息化建设，专业从事三维设计、文化创意产业的专业化发展，采用3D可视化技术与物联网技术相结合、文化创意与信息技术相结合，创新提供虚拟旅游、智能物业大厦、数字城市、虚拟商城及电子商务解决方案，成为全国多所高等学府联合办学单位以及北京影视动画协会首批会员企业。鬶底下虚拟旅游网站项目人员配备与分工见表2-3-1。

表2-3-1 项目人员配备与分工

姓名	所属公司	部门	岗位	工作职责
小A	北京启明星晨	项目开发部	项目经理	整体项目策划，管理工作
小B	北京启明星晨	市场部	业务员	负责项目洽谈，与客户沟通交流
小C	北京启明星晨	企划部	经理	负责整个项目的协调与决策
小Q	北京启明星晨	企划部	业务员	负责提供项目建设过程中所需各类资源
小S	北京启明星晨与合作院校学生	研发部	工程师主管	负责3D建模，网站制作合成等工作
小G	北京启明星晨与合作院校学生	研发部	工程师	负责前期拍照，文字准备等相关前期工作
小W、小Z、小T	北京启明星晨与合作院校学生	研发部	工程师	负责3D建模，网站制作合成等制作的具体工作

二、项目工作流程

项目工作流程，如图2-3-1所示。

三、项目设备要求

1. PC机

MAX建模等。

2. 操作系统

PC电脑配上WindowsXP或者Windows7操作系统就可以运行。

①CPU：至少1.5 GHz，越高越好，CPU是影响软件运行速度的最重要因素。

②内存：1 G以上，最好配备2 G以上。如果内存不足将使处理大场景变得非常困难。

③显示卡：要求显卡至少支持分辨率1 024×768，推荐使用24位色，3D加速显示卡。

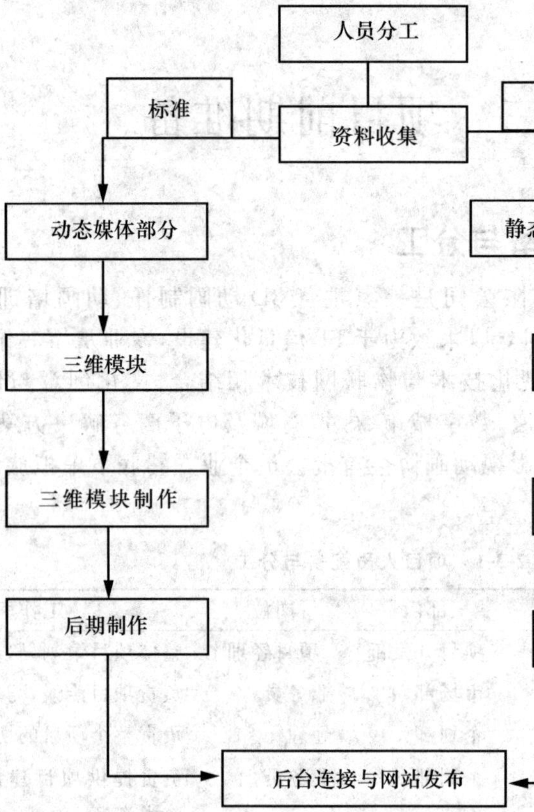

图 2-3-1　项目工作流程图

④显示器：至少支持 1 280×1 024×75 Hz(刷新率)、17 in 以上的显示器。

⑤光驱：建议配一个 CD-ROM 光驱，可以获取丰富的造型与多彩多姿的图形图像文件。

3. 办公其他用品

扫描仪、手写板、数码相机、外接阵列硬盘、实时采集录制卡、投影仪、彩色打印机等。

4. 服务器平台

处理 MAX 模型后期合成、渲染，及 Unity 3D 系统的运行。模型后期渲染使用北京海淀科技园的渲染农场。

5. UNITY 服务器配置

①CPU：Inter(R) Core(TM)i7－2600@3.40 GHz＋固态硬盘。

②内存：7.98 G。

③显示卡：要求显卡至少支持分辨率 1 024×768，推荐使用 24 位色，3D 加速显示卡。

四、制作质检规范

(一)总体要求

1. 软件

使用版本为 3D Max 9.0。

2. 单位

单位设置为米，如图 2-3-2 所示。

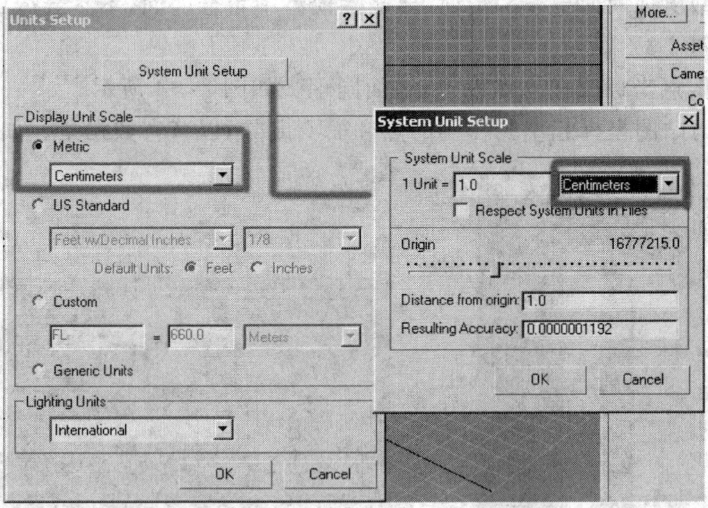

图 2-3-2

按照项目的制作要求，模型的制作一律以米为单位（在特殊的情况下可用毫米或厘米为单位）。

制作人员在制作之前要知道项目的具体制作要求，尤其是制作单位，这样做能保证所有人制作的模型比例正确。场景初始的单位是很重要的，一旦场景单位定义好之后，不要随意变动场景单位，以避免建筑尺寸不对缩放后影响建筑的尺度感。

3. 导入影像图

MAX模型制作之前要先整理好对应的影像图文件，制作模型时要导入整理好的影像图文件，作为建模参考线。导入分区好的影像图，以影像图为基准画出地形图。在影像图的基础上创建建筑模型，创建好的模型位置必须与影像图画出的地形图文件保持一致。

（二）模型制作要求及注意事项

1. 制作注意事项

对于模型的底部与地面接触的面，也就是坐落在地面上的建筑底面都应该删除。模型落搭时相对被包裹的小的面要删除。如图 2-3-3 所示。

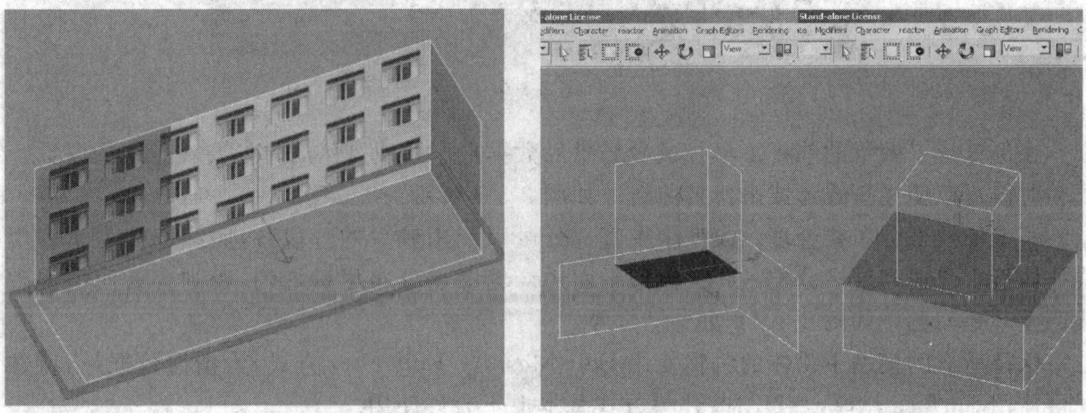

图 2-3-3

严格禁止模型出现两面重叠的情况，要删除模型中重合的面，不然会造成重叠面在场景中闪烁的情况。如图 2-3-3 所示。

模型 Z 轴最低点坐标要在 0 点以上，地面同理。如图 2-3-4 所示。

对模型结构与贴图坐标起不到作用的点和面要删除，以节省数据量。如图 2-3-5 所示。

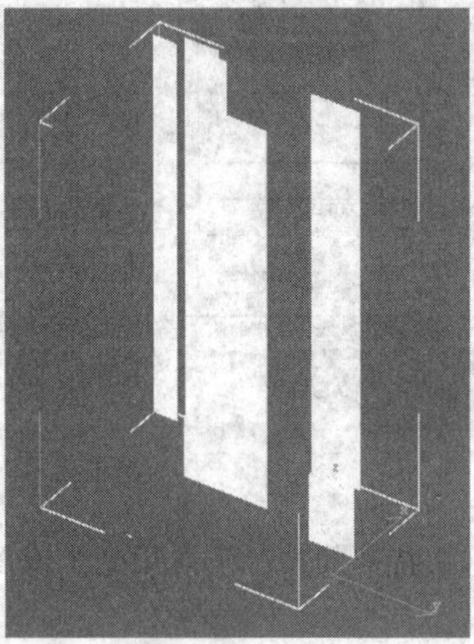

图 2-3-4

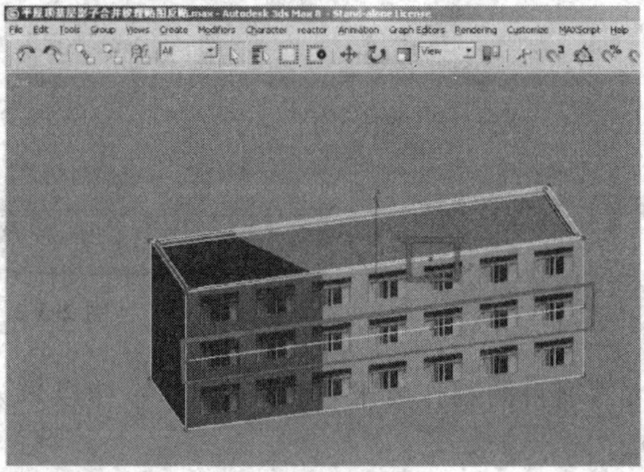

图 2-3-5

创建模型时，利用捕捉使模型的点与点之间相互对齐，不要出现点之间有缝隙或错位导致面出现交叉的情况，避免场景漫游时发现闪面或破面的情况影响效果。如图 2-3-6 所示。

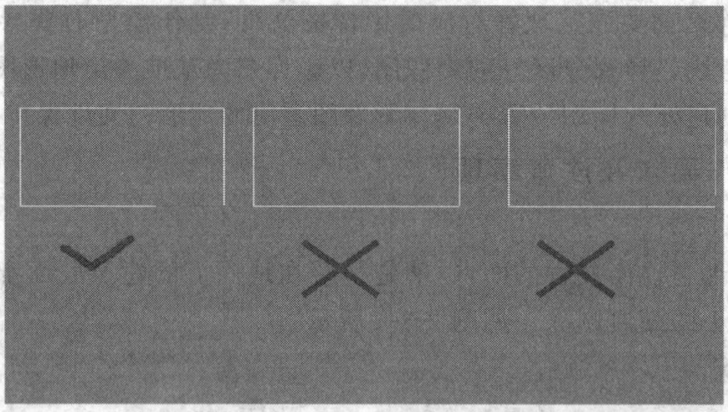

图 2-3-6

在保证场景效果的前提下尽量减少场景的数据量。曲线挤压的时候要注意线的段数。必要的时候可以使用折线形式来代替曲线。如图 2-3-7 所示。

模型的网格分布要合理。模型中平直部分可以使用较少的分段数，曲线部分为了表现曲线的转折可以适当地多分配一些。模型平面边缘轮廓点分布尽量均匀，否则容易使模型破面或产生其他问题。如图 2-3-8 所示。

保持所有的模型中物体的编辑使用 Edit Mesh 或 Edit Poly 方式，为精简数据量，特殊情况可使用 Surface 建模，NURBS 建模方式基本上不允许使用。

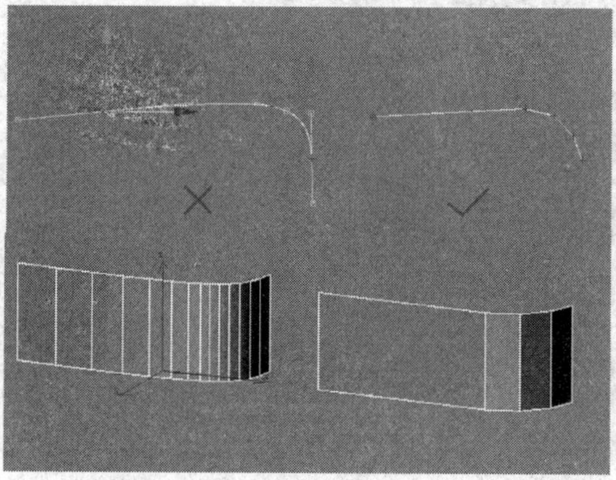

图 2-3-7

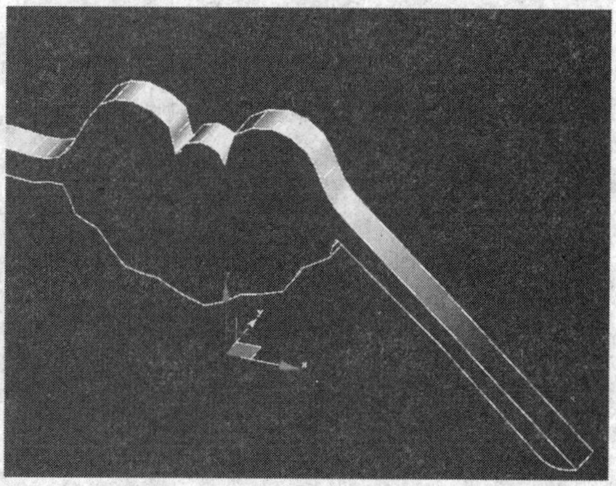

图 2-3-8

如有平面物体表面有黑斑时，应取消这几个面的光滑组。对于曲面要统一曲面的光滑组，避免烘焙的时候贴图出现黑色接缝。如图 2-3-9 所示。

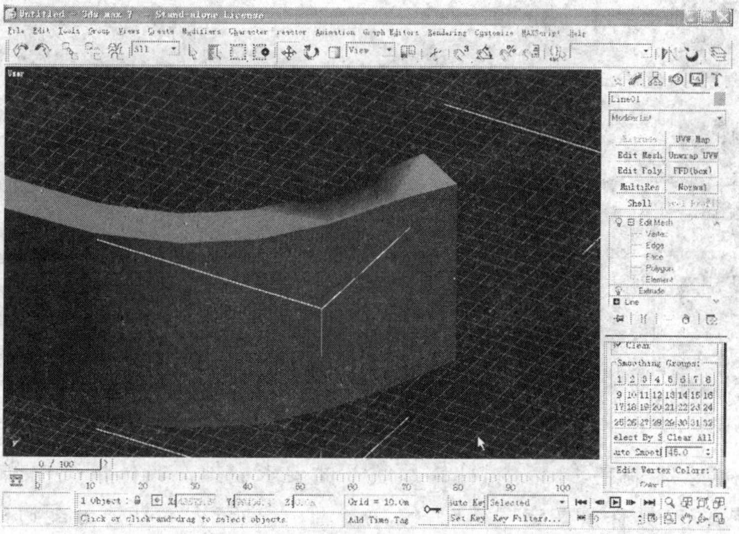

图 2-3-9

模型做好后，不应存在辅助的虚拟物体。

对于有重叠结构且边缘不用贴图细致表现的模型可以采取落搭的方式制作，以节省数据量。如图 2-3-10 所示。

对于需要做成片叠加在物体表面的模型(如大厦立面悬挂的广告牌)，与物体的立面距离至少要达到 0.03 m，保证导出的 osg 重叠面不闪烁，同时在侧面不能看到特别明显的两个面间的距离。如图 2-3-11 所示。

用面片制作栏杆的模型，用通道贴图来表现栏杆的透明效果。模型烘焙时不支持双面，栏杆不可以给双面材质，所以需要在 MAX 中原地复制一个物体并反转法线作为栏杆的另一个面，如图 2-3-12 所示。

图 2-3-10

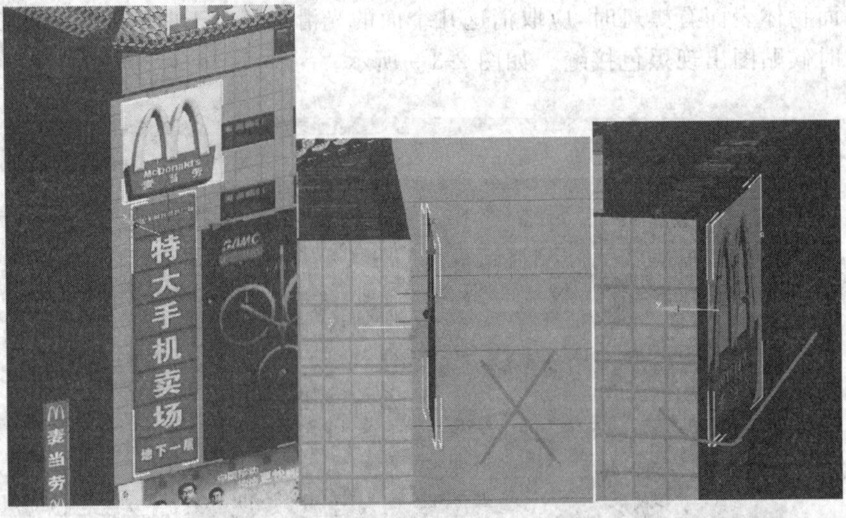

图 2-3-11

圆柱边数一般要控制在 10 以内，柱体顶底 2 面要求删掉。具体情况根据建筑的级别以及柱子的位置直径决定（具有独立支撑结构，位置显著、直径较大的柱体分配边数相对较多，一般柱体边数分配 6 个即可），如图 2-3-13 所示。

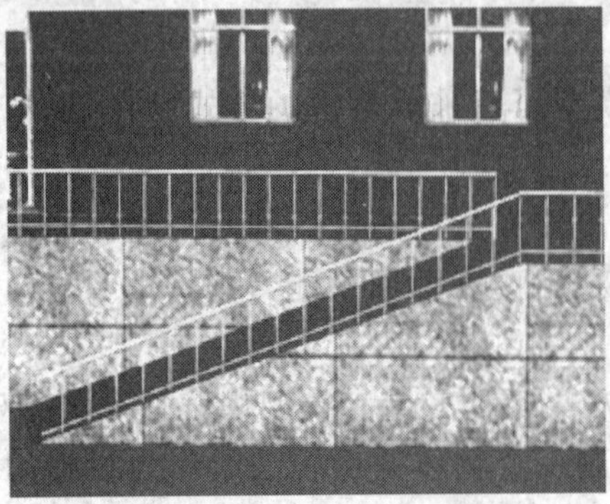

图 2-3-12

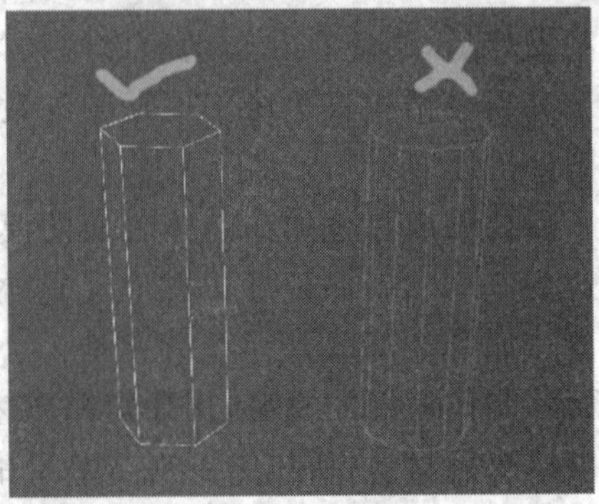

图 2-3-13

2. 建筑局部尺寸

建筑局部尺寸，如表 2-3-2 所示。

表 2-3-2 建筑局部尺寸

建筑结构		标准尺寸	
		标准层	一层(底商)高度
建筑层高	住宅	3.1 m	3.5 m
	3～7 层	3.1 m	3.5 m
	8 层以上	2.9 m	
	多层公共建筑	3.5 m	4 m
	高层公共建筑	3.9 m	5 m
	商业建筑	4 m	5 m
女儿墙	不上人的建筑	厚 400 mm，高 600 mm	
	可以上人的建筑	厚 400 mm，高 1 200 mm	
建筑台阶		高 150 mm，宽 300 mm	
结构柱子		高度段数为 1，圆周段数不超过 8，直径 800 mm 以上圆周段数不超过 10	
门的高度		2～2.2 m	

3. 其他要求

建筑比例要正确，结构清晰。

制作完成的 MAX 文件里要保证模型位置和角度与影像图中一致。

(三)贴图制作规范

材质及贴图要求如下所述。

①使用 Standard 标准材质，材质类型使用 Blinn。除 Diffuse 通道后可加贴图外其他通道不能加贴图，其他参数也不能调节，用 MAX 默认设置。如图 2-3-14 所示。

②不能在 MAX 材质编辑器中对贴图进行裁切。如图 2-3-15 所示。

③不能在材质编辑器中对材质的透明度进行调节，材质的透明度靠贴图的通道来实现。如图 2-3-16 所示。

④贴图使用 tif 文件格式，工程中贴图文件命名不能含有空格。贴图长宽方向必须是 2 的幂。如 32×32、64×128 等。贴图最大尺寸不要超过 512×512，最小尺寸不要小于 16。如图 2-3-17 所示。

墙体为墙漆或纯色的贴图大小不得超过 32×32。墙体有分隔线或墙砖纹理的，贴图内不能出现重复元素。应该一个重复元素为一张贴图，贴图大小不得超过 64×64。

商业底商在 4 m 以内的，贴图纵向尺寸最大不得超过 256，横向不得超过 512。

文字贴图在保证文字清晰可辨的情况下最大限度地缩小贴图(参考：单排五字用 256×128 的贴图清晰可辨，用 128×64 的模糊可辨)。

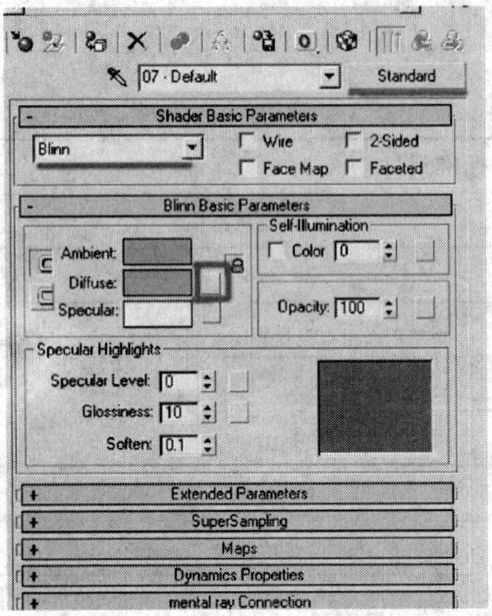

图 2-3-14

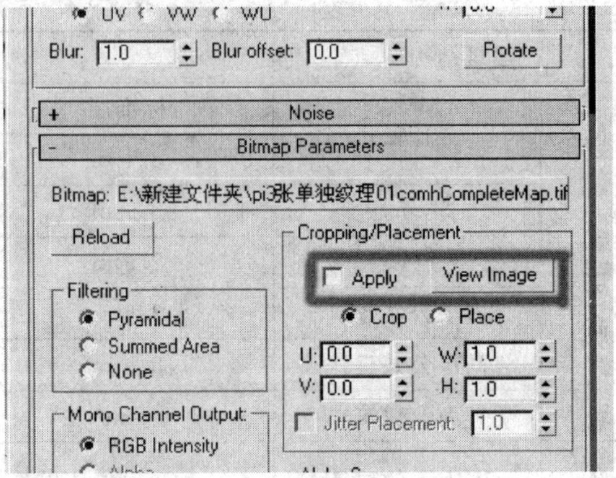

图 2-3-15

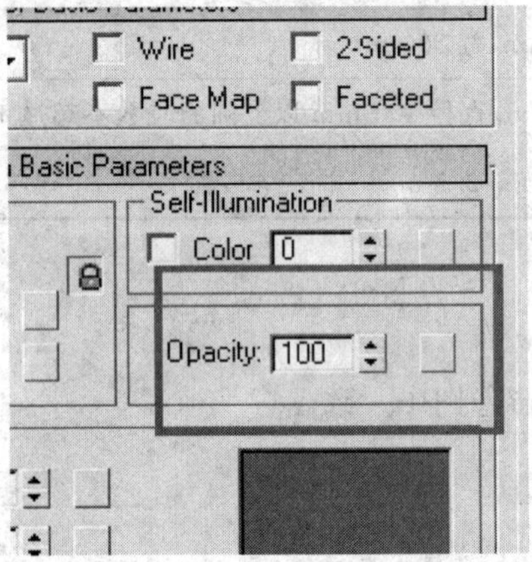

图 2-3-16

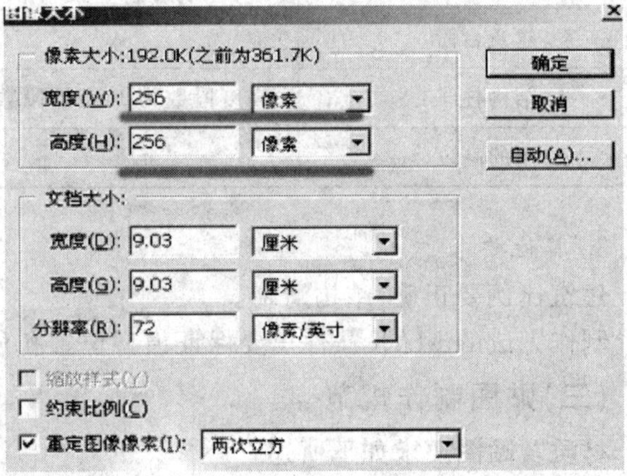

图 2-3-17

⑤表现建筑栏杆等镂空效果时需要给贴图创建一个 Alpha 通道,全透明部分(栏杆中除杆外的透明部分)在通道中表示为黑色;不透明部分通道中表示为白色;灰色代表半透明,如玻璃。如图 2-3-18 所示。

不同的灰度代表不同的透明度,通道中不可以有如图 2-3-19 所示的颜色渐变。

⑥模型贴图坐标不能出现拉伸现象,不能出现 UVW 坐标丢失的现象。渲图时不支持双面贴图。如图 2-3-20 所示。

模型完成后不能出现贴图丢失的情况,要对贴图重新指定。如图 2-3-21 所示。

⑦一个物体不可以对应多张烘焙贴图,只能对应一张烘焙贴图。

⑧保证贴图的透视关系矫正准确,所有贴图的门窗、层高线、字体、建筑立面等必须保持横平竖直,清晰可见。如图 2-3-22 所示。

⑨贴图如有眩光的必须对眩光进行效果处理。如图 2-3-23 所示。

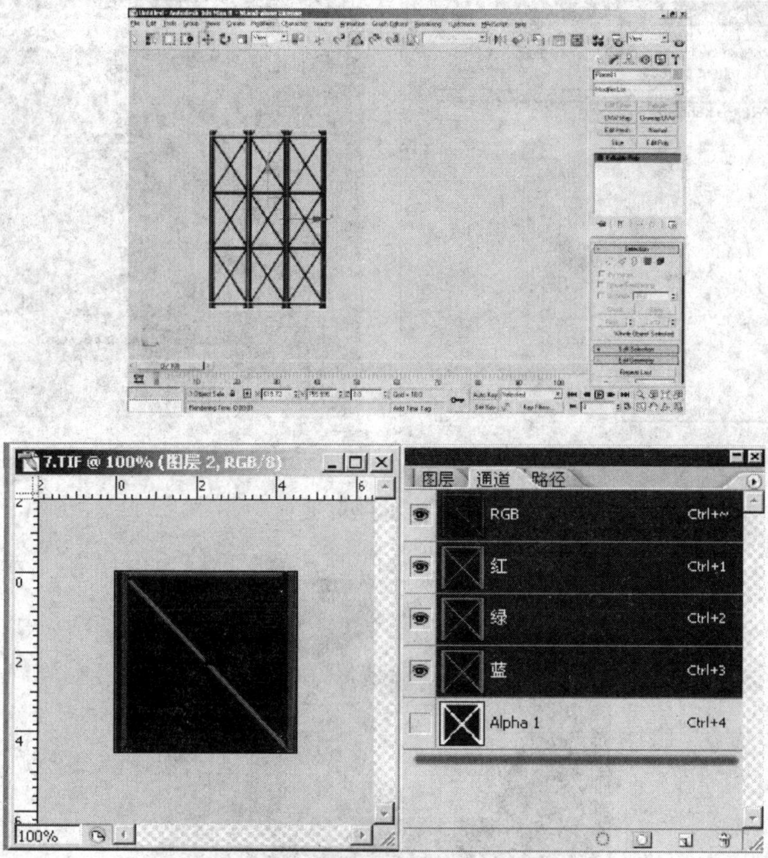

图 2-3-18

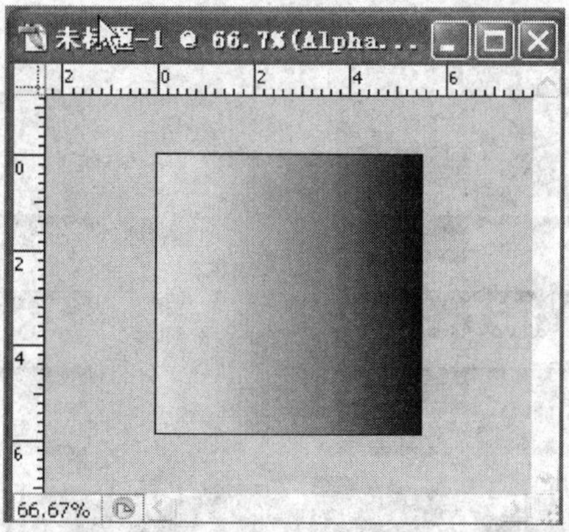

图 2-3-19

⑩所有的贴图尺寸最大不得超过 512×512。

⑪文字贴图在保证文字清晰可辨的情况下最大限度地缩小贴图。

⑫贴图不清晰的情况下要手工勾画出门窗的轮廓，表现出门窗的清晰效果。如图 2-3-24 所示。

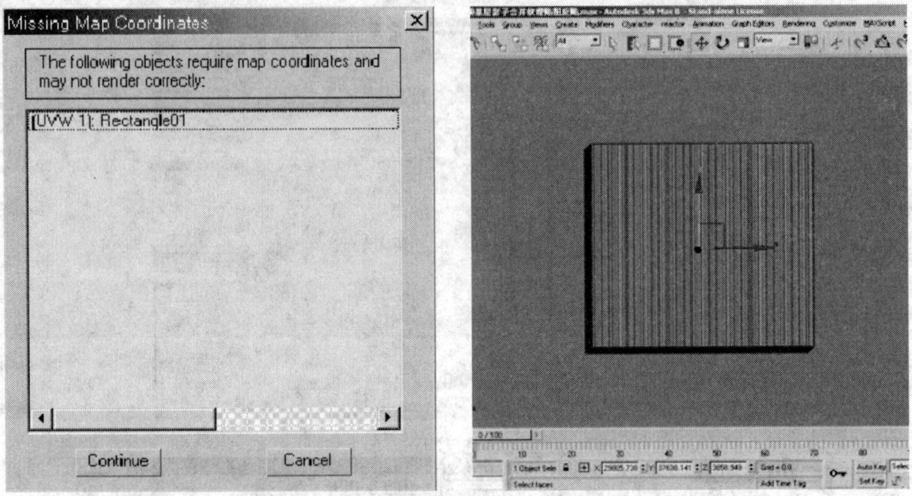

图 2-3-20

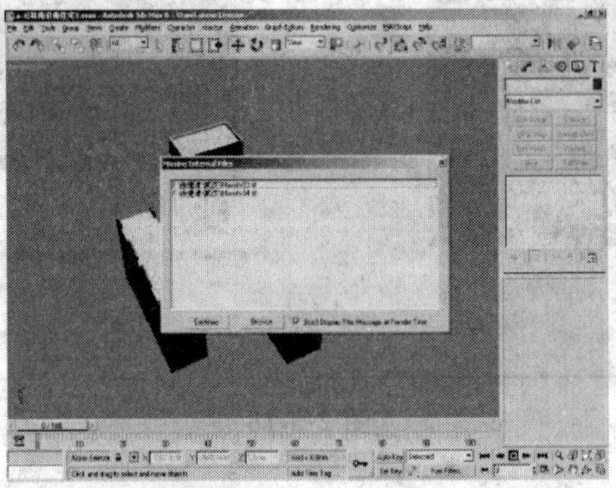

图 2-3-21

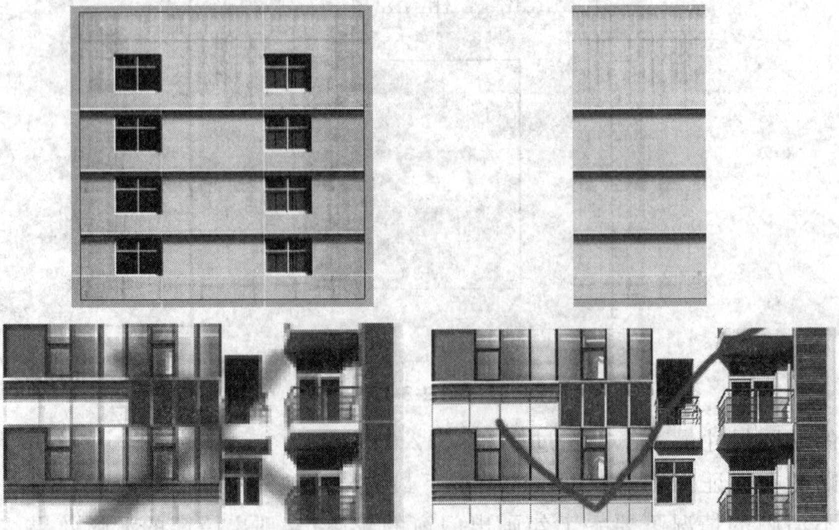

图 2-3-22

效果处理前

效果处理后

图 2-3-23

修整前

修整后

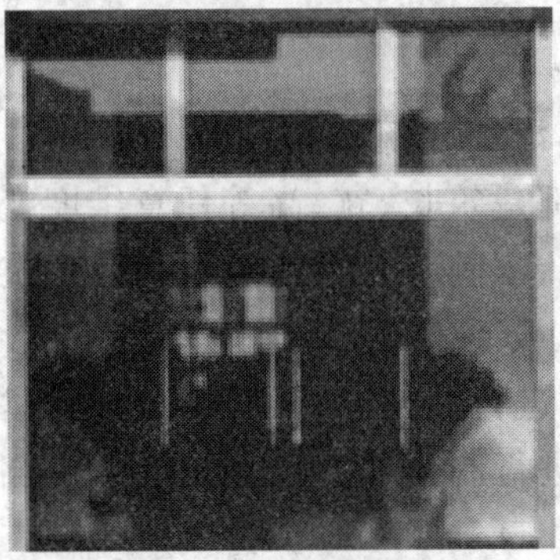
修整前

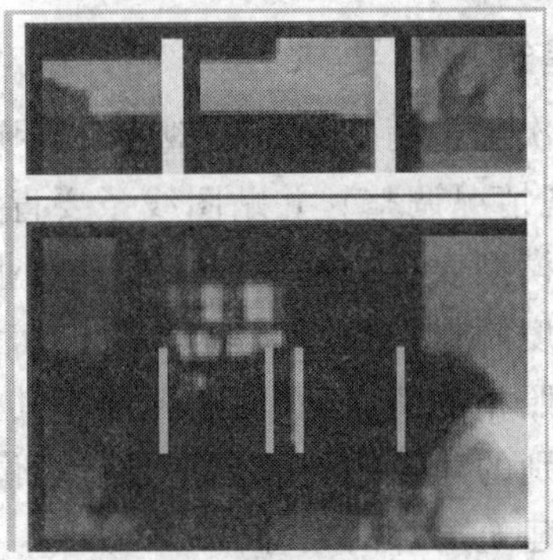
修整后

图 2-3-24

⑬一张贴图内不能出现 2 个或多个相同的重复元素，只能一个重复元素为一张贴图。如图 2-3-25 所示。

⑭同一建筑上的不同贴图要协调。同一墙体需要不同贴图制作时要保证贴图色调、质感上的统一，不能出现明显的拼接感。如图 2-3-26 所示。

⑮不能出现同层窗户高度不平的情况。层高线的高度要一致。横向各建筑面的砖纹要能

对齐，同一面上的纵向纹理也应对齐。

不正确　　　　正确

图 2-3-25

图 2-3-26

(四)建筑物命名要求

建造物命名规范要求如表 2-3-3 所示。

表 2-3-3　命名规范

命名分类	命名标准
单体建筑模型	SDZYYDXWJM001 SDZYYDX（山东中医药大学）WJM001(姓名缩写＋顺序号)
建筑贴图	SDZYYDXWJM001T01 SDZYYDXWJM001(模型名称)T01(贴图序号)

(五)建筑项目要求

城市主次干道两侧建筑模型要求真实反映现状，沿街建筑结构超过 0.5 m 结构进行模型制作(具体视情况调整)，并贴图线条要肯定；地块内部建筑长、宽、高等任意维度变化大于 1 m 的细节要用模型表现。地块内部重要商业建筑、学校、医院等公共建筑及高层建筑按照沿街在建筑制作精度制作，非重点建筑如危旧房等立面杂乱或不美观，或建筑间距很小，或者其他很难进行立面照相的情况，立面贴图参考其他相似立面进行制作。特别注意的是，建筑房顶上的电梯井或是别的建筑构件要严格参考影像图或照片进行制作，并分出层次感，建筑高度把控不准可以参考建筑局部的尺寸。

五、拍照技巧及要求

①拍摄的时候要使相机镜头与建筑实体之间尽量避免不需要的杂物，如汽车、行人、电线、衣物等，尤其是实体上的广告牌，不能让杂物遮挡住字面和画面。

②由于环境限制不能一次拍成的建筑，要根据建筑特点分块拍摄贴图照片，并保证各部分之间有足够的重合区。完成分块拍摄后要在较远距离拍一张全景说明照片，以便后期贴图合成。

③每拍 5～8 张建筑照片就要拍一次定位照片。定位照片是制作人员对建筑定位的重要

依据之一，必须足够详细。拍摄时笔的方向为拍摄方向，笔尖指向为拍摄目标点。

④有条件可以登上建筑高层的话，必须站在高处拍摄周边景观环境，照片要连贯，要有足够重合的部分或用定位照片加以说明。将当前位置所能反映的信息充分记录，有利于制作人员对于周边景观环境的把握以及对屋顶结构的判断。

⑤尽量将相机视线正对要拍摄的面，注意相机视角与拍摄面的夹角不能小于70°。遇到特殊情况导致建筑正面无法拍摄全时，如遇到道路狭窄的问题，需要先拍摄部分街面的全景，再逐个正对店面做扫描式拍摄，保证每户都拍到拍全，以便后期照片的合成。

⑥拍摄要做到先整体后局部，如果拍摄距离允许要尽可能做到一张照片拍摄建筑的一个面，这样便于建模人员理解和处理照片。拍摄时应注意照片的连续性，因此常用顺时针或逆时针的拍摄顺序，切记不要出现跳跃性的拍照。

⑦拍摄重点街道的底商、门脸及要求细拍的商铺时，每张照片都要与前张有公共衔接的部分，每拍5～8张贴图照片就要拍一次定位照片，便于制作人员定位。一定范围拍摄完毕后应在较远位置拍摄说明照片。

⑧拍摄时注意气候光线，尽量采用顺光或侧向顺光拍摄，逆光照片不适宜做贴图照片。晴天情况下，不要在早晨或者黄昏阳光角度过低时拍摄；阴天情况下，能见度过低或光线过暗时亦不宜拍摄，因此应合理安排拍摄时间以保证工作进度。

⑨拍摄期间尽量争取客户配合，取得介绍、书面证明或相关证件后妥善保管，以便拍摄。如仍有拒拍，记录下该单位名称并在地图上做好标注。

⑩建筑立面360°全景拍摄时，先拍定位照片，明确标示出拍摄的建筑位置以及拍摄的朝向，必须拍清楚在总图上做的标志和被拍摄的建筑的命名。正式拍摄的第一张照片必须正对建筑南立面，如果建筑不是正南正北，则第一张照片正对建筑的主入口立面，然后沿顺时针方向转向，每2张照片必须有重叠和衔接的部分。整栋建筑必须有完整照片，并有能充分说明建筑的三维体积关系的侧角度照片。正立面必须拍全上下立面，如果不能拍全，则把上下分开拍摄，例如分别拍摄裙楼和主体建筑。立面贴图素材照片尽量避让行人、植物、汽车和其他遮挡物。建筑主入口不能有任何遮挡，单独拍摄作为贴图素材。建筑名称或标志作为贴图素材需单独特写拍摄。必须有照片说明建筑和地面的关系，尤其是建筑和街道的关系及街道出入口的关系。

任务四　动态媒体制作过程

一、3D Max 工作界面介绍

3D Max 的工作界面初始布局，打开 3D Max 之后可以看到主界面的初始布局，它是灰色的 UI 风格。如图 2-4-1 所示。

布局里有4个同样大小的视图，位于右下部的是透视视图。默认情况下，透视图以平滑并高亮显示。4个视图都可见时，带有高亮显示边框的视图始终处于活动状态。4个视图的大小可以调整，要想恢复原始布局，右键单击分隔线的交叉点并在菜单中选择重置布局命令即可。三色世界空间三轴架显示在每个视图的左下角。世界空间3个轴的颜色分别为 x 轴红色、y 轴绿色，z 轴蓝色。如图 2-4-2 所示。

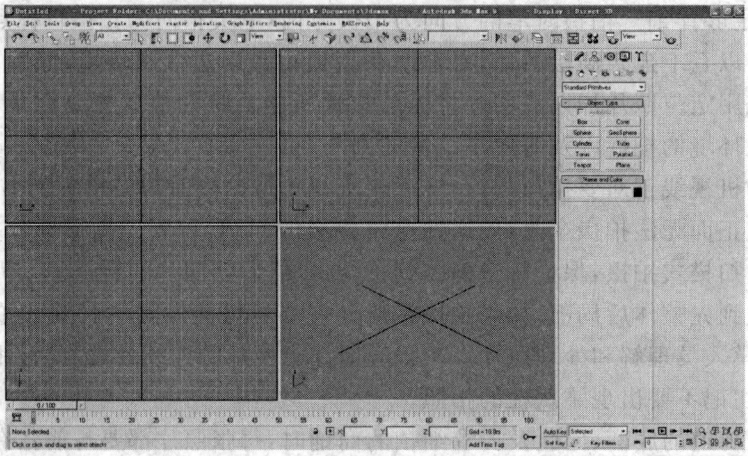

图 2-4-1

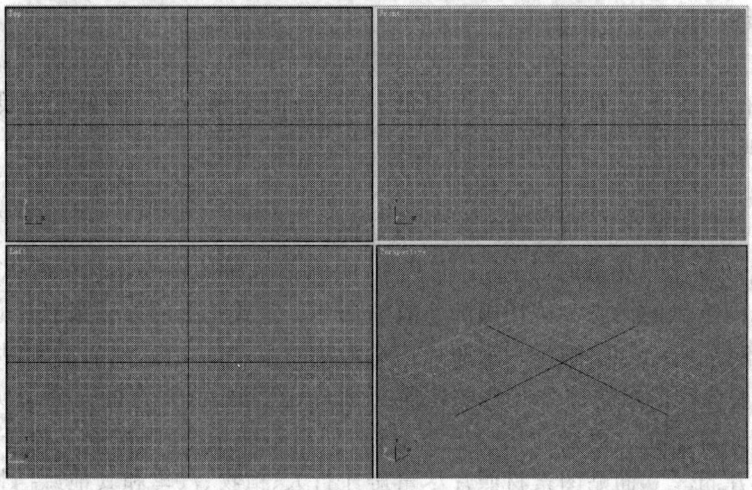

图 2-4-2

每个视图的右上角都有一个视图导航器，它可以快速、直观地切换标准工作视图以及控制工作视图的旋转操作。如果想控制导航器的大小和显示信息，可以在导航器上单击鼠标右键选择“配置”命令进行导航器设置。如图 2-4-3 所示。

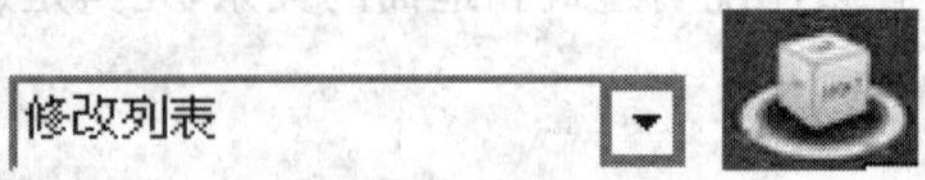

图 2-4-3

窗口底部包含的一个区域为“提示状态栏”，它提供有关场景和活动命令的提示及状态信息。这是一个坐标显示区域，可以在此输入变换值。如图 2-4-4 所示。

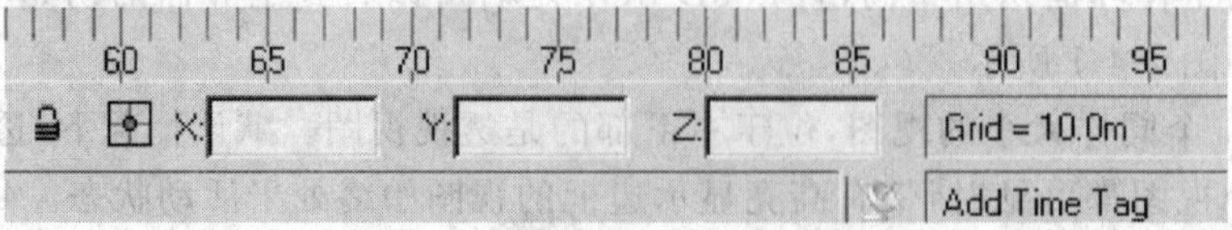

图 2-4-4

位于状态栏和视图导航控制之间的是动画控制，以及用于在视图中进行动画播放的时间控制。在制作动画的过程中必须设置时间配置。在时间控制区域单击鼠标右键，在弹出的时间配置对话框中提供了帧速率、时间显示、播放和动画设置。可以使用此对话框来更改动画的长度，还可以用于设置活动时间段和动画的开始帧、结束帧。如图 2-4-5 所示。

图 2-4-5

在状态栏的右侧部分按钮用于控制视图显示和导航，还有一些按钮针对摄影机和灯光视图进行更改。如图 2-4-6 所示。

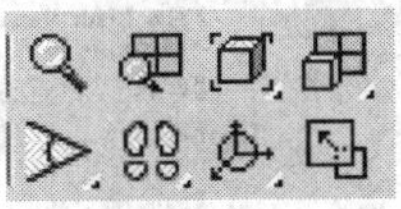

图 2-4-6

(一)标题栏

初始布局中最上面一行为标题栏，它包含各种常用的控件，用于管理文件和查找信息。最右侧的窗口控件与所有的 Windows 应用程序一样，有 3 个用于控制窗口最小化、最大化和关闭的命令。如图 2-4-7 所示。

图 2-4-7

(二)菜单栏

标题栏下面一行为菜单栏，它包括"File(文件)"、"Edit(编辑)"、"Tools(工具)"、"Group(组)"、"Views(视图)"、"Create(创建)"、"Modifiers(修改器)"、"Reactor(反应器)"、"Animation(动画)"、"Graph Editors(图形编辑器)"、"Rendering(渲染)"、"Customize(自定义)"、"MAXScript(脚本)"和"Help(帮助)"，如图 2-4-8 所示。

图 2-4-8

"File(文件)"菜单可以在文件菜单中完成打开或者保存 MAX 文件的操作。输入和输出扩展名不是 MAX 的文件，用于检查场景中的多边形数目并对文件进行其他操作。如图 2-4-9 所示。

"Edit(编辑)"菜单主要用于编辑场景，也可以用于撤销和重做等操作。如图 2-4-10 所示。

"Tools(工具)"菜单大部分在主工具栏中设置了相应的快捷图标，可帮助用户更改或管理对象，特别是对象集合的对话框。如图 2-4-11 所示。

"Group(组)"菜单包含了一些将多个对象组或者将组分解成独立对象的命令，组是在场景中组织对象的好方法。组菜单包含用于将场景中的对象成组和解组的功能，其中包括成组、解组、打开、关闭、附加、分离、炸开、集合。如图 2-4-12 所示。

"Views(视图)"菜单包含视图最新导航控制命令的撤销和重复、网络控制选项等工具，并允许显示适用于特定命令的一些功能。视图菜单还包含在视图背景中显示 2D 图像的命令。2D 图像可以是静态文件，也可以是动画文件。这是建模和动画的重要选项。在制作角色或者人物动画时，经常需要使用参考图像作为背景。如图 2-4-13 所示。

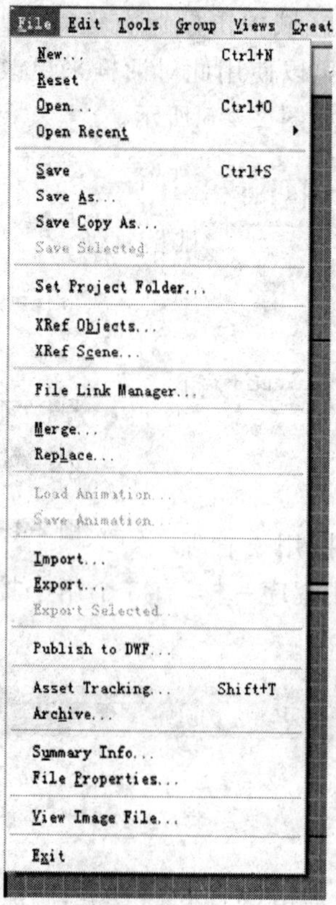

图 2-4-9

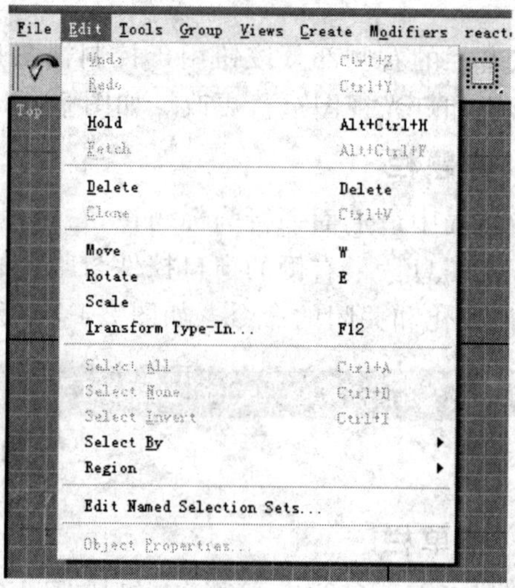

图 2-4-10

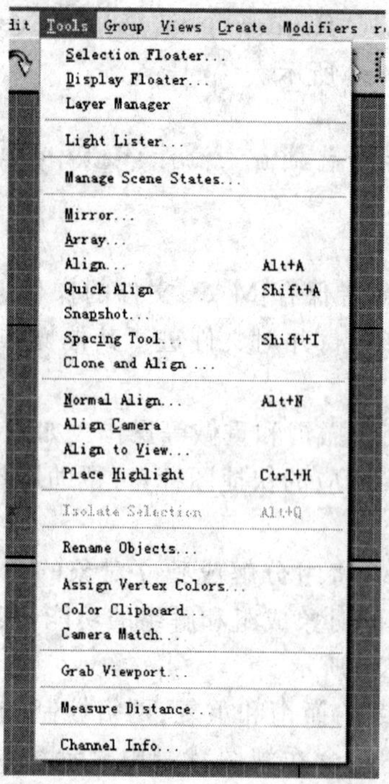

图 2-4-11

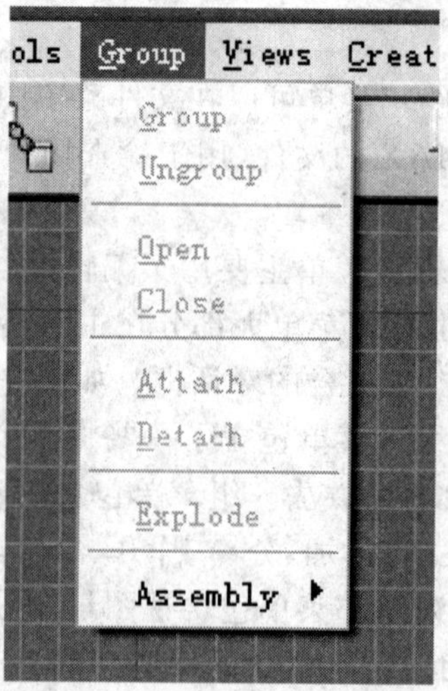

图 2-4-12

“Create(创建)”菜单可以创建某种几何体、灯光、摄影机和辅助对象等,该菜单包含各种子菜单,与创建面板功能相同。如图 2-4-14 所示。

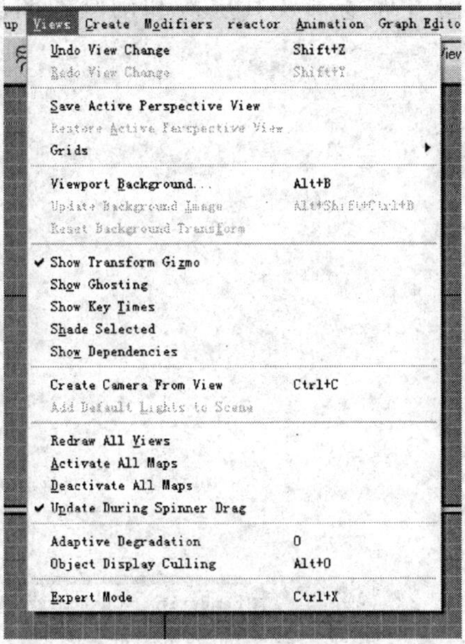

图 2-4-13

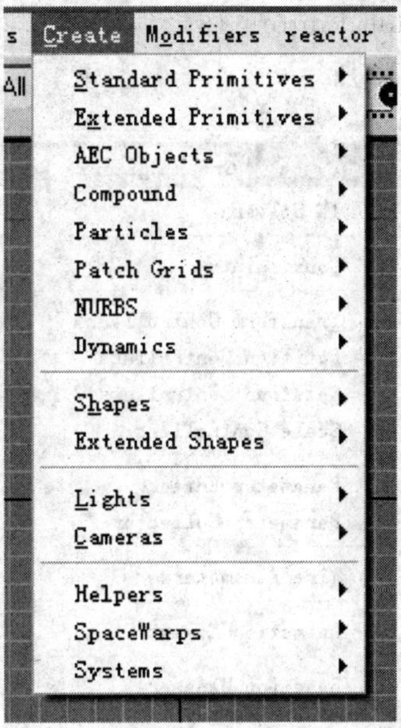

图 2-4-14

“Modifiers(修改器)”菜单提供了快速应用修改器的方式,该菜单划分了一些子菜单。此菜单上各项的可用性取决于当前选择,如果修改器不适用于当前选定的对象,则在该菜单上不可用,与修改面板功能相同。如图 2-4-15 所示。

“Reactor(反应器)”菜单是一个 3D Max 插件,它可以模拟枢连物体的约束和关节,还可以模拟诸如风和马达之类的物理行为,以及质量、摩擦力和弹力之类的物理属性。如图 2-4-16 所示。

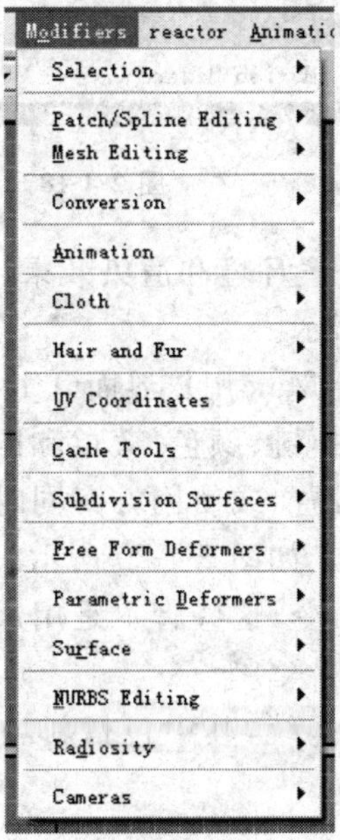

图 2-4-15

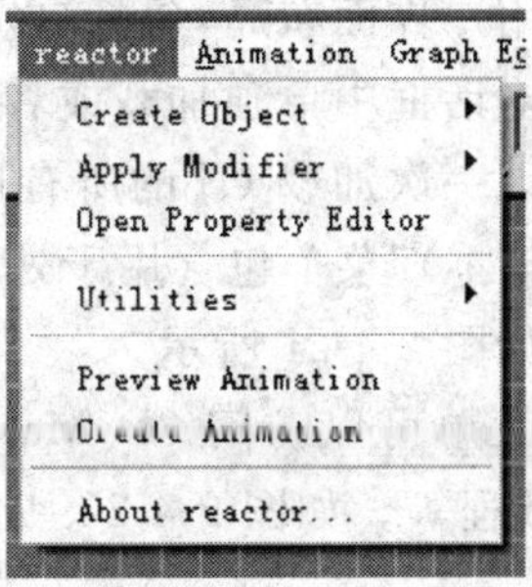

图 2-4-16

“Animation(动画)”菜单提供了一组有关动画、约束、控制器以及反向运动学解算器的命令。如图 2-4-17 所示。

“Graph Editors(图形编辑器)”菜单用于访问管理场景及其层次和动画的图表子窗口。如图 2-4-18 所示。

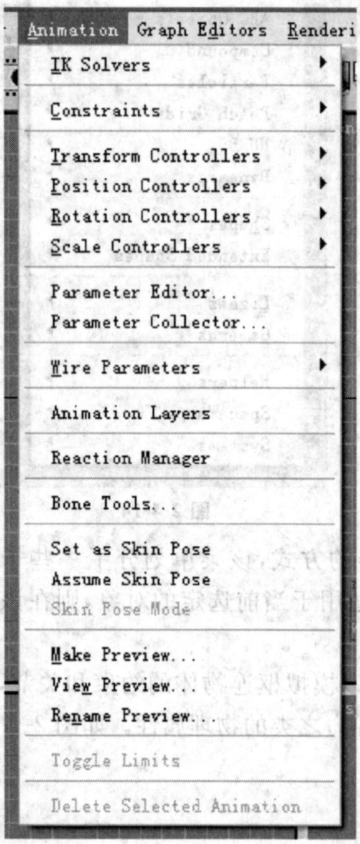

图 2-4-17

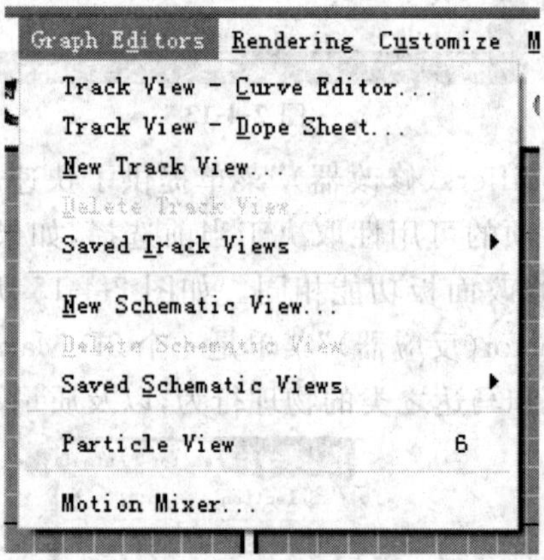

图 2-4-18

“Rendering(渲染)”菜单包含了用于渲染场景、设置环境和渲染效果、使用 Video Post 合成场景以及访问 RAM 播放器的命令。如图 2-4-19 所示。

“Customize(自定义)”菜单包含了用于自定义 3D Max 用户界面(UI)的命令,利用这些命令可以创建自定义用户界面布局,包括自定义键盘快捷键、颜色、菜单和四元菜单。用户可以在自定义用户界面对话框中单独加载或者保存所有设置,或使用方案同时加载或者保存所有设置。使用方案可以一次加载 UI 的所有自定义功能。如图 2-4-20 所示。

“MAXScript(脚本)”菜单包含用于处理脚本的命令,这些脚本是用户使用软件内置脚本语言创建而来的。如图 2-4-21 所示。

“Help(帮助)”菜单可以访问 3D Max 联机参考系统,其中包括新功能指南、用户参考、MAXScript 帮助、教程等。如图 2-4-22 所示。

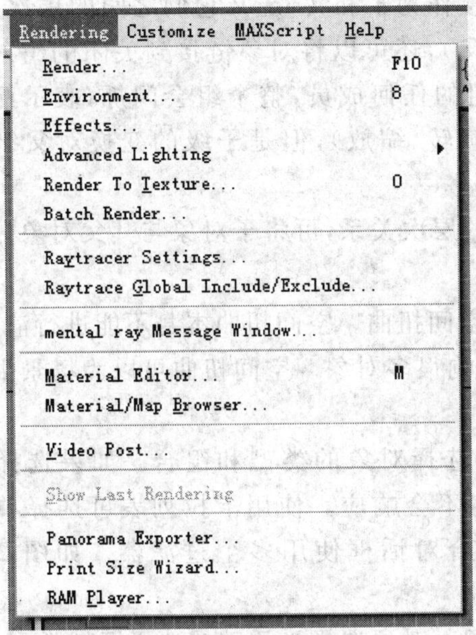

图 2-4-19

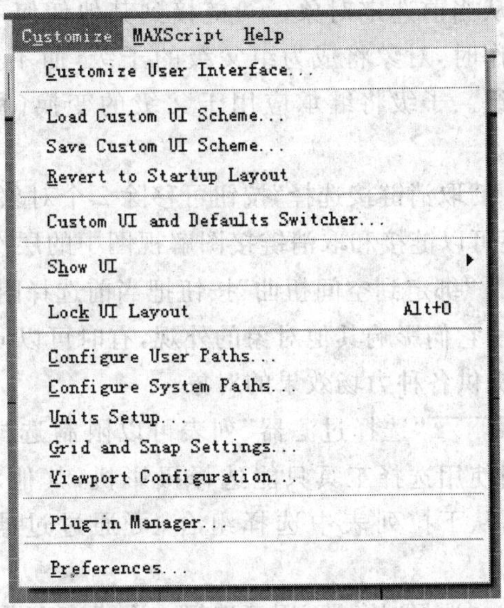

图 2-4-20

图 2-4-21

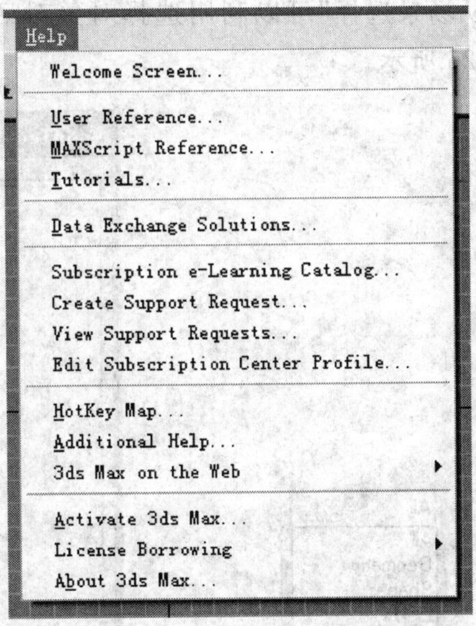

图 2-4-22

(三)主工具栏

3D Max 中的很多命令可由工具栏上的按钮实现。通过主工具栏可以快速访问 3D Max 中很多常见任务的工具和对话框,其中包括选择并链接、取消链接选择、绑定到空间扭曲、选择过滤器列表、选择对象等功能按钮。如图 2-4-23 所示。

图 2-4-23　主工具栏

“选择并链接”按钮可以通过将 2 个对象链接作为子和父，定义它们之间的层次关系。可以从当前选定对象(子)链接到其他任何对象(父)，还可以将对象链接到关闭的组。执行此操作时，对象将成为组父级的子级，而不是该组的任何成员，整个组会闪烁，表示已链接到该组。子级将继承应用于父级的变换(移动、旋转、缩放)，但是子级的变换对父级没有影响。

“取消链接选择”按钮可移除 2 个对象之间的层次关系，可将子对象与其父对象分离开来，还可以链接和取消链接图解视图中的层次。

“绑定到空间扭曲”按钮把当前选择附加到空间扭曲。空间扭曲本身不能进行渲染，可以使用它们影响其他对象的外观，有时可以同时影响很多对象。空间扭曲可以为场景中其他对象提供各种力场效果的对象。

“选择过滤器”列表可以限制选择工具选择对象的类型和组合。如果选择摄影机，则使用选择工具只能选择摄影机，其他对象将不会响应。使用下拉列表可选择单个过滤器，从下拉列表中选择组合，可通过过滤器组合对话框使用多个过滤器。如图 2-4-24 所示。

“选择对象”可用于选择一个或多个操控对象。对象选择受活动的选择区域类型、活动的选择过滤器、交叉选择工具的状态所影响。

“从场景选择”可以利用选择对象对话框从当前场景中所有对象的列表中选择对象。如图 2-4-25 所示。

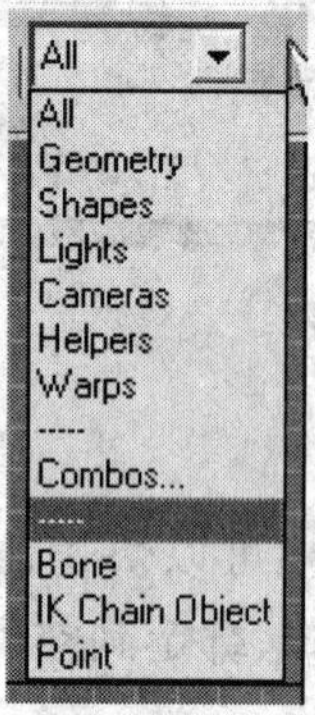

图 2-4-24

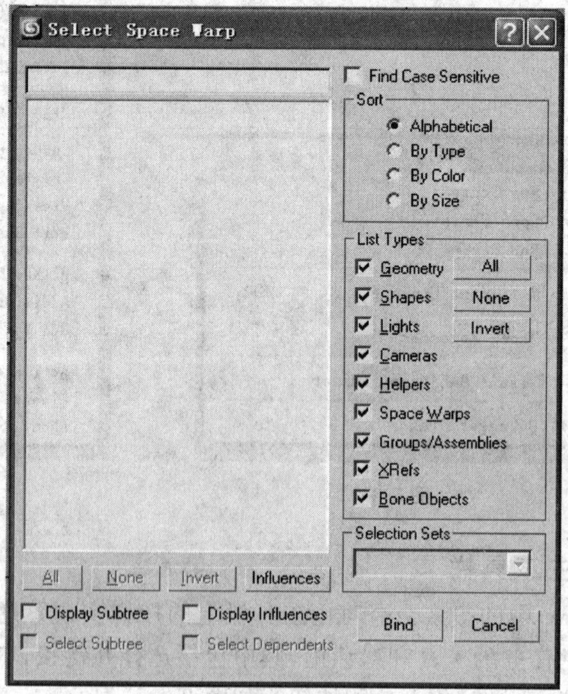

图 2-4-25

“选择区域”按钮可按区域选择对象，其中有 5 种选择方式——矩形、圆形、围栏、套索和绘制。对于前 4 种方式，可以选择完全位于选择区域中的对象，也可以选择位于选择图形内或与其触及的对象。如果在指定区域时按住 Ctrl 键则影响的对象将被添加到当前选择中；反之，在指定区域时按住 Alt 键则影响的对象将从当前选择中移除。如图2-4-26所示。

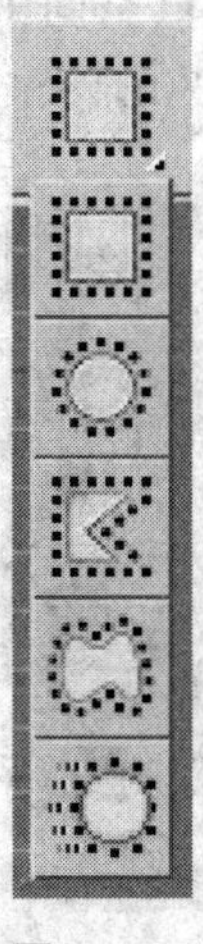

图 2-4-26

“窗口/交叉”按钮可以在窗口和交叉模式之间进行切换。在窗口模式中，只能对选择区域内的对象进行选择；在交叉模式中，可以选择区域内的所有对象，以及与区域边界相交的任何对象，对于子对象选择也是如此。

“选择并移动”按钮可以选择并移动对象。当该按钮处于激活状态时，单击对象进行选择，拖动鼠标以移动该对象。要将对象的移动限制到 x 轴、y 轴或 z 轴或者任意两个轴，请单击轴约束工具栏上的相应按钮，或使用变换 Gizmo 和右键单击对象从变换子菜单中选择约束。

“选择并旋转”按钮可以选择并旋转对象。当该按钮处于激活状态时，单击对象进行选择，拖动鼠标即会旋转该对象。围绕一个轴旋转对象时，不要旋转鼠标以期望对象按照鼠标运动来旋转，只要直上直下地移动鼠标即可，朝上旋转对象与朝下旋转对象方式相反。

“选择并缩放”按钮包含用于更改对象大小的 3 种工具，按从上到下的顺序，这些工具依次为选择并均匀缩放、选择并非均匀缩放和选择并挤压。使用选择并均匀缩放按钮可以沿所有 3 个轴以相同量缩放对象，同时保持对象的原始比例；使用选择并非均匀缩放按钮可以根据活动轴约束以非均匀方式缩放对象；选择并挤压工具可用于创建卡通片中常见的挤压和拉伸样式动画的不同相位，挤压对象势必牵涉到在一个轴上按比例缩小，同时在另两个轴上均匀地按比例增大。如图2-4-27所示。

View “参考坐标系”按钮可以指定变换所用的坐标系。选项包括视图、屏幕、世界、父对象、局部、万向、栅格和拾取。在屏幕坐标系中，所有视图都使用视图屏幕坐标。视图是世界和屏幕坐标系的混合体。使用视图时，所有正交视图都使用屏幕坐标系，而透视视图使用世界坐标系。因为坐标系的设置基于逐个变换，所以先选择变换再指定坐标系。如图 2-4-28所示。

“使用中心”按钮用于确定缩放和旋转操作几何中心的 3 种方法设置。按从上到下的顺序，这 3 种方法依次为使用轴点中心、使用选择中心和使用变换坐标中心。使用轴点中心按钮可以围绕其各自的轴点旋转或缩放一个或多个对象，三轴架显示了当前使用的中心；使用选择中心按钮可以围绕其共同的几何中心旋转或缩放一个或多个对象，如果变换多个对象，该软件会计算所有对象的平均几何中心，并将此几何中心用作变换中心；使用变换坐标中心按钮可以围绕当前坐标系的中心旋转或缩放一个或多个对象。如图 2-4-29 所示。

“选择并操纵”按钮可以通过在视图中拖动操纵器来编辑某些对象、修改器和控制器参数。用户可以将这些自定义操纵器添加到场景中。这些内置的操纵器可以用来更改对象上的参数。

“快捷键覆盖切换”按钮可以在只使用主用户界面快捷键和同时使用主快捷键和组快捷键之间进行切换。

“对象捕捉”按钮提供了捕捉 3D 空间的控制范围。3D 捕捉时默认设置，光标直接捕捉到 3D 空间中的任何几何体，用于创建和移动所有尺寸的几何体，而不考虑构造平面。如图 2-4-30所示。

图 2-4-27

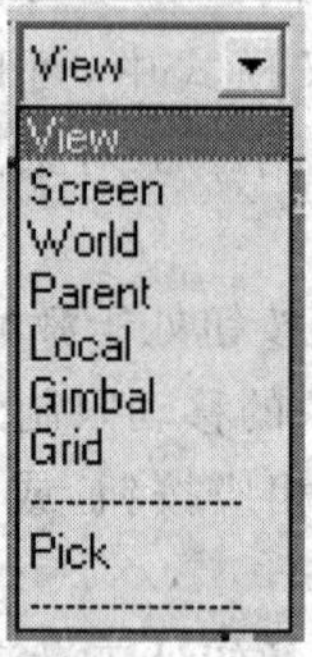

图 2-4-28

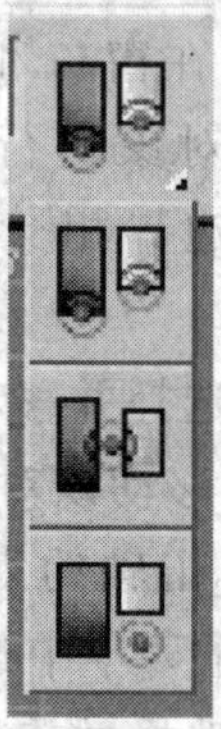
图 2-4-29

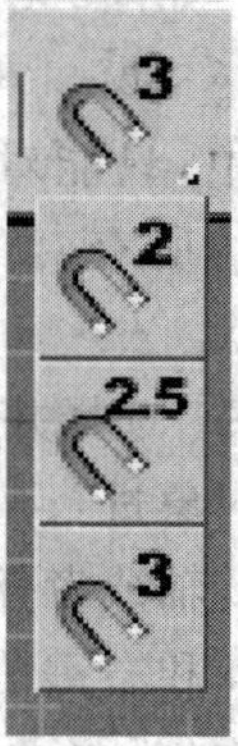

图 2-4-30

“角度捕捉”按钮用于多数功能的增量旋转，包括标准旋转变换。它也影响摇移/环游摄影机控制、FOV 和测滚摄影机及聚光区/衰减区聚光灯角度。

“百分比捕捉”按钮通过制定的百分比增加对象的缩放。在栅格和捕捉设置对话框中设置捕捉百分比增量，默认设置为 10%，右键单击百分比捕捉切换以显示栅格和捕捉设置对话框。这是通用捕捉系统，该系统应用于涉及百分比的任何操作，如缩放或挤压。

“微调器捕捉”按钮主要用于所有微调器的单击增加或减少值，也就是数值的设置。通过首选项对话框常规面板上的设置可以控制微调器捕捉的量，默认设置为 1。

“编辑命名选择”按钮用于管理子对象的命名选择集，它仅适用于对象，它是一种模式对话框。

“命名选择集”按钮可以命名选择集，以便重新调用选择再次进行使用。如果命名选择集的所有对象已从场景中删除，或者如果其所有对象已从命名选择集对话框的命名集中移除，则该命名选择集将从列表中移除。对象层级和子对象层级的命名选择均区分大小写。

“镜像”按钮可以调出镜像对话框，使用该对话框可以在镜像一个或多个对象的方向时移动这些对象，还可用于围绕当前坐标系中心镜像进行当前选择。

“对齐”按钮提供了 6 种不同对齐对象的工具，按照从上到下的顺序依次为对齐、快速对齐、法线对齐、放置高光、对齐摄影机和对齐到视图。如图 2-4-31 所示。

“层管理器”按钮可以创建和删除层的无模式对话框，也可以查看和编辑场景中所有层的设置，以及与其相关联的对象。如图 2-4-32 所示。

“曲线编辑器”工具是一种轨迹视图模式，采用图表上的功能曲线来表示运动。该模式可以使运动的插值以及软件在关键帧之间创建的对象变换直观化。如图 2-4-33 所示。

“图解视图”按钮将打开基于节点的场景图，通过它可以访问对象属性、材质、控制器、修改器、层次和不可见场景关系，也可以查看、创建并编辑对象间的关系，还可以创建层次、制定控制器、材质、修改器或约束。如图 2-4-34 所示。

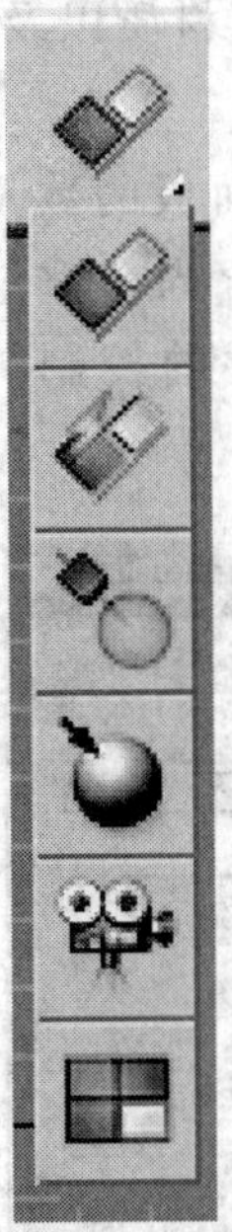

图 2-4-31

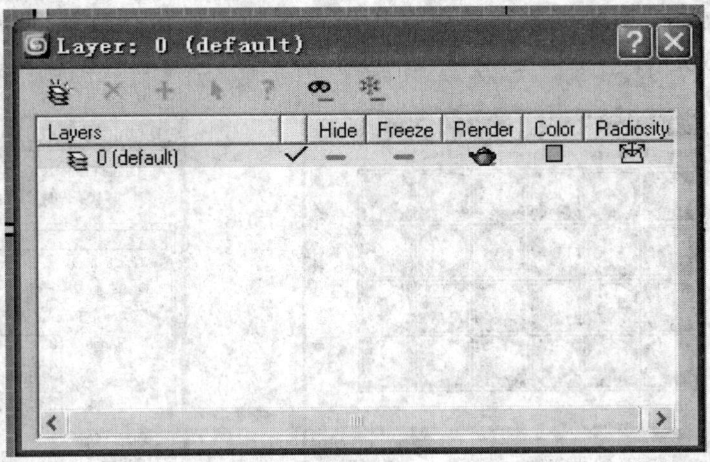

图 2-4-32

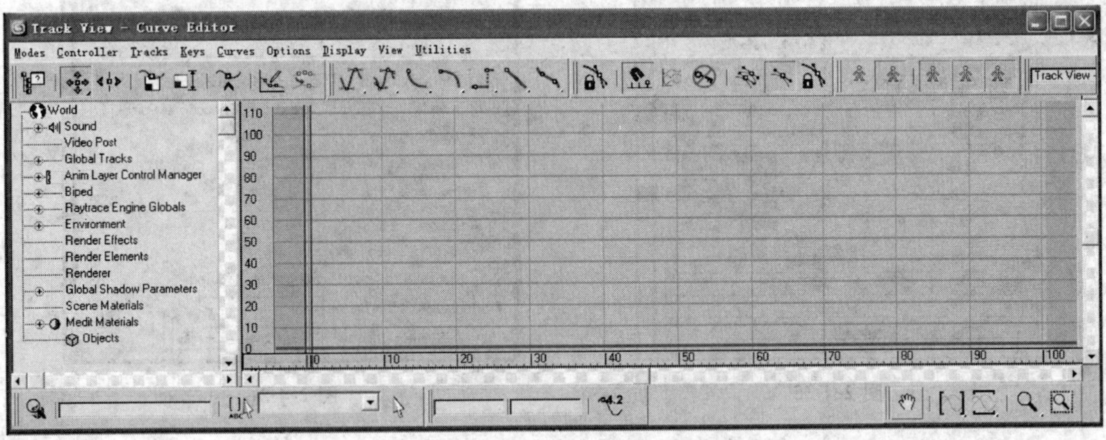

图 2-4-33

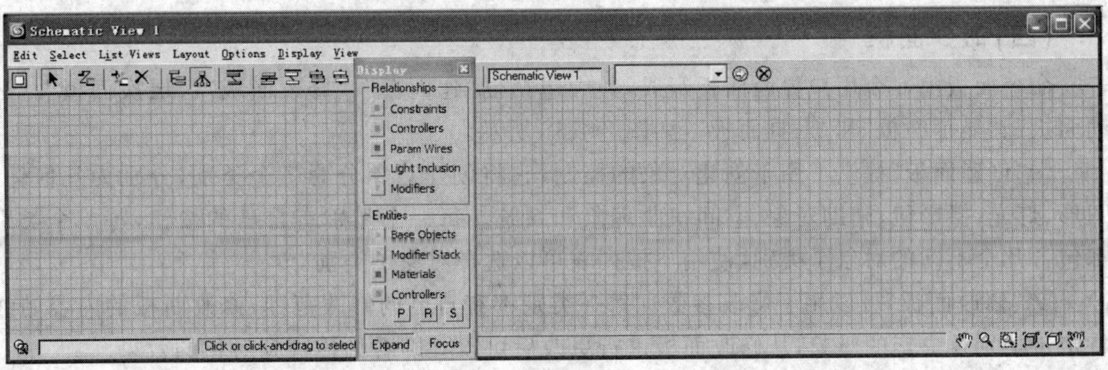

图 2-4-34

“材质编辑器”按钮用于打开材质编辑器和节点编辑器，以创建和编辑材质以及贴图。如图 2-4-35 所示。

“渲染场景”按钮用于打开渲染场景对话框。该对话框有多个面板，面板的数量和名称因渲染器而异。公用面板包含任何渲染器的主要控制。渲染器面板包含当前渲染器的主要控制。渲染元素面板包含用于将各种图像信息渲染到单个图像文件的控制。如图 2-4-36所示。

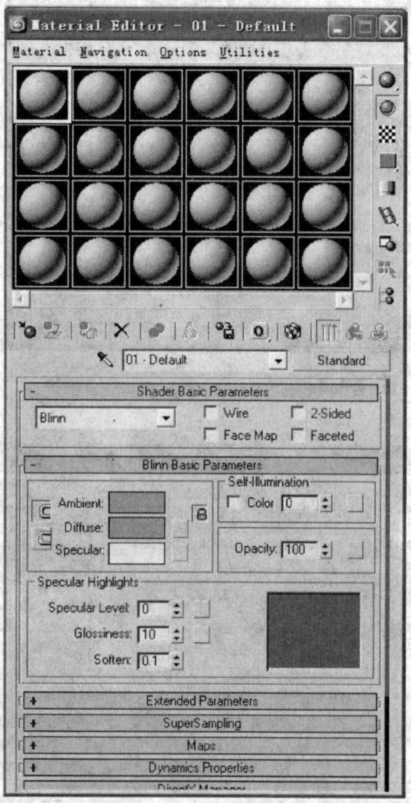

图 2-4-35

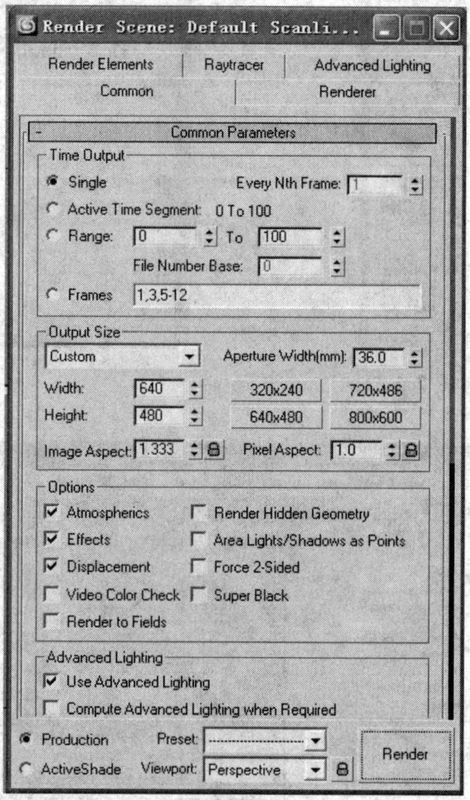

图 2-4-36

“快速渲染”按钮可以使用当前渲染设置来渲染场景，而无需显示渲染场景对话框。如图 2-4-37 所示。

(四)命令面板

命令面板由 6 个用户界面面板组成，其中包括创“建面板”、“修改面板”、“层次面板”、“运动面板”、“显示面板”和“工具面板”，如图 2-4-38 所示。

“创建面板”提供了用于创建对象的控制，它将创建对象分为 7 个类别，分别为几何体、图形、灯光、摄影机、辅助对象、空间扭曲现象和系统。每一个类别有自己的按钮，每一个类别都包含几个不同的对象子类别，使用下拉列表可以选择对象子类别。

“修改面板”可以用于修改参数。每一类别都有自己的修改范围，修改面板的内容始终特定于类别及决定的对象，从修改面板进行更改后可以立即看见传输到对象的效果。

“层次面板”可以访问用来调整对象间层次链接的工具。通过将一个对象与另一个对象相链接，可以创建父子关系，应用到父对象的变换同时将传递给子对象。

图 2-4-37

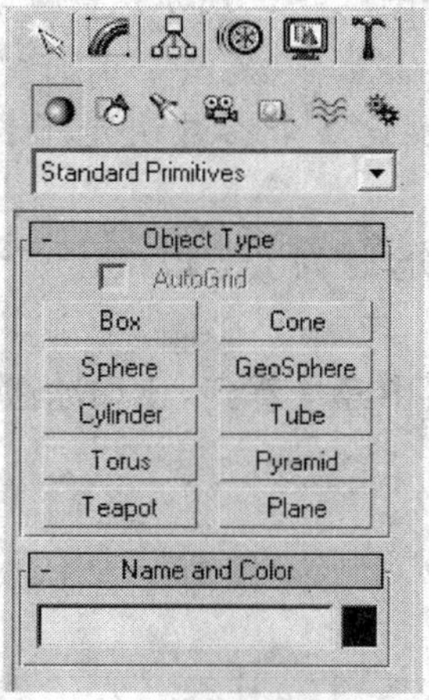

图 2-4-38

“运动面板”提供了用于调整选定对象运动的工具，还提供了轨迹视图的替代选项，用来指定动画控制器。如果指定的动画控制器具有参数，则在运动面板中显示其他卷展栏。

“显示面板”可以访问场景中控制对象显示方式的工具。使用显示面板可以隐藏和取消隐藏、冻结和解冻对象、改变其显示特性、加速视图显示以及简化建模步骤。

“工具面板”可以访问各种工具程序。

二、基础建模

(一)建模常识

1. 建模思路

在开始学习建模之前首先需要掌握建模的思路。在 3D Max 中，建模的过程就相当于现实生活中的“雕刻”过程。在创建模型的过程中可以先将其分解成几个独立的部分来分别进行创建。

2. 参数化对象与可编辑对象

3D Max 中的所有对象都是“参数化对象”与“可编辑对象”中的一种。两者并非独立存在的，“可编辑对象”在多数时候都可以通过转换“参数化对象”来得到。“参数化对象”是指对象的几何形态由参数变量来控制，修改这些参数就可以修改对象的几何形态。在通常情况下，“可编辑对象”包括“可编辑样条线”、“可编辑网络”、“可编辑多边形”、“可编辑面片”和“NURBS 对象”。“参数化对象”是被创建出来的，而“可编辑对象”通常是通过转换得到的，用来转换的对象就是“参数化对象”。

3. 建模的常用方法

建模的方法有很多种，大致可以分为内置模型建模、复合对象建模、二维图形建模、网格建模、多边形建模、面片建模和 NURBS 建模 7 种。确切地说它们不应该有固定的分类，因为它们之间都可以交互使用。

(二)创建标准基本体

1. 长方体

长方体是建模中最常用的几何体，现实中与长方体接近的物体很多。可以直接使用长方体创建出很多模型，比如方桌、墙体等，同时还可以将长方体用作多边形建模的基础物体。长方体的参数设置面板如图 2-4-39 所示。

重要参数：

①长度/宽度/高度：这 3 个参数决定了长方体的外形，用来设置长方体的长度、宽度和高度。

②长度分段/宽度分段/高度分段：这 3 个参数用来设置沿着对象每个轴的分段数量。

2. 圆锥体

圆锥体在现实生活中经常看到，比如冰激凌的外壳、吊坠等。圆锥体的参数设置面板如图 2-4-40 所示。

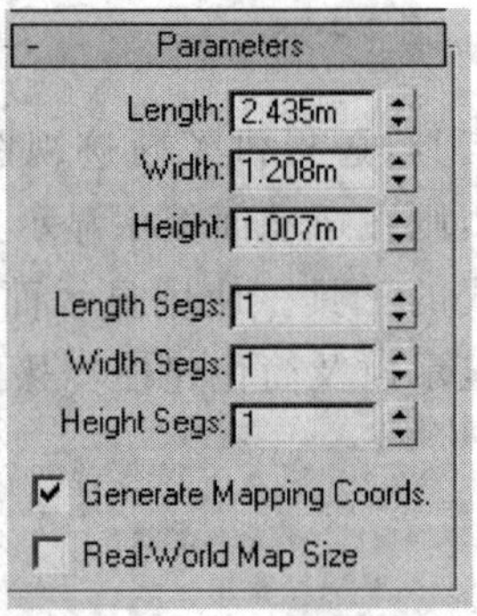

图 2-4-39

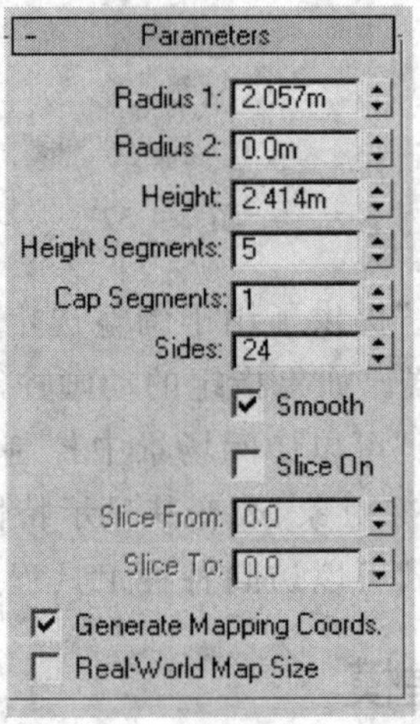

图 2-4-40

重要参数：

①半径 1/半径 2：设置圆锥体的第 1 个半径和第 2 个半径，2 个半径的最小值都是 0。

②高度：设置沿着中心轴的维度。负值将在构造平面下面创建圆锥体。

③高度分段：设置沿着圆锥体主轴的分段数。

④端面分段：设置围绕圆锥体顶部和底部的中心的同心分段数。

⑤边数：设置圆锥体周围边数。

⑥平滑：混合圆锥体的面，从而在渲染视图中创建平滑的外观。

⑦启用切片：控制是否开启“切片”功能。

⑧切片起始位置/切片结束位置：设置从局部 x 轴的零点开始围绕局部 z 轴的度数。

3. 球体

球体也是现实生活中最常见的物体。在 3D Max 中，可以创建完整的球体，也可以创建半球体或球体的其他部分，其参数设置面板如图 2-4-41 所示。

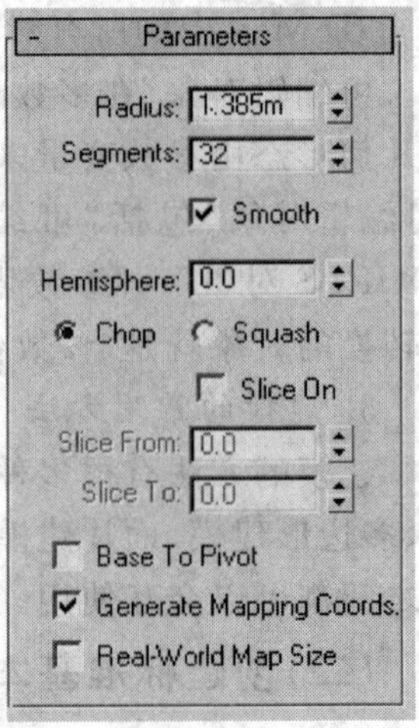

图 2-4-41

重要参数：

①半径：指定球体的半径。

②分段：设置球体多边形分段的数目。分段越多，球体越圆滑，反之则越粗糙。图 2-4-42 是分段值分别为 8 和 32 时的球体对比。

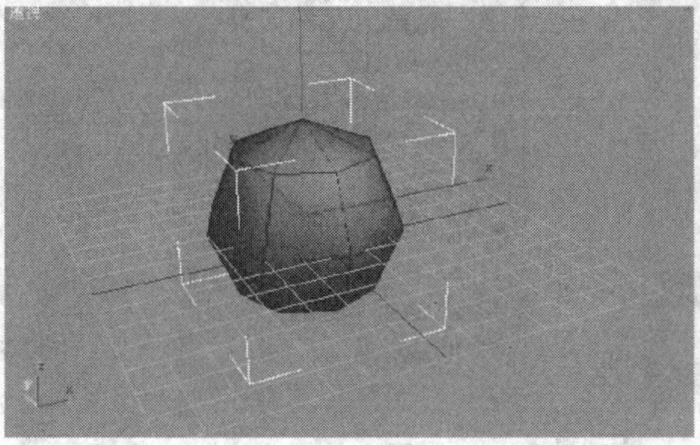
分段值为8

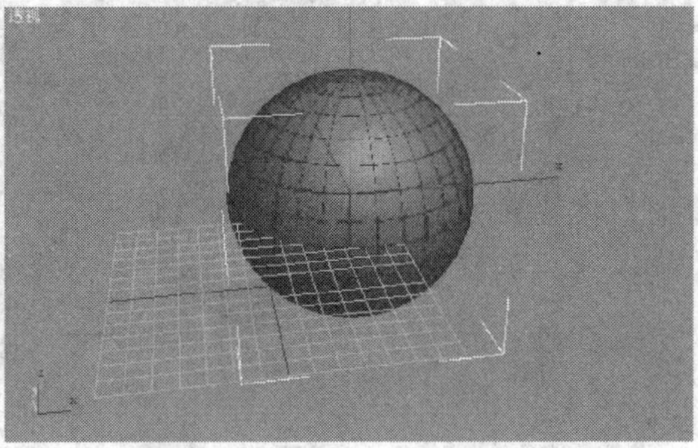
分段值为32

图 2-4-42

③平滑：混合球体的面，从而在渲染视图中创建平滑的外观。

④半球：该值过大将从底部切断球体，以创建部分球体，取值范围可以从 0～1。值为 0 可以生成完整的球体，值为 0.4 可以生成半球，值为 1 会使球体消失。如图 2-4-43 所示。

⑤切除：通过在半球断开时将球体中的顶点数和面数“切除”来减少它们的数量。

⑥挤压：保持原始球体中的顶点数和面数，将几何体向着球体的顶部挤压为越来越小的体积。

⑦轴心在底部：在默认情况下，轴点位于球体中心的构造平面上，如图 2-4-44 所示。

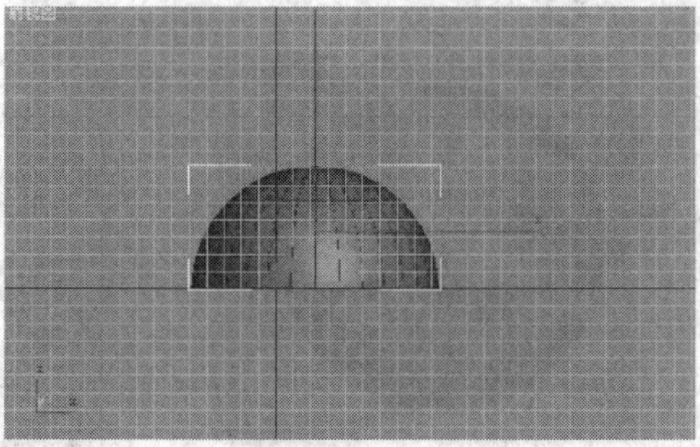
图 2-4-43

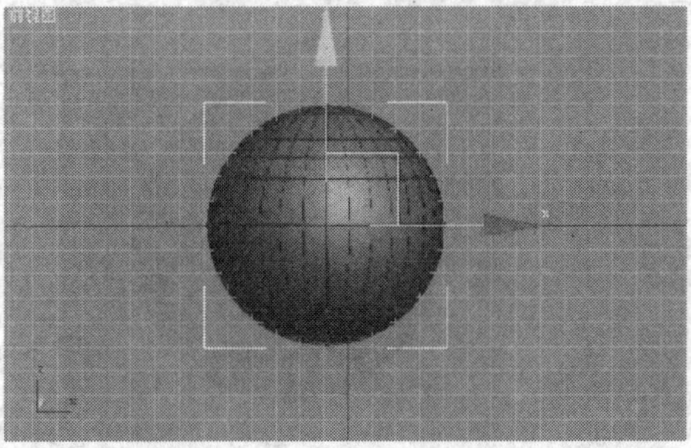
图 2-4-44

如果勾选“轴心在底部”选项，则会将球体沿着其局部 z 轴向上移动，使轴点位于其底部，如图 2-4-45 所示。

4. 几何球体

几何球体的形状与球体的形状很接近，学习了球体的参数之后，几何球体的参数便不难理解了，如图 2-4-46 所示。

重要参数：

①基点面类型：选择几何球体表面的基本组成单位类型，可供选择的有“四面体”、“八面体”和“二十面体”，如图 2-4-47 所示。

②平滑：勾选该选项后，创建出来的几何球体的表面就是光滑的，如果关闭该选项，效果则

反之，如图 2-4-48 所示。

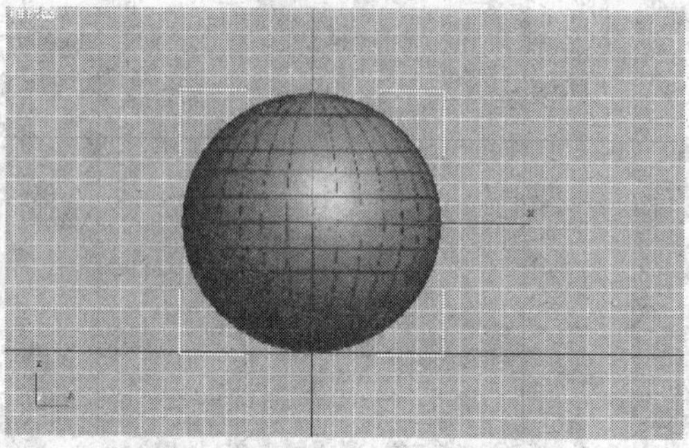

图 2-4-45

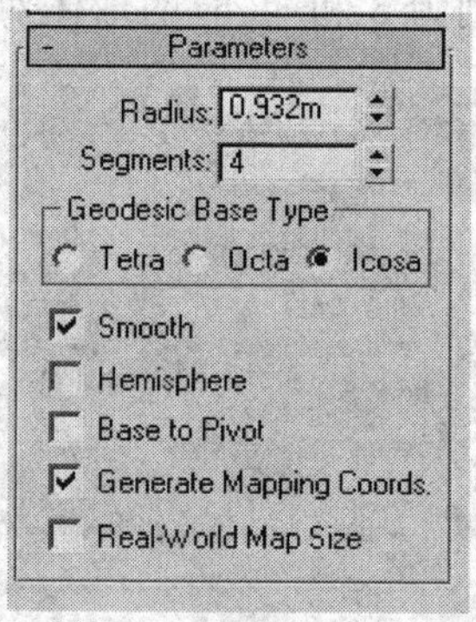

图 2-4-46

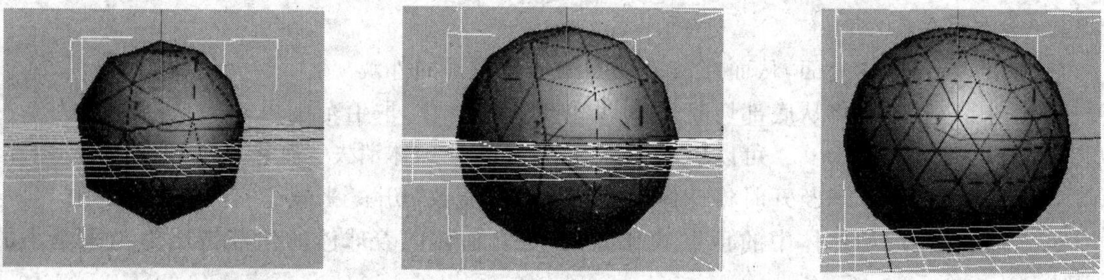

四面体　　八面体　　二十面体

图 2-4-47

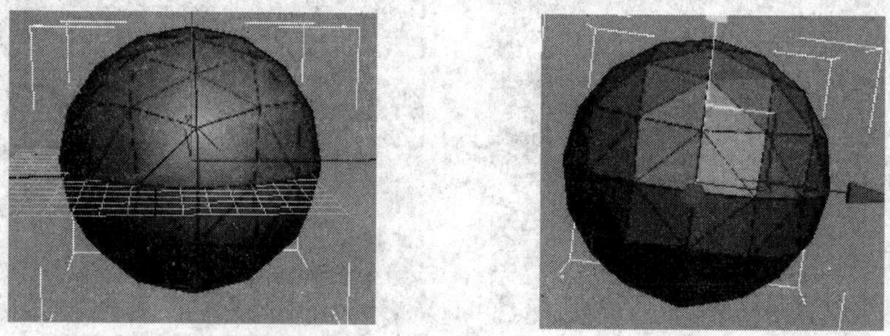

平滑　　关闭平滑

图 2-4-48

③半球：若勾选该选项，创建出来的几何球体会是一个半球体，如图 2-4-49 所示。

5. 圆柱体

圆柱体在现实中很常见，比如桌腿等，制作由圆柱体构成的物体时，可以先将圆柱体转换成可编辑多边形，然后对细节进行调整。圆柱体参数如图 2-4-50 所示。

重要参数：

①半径：设置圆柱体的半径。

②高度：设置沿着中心轴的维度。负值将在构造平面下面创建圆柱体。

③高度分段：设置沿着圆柱体主轴的分段数量。

④端面分段：设置围绕圆柱体顶部和底部的中心的同心分段数量。

⑤边数：设置圆柱体周围的边数。

6. 管状体

管状体的外形与圆柱体相似，不过管状体是空心的，因此管状体有 2 个半径，即外径（半径 1）和内径（半径 2）。管状体的参数如图 2-4-51 所示。

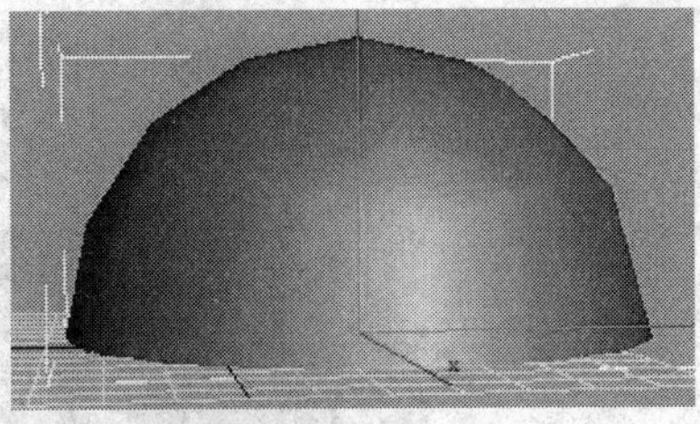

图 2-4-49

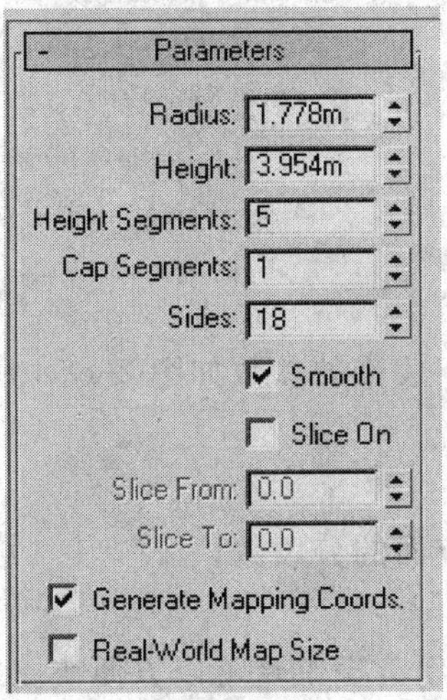

图 2-4-50

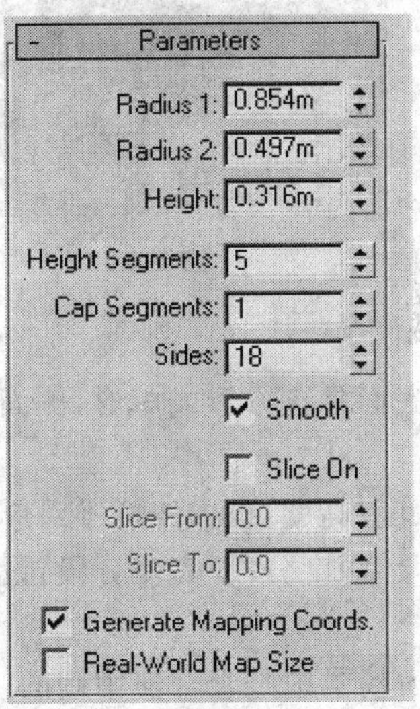

图 2-4-51

重要参数：

①半径 1/半径 2："半径 1"是指管状体的外径，"半径 2"是指管状体的内径。如图 2-4-52 所示。

②高度：设置沿着中心轴的维度。负值将在构造平面下面创建管状体。

③高度分段：设置沿着管状体主轴的分段数量。

④端面分段：设置围绕管状体顶部和底部的中心的同心分段数量。

⑤边数：设置管状体周围边数。

7. 圆环

圆环可以用于创建环形或具有圆形横截面的环状物体。圆环的参数如图 2-4-53 所示。

重要参数：

①半径 1：设置从环形的中心到横截面圆形的中心的距离，这是环形环的半径。

②半径 2：设置横截面圆形的半径。

③旋转：设置旋转的度数，顶点将围绕通过环形环中心的圆形非均匀旋转。

④扭曲：设置扭曲的度数，横截面将围绕通过环形中心的圆形逐渐旋转。

⑤分段：设置围绕环形的分段数目。通过减小该数值，可以创建多边形环，而不是圆形。

⑥边数：设置环形横截面圆形的边数。通过减小该数值，可以创建类似于棱锥的横截面，而不是圆形。

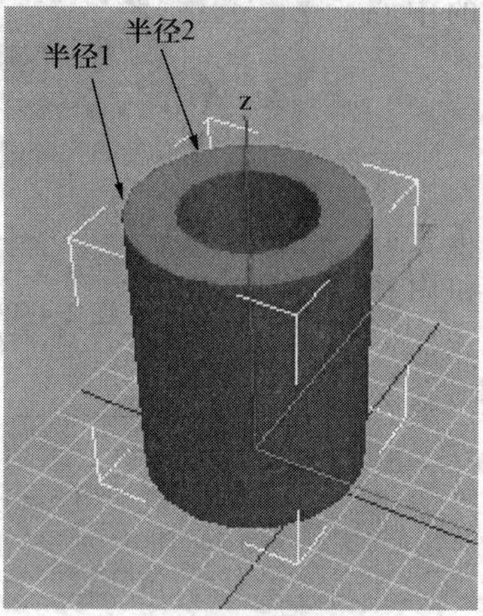

图 2-4-52

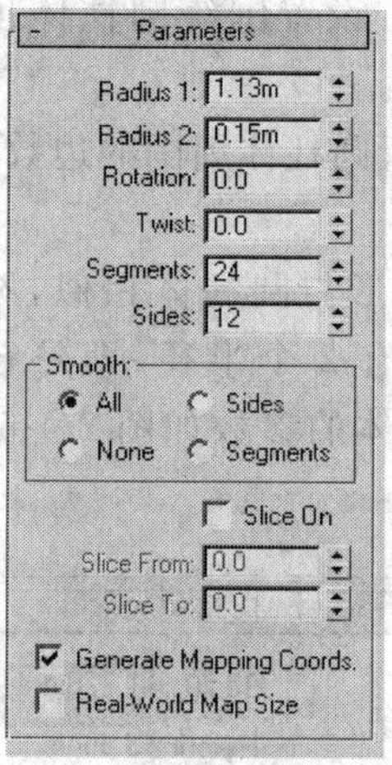

图 2-4-53

8. 四棱锥

四棱锥的底面是正方形或矩形，侧面是三角形。四棱锥的参数如图 2-4-54 所示。

重要参数：

①宽度/深度/高度：设置四棱锥对应面的维度。

②宽度分段/深度分段/高度分段：设置四棱锥对应面的分段数。

9. 茶壶

茶壶在室内场景中是经常使用到的一个物体。使用茶壶工具可以方便快捷地创建出一个精度较低的茶壶。茶壶的参数如图 2-4-55 所示。

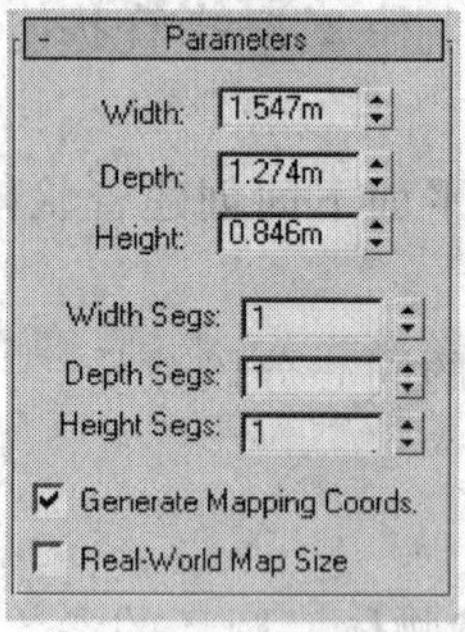

图 2-4-54

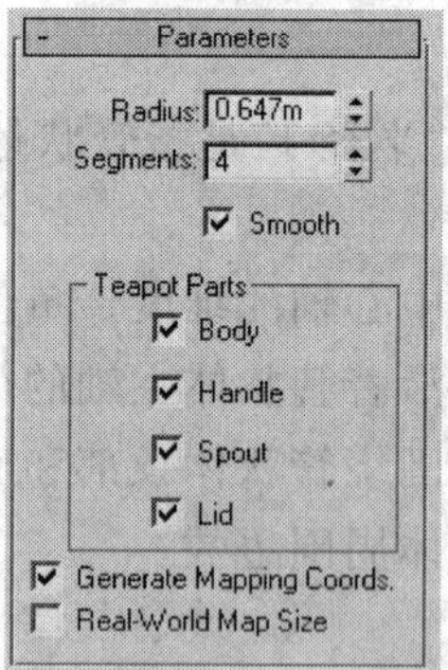

图 2-4-55

重要参数：

①半径：设置茶壶的半径。

②分段：设置茶壶或其单独部件的分段数。

③平滑：混合茶壶的面，从而在渲染视图中创建平滑的外观。

④茶壶部件：选择要创建的茶壶部件，包含“壶体”、“壶把”、“壶嘴”和“壶盖”4 个部件。如图 2-4-56 所示。

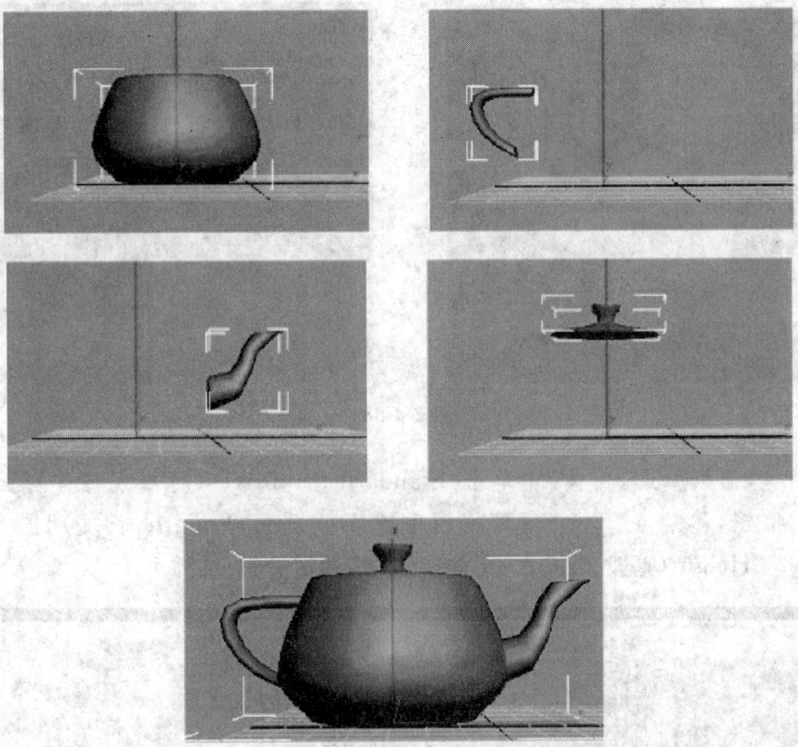

图 2-4-56

10. 平面

平面在建模过程中使用的频率非常高,例如墙面和地面等。平面的参数如图 2-4-57 所示。

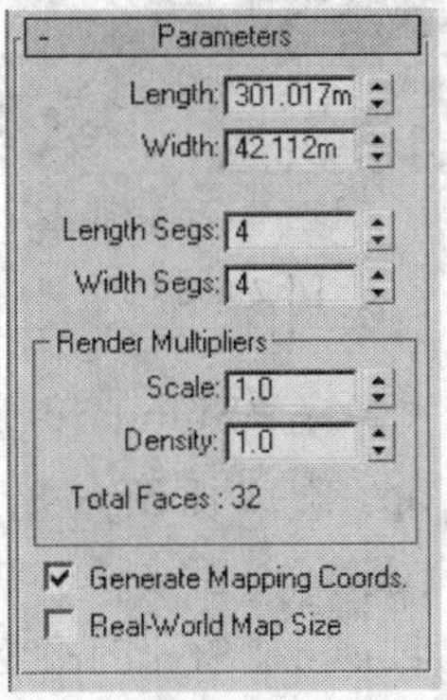

图 2-4-57

【案例一】

爨底下村局部建筑构建——石膏组合

爨底下村石膏组合范例中使用标准几何体,同时结合主工具栏中的命令按钮进行操作,将模型组合在一起,并为其添加材质和灯光,效果如图 2-4-58 所示。

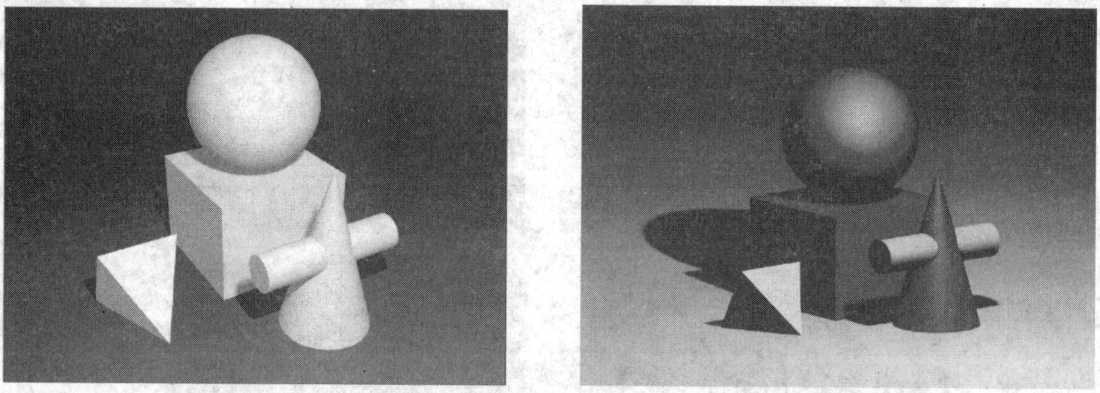

图 2-4-58

①在（创建）面板（几何体）中单击“Standard Primitives(标准几何体)”面板下的“Box（长方体）”命令按钮，然后在“Top（顶）”视图中建立并设置“Length(长度)”值为 60、“Width（宽度）”值为 46、“Height(高度)”值为 44 的长方体，如图 2-4-59 所示。

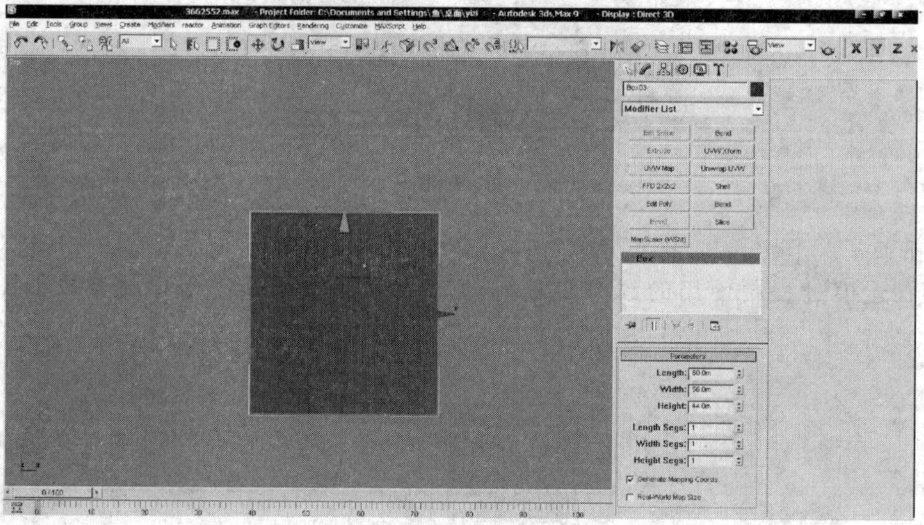

图 2-4-59

②在（创建）面板（几何体）中单击“Standard Primitives(标准几何体)”面板下的“Sphere(球体)”命令按钮，然后在“Top(顶)”视图中建立并设置“Radius(半径)”值为 28、“Segments(片段数)”值为 32 并光滑的球体，如图 2-4-60 所示。

③在（创建）面板（几何体）中单击“Standard Primitives(标准几何体)”面板下的“Sphere(球体)”命令按钮，然后在“Top(顶)”视图中建立并设置“Radius1(半径 1)”值为 18、“Radius2(半径 2)”值为 0、“Height(高度)”值为 66、“Height Segs(高度片段数)”值为 4、”Cap Segs(端面片段数)”值为 1、“Sides(边)”值为 24 并光滑的椎体，如图 2-4-61 所示。

④在（创建）面板（几何体）中单击“Standard Primitives(标准几何体)”面板下的“Cylinder(柱体)”命令按钮，然后在“Front(前)”视图中建立并设置“Radius(半径)”值为 8、“Height(高度)”值为 48、“Segs(片段数)”值为 32、“Height Segs(高度片段数)”值为 4、“Cap

Segs(端面片段数)"值为 1、"Sides(边)"值为 24 并光滑的柱体,如图 2-4-62 所示。

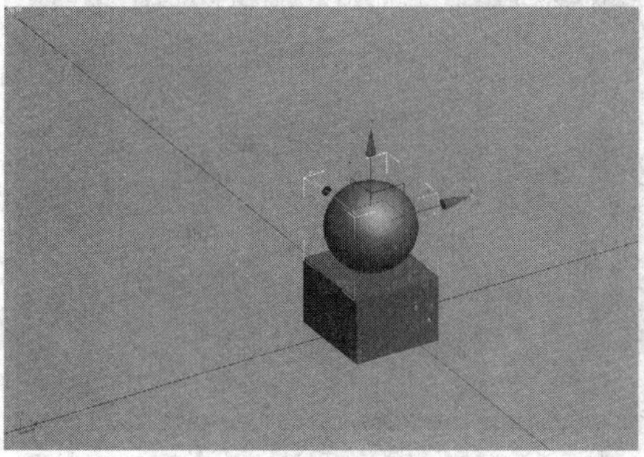

图 2-4-60

图 2-4-61

⑤选择制作好的柱体,在"Front(前)"视图中单击 (移动)工具按钮,将柱体放置到合适的位置,如图 2-4-63 所示。

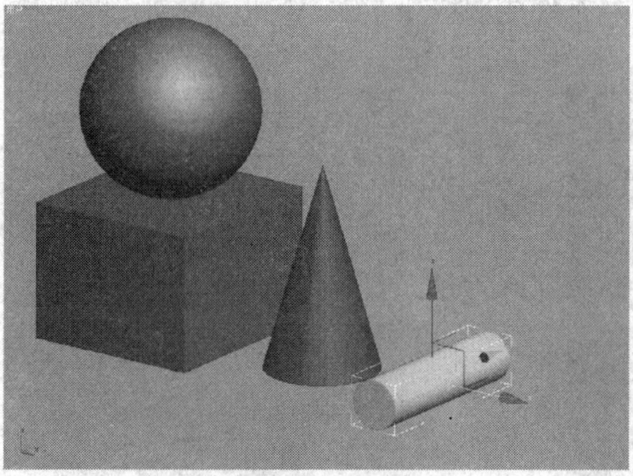

图 2-4-62

图 2-4-63

⑥在 (创建)面板 (几何体)中单击"Standard Primitives(标准几何体)"面板下的"Pyramid(棱锥体)"命令按钮,然后在"Front(前)"视图中建立并设置"Width(宽度)"值为 32、"Depth(深度)"值为 30、"Height(高度)"值为 30、"Width Segs(宽度片段数)"值为 1、"Depth Segs(深度片段数)"值为 1、"Height Segs(高度片段数)"值为 1 的棱锥体,如图2-4-64 所示。

⑦选择制作好的棱柱体,在"Front(前)"视图中单击 (移动)和 (旋转)工具按钮,将棱柱体放置到合适的位置,如图 2-4-65 所示。

⑧在"Top(顶)"视图中,单击 "创建"面板 (几何体)中的"Standard Primitives(标准几何体)"面板下的"Plane(面)"命令按钮,为其添加一个"地面",并设置"Length(长度)"值为 600、"Width(宽度)"值为 600、"Length Segs(长度片段数)"值为 4、"Width Segs(宽度片段数)"值为 4,如图 2-4-66 所示。

⑨将视图切换在"Perspective(透)"视图,为场景赋予灯光、材质,然后渲染最终效果如图 2-4-67 所示。

图 2-4-64

图 2-4-65

(三)创建扩展基本体

1. 异面体

异面体是一种很典型的扩展基本体,可以用它来创建四面体、立方体和星形等。异面体的参数如图 2-4-68 所示。

图 2-4-66

图 2-4-67

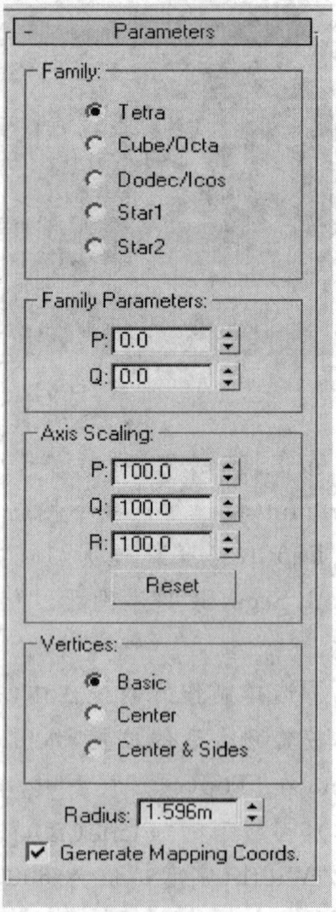

图 2-4-68

重要参数：

①系列：在这个选项组下可以选择异面体的类型，如图 2-4-69 所示。

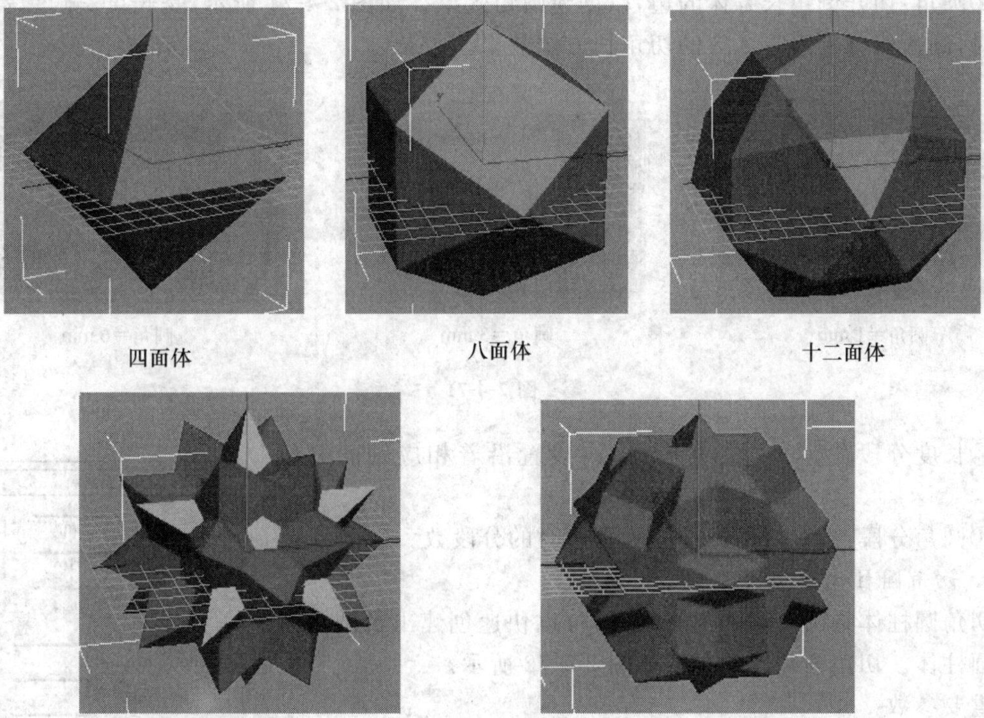

四面体　八面体　十二面体

星形1　星形2

图 2-4-69

②系列参数：P、Q 两个选项主要用来切换多面体顶点与面之间的关联关系，其取值范围为 0～1。

③轴向比率：多面体可以拥有多达 3 种多面体的面，如三角形、方形或五角形。这些面可以是规则的，也可以是不规则的。如果多面体只有 1 种或 2 种面，则只有 1 个或 2 个轴向比率参数处于活动状态，不活动的参数不起作用。P、Q、R 控制多面体一个面反射的轴。如果调整了参数，单击重置按钮可以将 P、Q、R 的数值恢复到默认值 100。

④顶点：这个选项组中的参数决定多面体每个面的内部几何体。“中心”和“中心和边”选项会增加对象中的顶点数，从而增加面数。

⑤半径：设置任何多面体的半径。

2. 切角长方体

切角长方体是长方体的扩展物体，可以快速创建出带圆角效果的长方体。切角长方体的参数如图 2-4-70 所示。

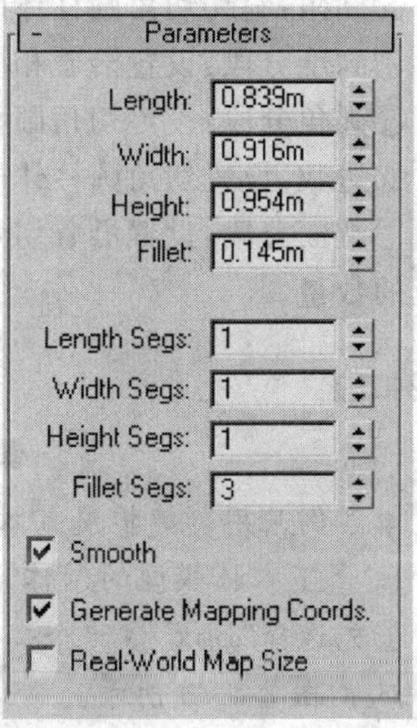

图 2-4-70

重要参数：

①长度/宽度/高度：用来设置切角长方体的长度、宽度和高度。

②圆角：切开倒角长方体的边，以创建圆角效果。如图 2-4-71 所示，是长度、宽度、高度都相等时，圆角值分别为 1、3、6 的切角长方体效果。

圆角＝1 mm　　圆角＝3 mm　　圆角＝6 mm

图 2-4-71

③长度分段/宽度分段/高度分段：设置沿着相应轴的分段数量。

④圆角分段：设置切角长方体圆角边时的分段数。

3. 切角圆柱体

切角圆柱体是圆柱体的扩展物体，可以快速创建出带圆角效果的圆柱体。切角圆柱体的参数如图 2-4-72 所示。

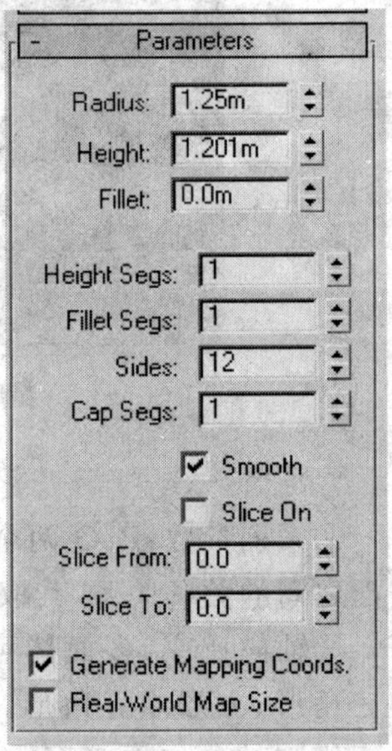

图 2-4-72

重要参数：

①半径：设置切角圆柱体的半径。

②高度：设置沿着中心轴的维度。负值将在构造平面下面创建切角圆柱体。

③圆角：斜切切角圆柱体的顶部和底部封口边。

④高度分段：设置沿着相应轴的分段数量。

⑤圆角分段：设置切角圆柱体圆角边时的分段数。

⑥边数：设置切角圆柱体周围的边数。

⑦端面分段：设置沿着切角圆柱体顶部和底部的中心和同心分段的数量。

【案例二】

霎底下村局部建筑构建——衣柜制作

本案例采用创建扩展基本体，是利用 Box 来建模，组合成完整的模型。

1. 上下木板模型的制作

①先选择“Box”建个模型“Length(长度)”3 m，“Width(宽度)”1.5 m，“Height(高度)”0.1 m，如图 2-4-73 所示。

②选择地板模型，配合“Shift＋移动”快捷键复制模型，然后再使用(移动)工具调节地板模型的高度，如图 2-4-74 所示。

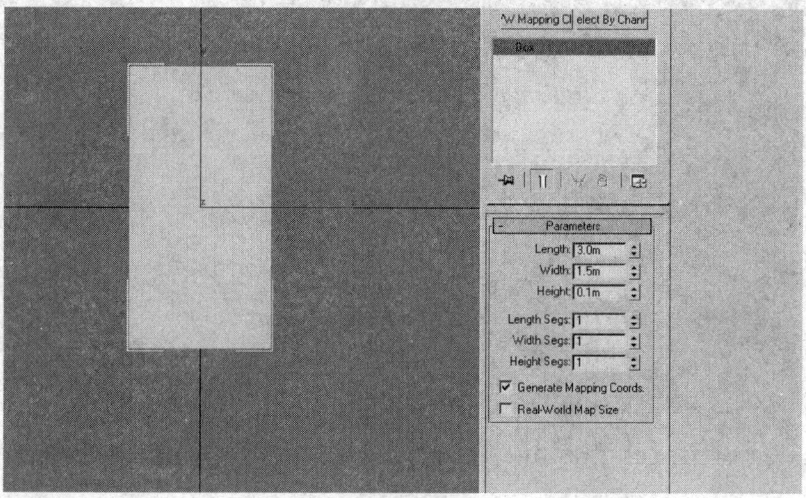

图 2-4-73

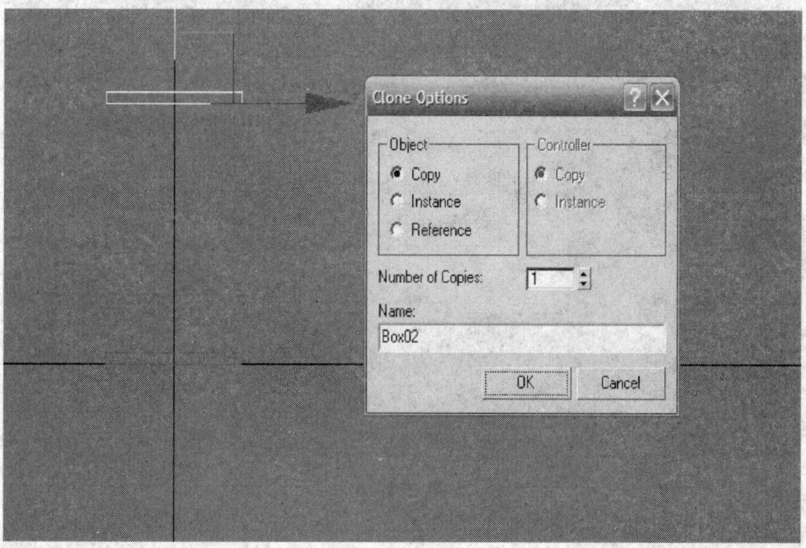

图 2-4-74

2. 衣柜四周的制作

①选择 Box 建个几何体 Length（长度）3.2 m，Width（宽度）0.05 m，Height（高度）5.1 m，如图 2-4-75 所示。

②选择模型，配合“Shift＋移动”快捷键复制模型，然后再使用（移动）工具调节模型的高度，如图 2-4-76 所示。

③然后就是加线，先选择边，单击右键选择“Connect（连接）”，将“Segments（片段数）”调节为“28”，然后再删除其中“27”条线，如图 2-4-77 所示。

选择面，用“挤压工具”向外挤压出 0.04 m，如图 2-4-78 所示。

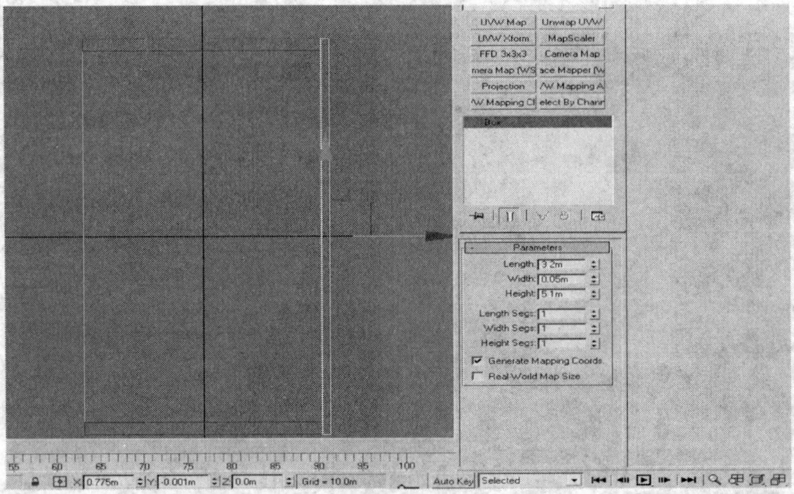

图 2-4-75

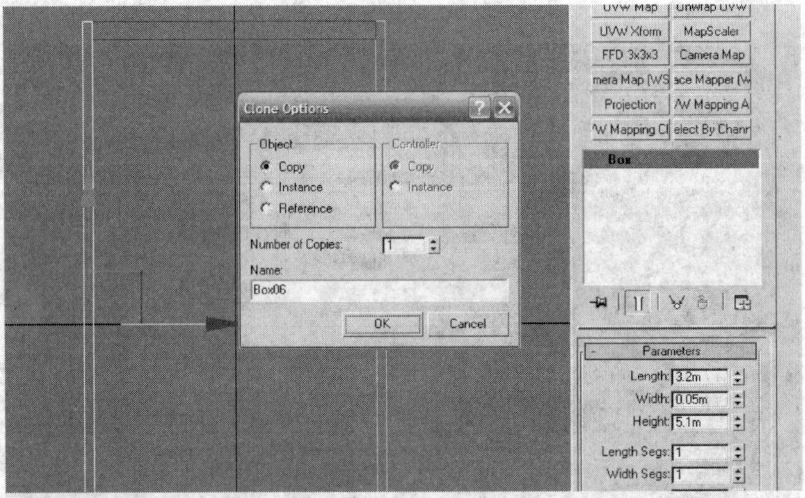

图 2-4-76

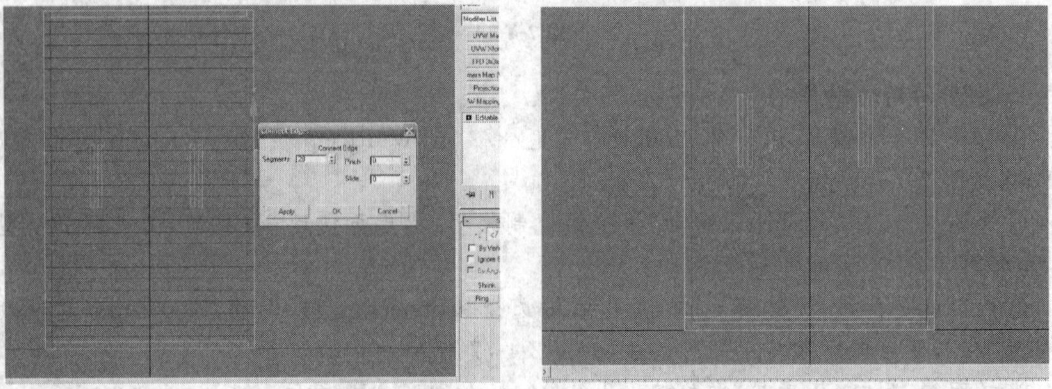

图 2-4-77

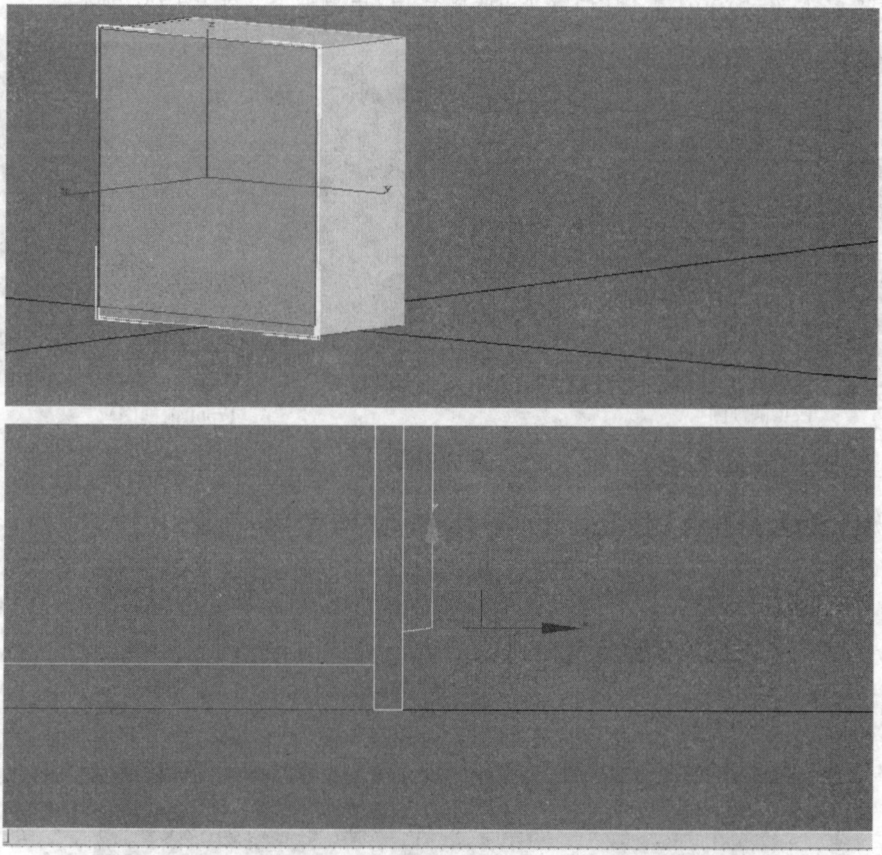

图 2-4-78

3. 衣柜四脚的制作

①Front(前视图)中单击创建“Box(长方体)”,调整到合适的位置,如图 2-4-79 所示。

图 2-4-79

②择模型下面的线,为其添加“Connect(连接)”设置参数为 9,再选择两边的线,同上操

作，设置参数为 1，在 Front（前视图）和 Left（侧视图）中调点，如图 2-4-80 所示。

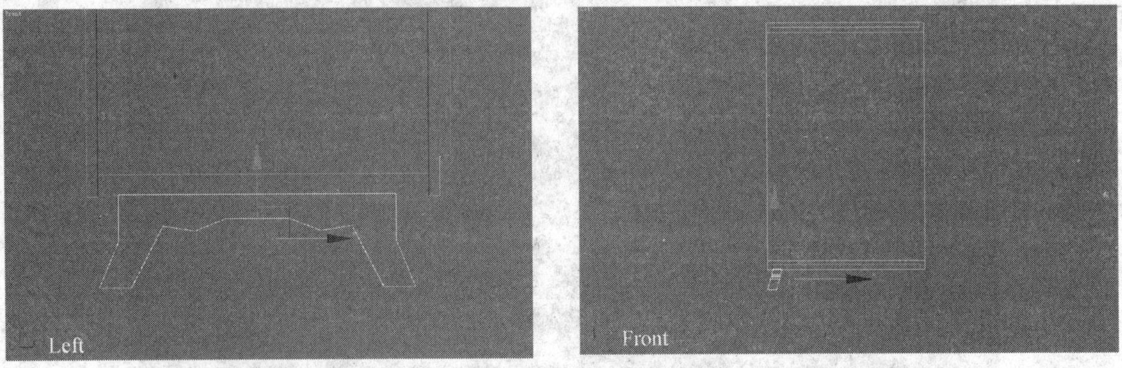

Left.侧视图　　Front.前视图

图 2-4-80

③制好的模型，同样在另一边也做出来，如图 2-4-81 所示。

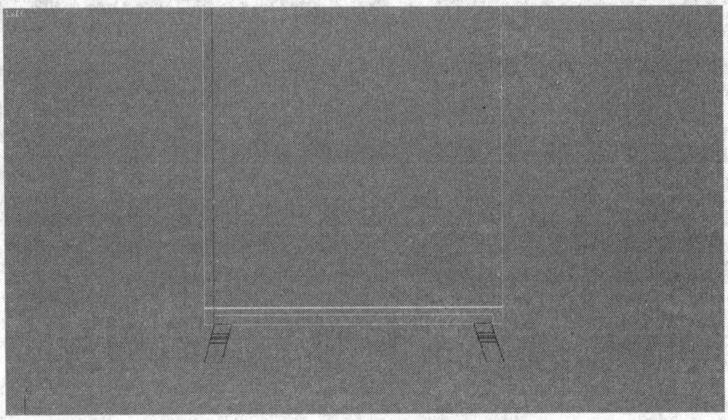

图 2-4-81

④perspective（透）视图，为场景赋予灯光和材质，然后渲染最终的效果，如图 2-4-82 所示。

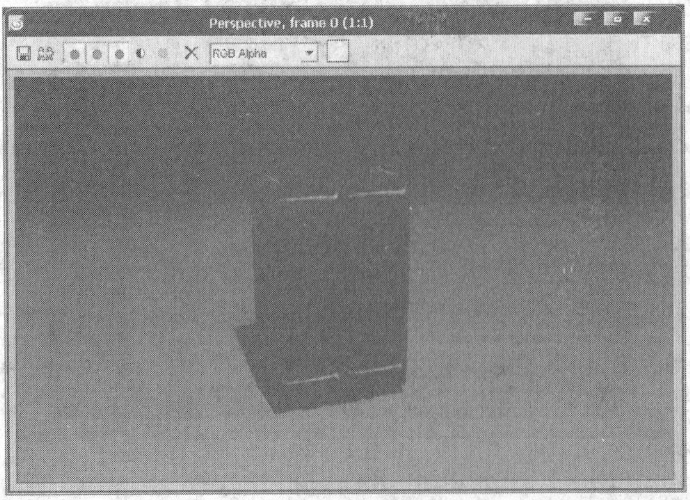

图 2-4-82

(四)创建复合对象

1. 图形合并

使用“图形合并”工具可以将一个或多个图形嵌入到其他对象的网格中或从网格中将图形移除。“图形合并”的参数如图 2-4-83 所示。

重要参数：

①“拾取图形”按钮：单击该按钮，然后单击要嵌入网格对象中的图形，这样图形可以沿图形局部的 z 轴负方向投射到网格对象上。

②参考/复制/移动/实例：指定如何将图形传输到复合对象中。

③操作对象：在复合对象中列出所有操作对象。第一个操作对象是网格对象，以下是任意数目的基于图形的操作对象。

④“删除图形”按钮：从复合对象中删除选中的图形。

⑤“提取操作对象”按钮：提取选中操作对象的副本或实例。在操作对象列表中选择操作对象时，该按钮才可用。

⑥实例/复制：指定如何提取操作对象。

⑦操作：该组选项中的参数决定如何将图形应用于网格中。选择饼切选项时，可以去网格对象曲面外部的图形；选择合并选项时，可将图形与网格对象曲面合并；选择反转选项时，可反转饼切或合并效果。

⑧输出子网格选择：该组选项中的参数提供了指定将哪个选择级别传送到堆栈中。

2. 布尔运算

布尔运算是通过对 2 个以上的对象进行并集、差集、交集运算，从而得到新的物体形态。布尔运算参数如图 2-4-84 所示。

重要参数：

①“拾取操作对象 B”按钮：单击该按钮可以在场景中选择另一个运算物体来完成布尔运算。以下 4 个选项用来控制运算对象 B 的方式，必须在拾取运算对象 B 之前确定采用哪种方式。

②参考：将原始对象的参考复制品作为运算对象 B，若以后改变原始对象，同时也会改变布尔物体中的运算对象 B，但是改变运算对象 B 时，不会改变原始对象。

③复制：复制一个原始对象作为运算对象 B，而不改变原始对象(当原始对象还要用在其他地方时采用这种方式)。

④移动：将原始对象直接作为运算对象 B，而原始对象本身不再存在(当原始对象无其他用途时采用这种方式)。

⑤实例：将原始对象的关联复制品作为运算对象 B，若以后对两者任意一个对象进行修改时都会影响另一个。

⑥操作对象：主要用来显示当前运算对象的名称。

⑦并集：将 2 个对象合并，相交的部分将被删除，运算完成后 2 个物体将合并为一个物体。

⑧交集：将 2 个对象相交的部分保留下来，删除不相交的部分。

⑨差集 A－B：在 A 物体中减去与 B 物体重合的部分。

⑩差集 B－A：在 B 物体中减去与 A 物体重合的部分。

⑪切割：用 B 物体切除 A 物体，但不在 A 物体上添加 B 物体的任何部分，共有“优化”、

“分割”、“移除内部”和“移除外部”4 个选项可供选择。“优化”是在 A 物体上沿着 B 物体与 A 物体相交的面来增加顶点和边数，以细化 A 物体的表面；“分割”是在 B 物体切割 A 物体部分的边缘，并且增加了一排顶点，利用这种方法可以根据其他物体的外形将一个物体分成 2 部分；“移除内部”是删除 A 物体在 B 物体内部的所有片段面；“移除外部”是删除 A 物体在 B 物体外部的所有片段面。

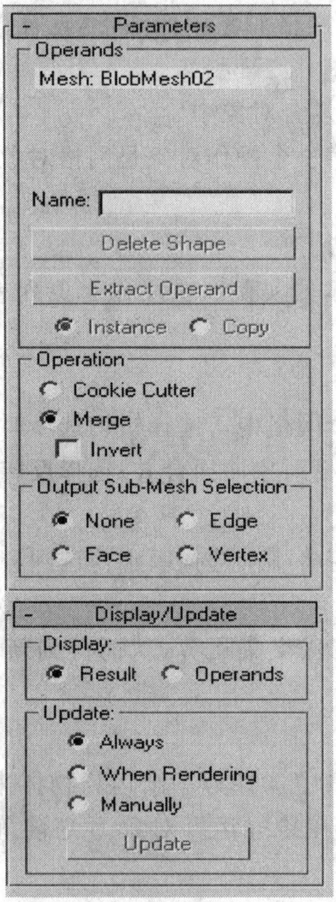

图 2-4-83

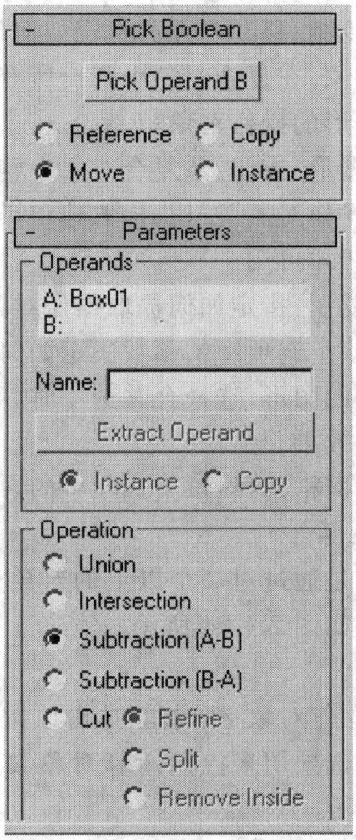

图 2-4-84

3. 放样

“放样”是将一个二维图形作为沿某个路径的剖面，从而形成复杂的三维对象。“放样”是一种特殊的建模方法，能快速地创建出多种模型，其参数设置面板如图 2-4-85 所示。

重要参数：

①“获取路径”按钮：将路径指定给选定图形或更改当前指定的路径。

②“获取图形”按钮：将图形指定给选定路径或更改当前指定的图形。

③移动/复制/实例：用于指定路径或图形转换为放样对象的方式。

④“缩放”按钮：使用缩放变形可以从单个图形中放样对象，

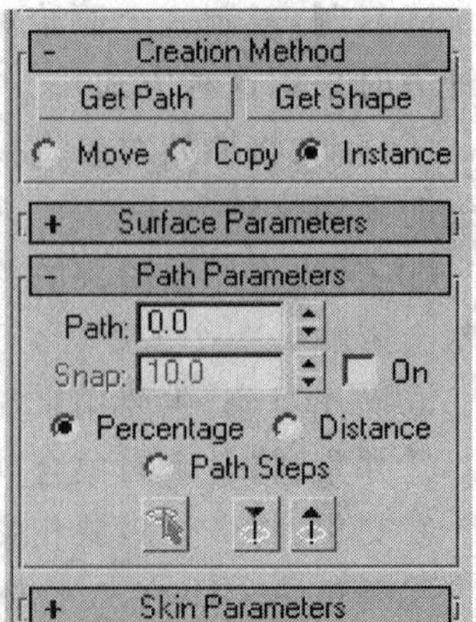

图 2-4-85

该图形在其沿着路径移动时只改变其缩放。

⑤“扭曲”按钮:使用“扭曲”变形可以沿着对象的长度创建盘旋或扭曲的对象,扭曲将沿着路径指定旋转量。

⑥“倾斜”按钮:使用“倾斜”变形可以围绕局部 x 轴和 y 轴旋转图形。

⑦“倒角”按钮:使用“倒角”变形可以制作出具有倒角效果的对象。

⑧“拟合”按钮:使用“拟合”变形可以使用 2 条拟合曲线来定义对象的顶部和侧剖面。

【案例三】

爨底下村局部建筑构建——花瓶制作

1. 花瓶样式

花瓶样式如图 2-4-86 所示。

2. 制作方法

①“创建”面板中单击“图形”按钮,然后设置图形类型为“样条线”,接着单击“圆形”按钮,如图 2-4-87 所示。

图 2-4-86 渲染后的爨底下村白色瓷瓶

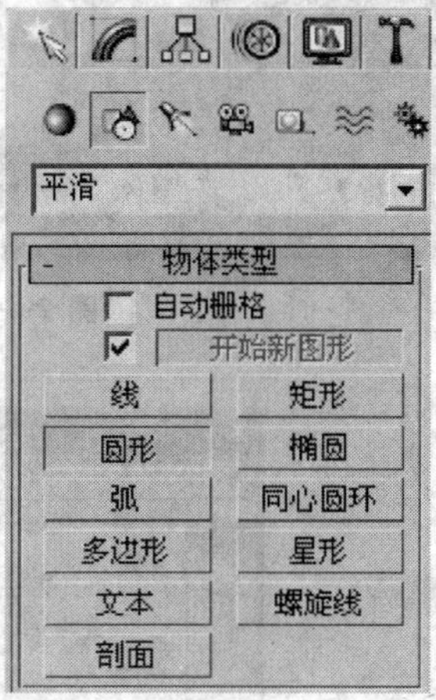

图 2-4-87

②图中绘制一个圆形半径为 10 cm,如图 2-4-88 所示。

③在“图形”面板中单击“线”按钮,然后在视图中按住 Shift 键绘制一条样线作为放样路径,如图 2-4-89 所示。

④选择圆形,设置几何体类型为“复合对象”,然后单击“放样”按钮,接着在“创建方法”卷展栏下单击“获取路径”按钮,最后在视图中拾取之前绘制的样条线路径,效果如图 2-4-90 所示。

⑤入“修改”面板，然后在“变形”卷展栏下单击“缩放”按钮（图 2-4-91），打开“缩放变形”对话框，接着将缩放曲线调节成如图 2-4-92 所示。

注：长时间左击节点按钮出现 3 种按钮，如图 2-4-93 所示。

⑥模型完成效果图，如图 2-4-94 所示。

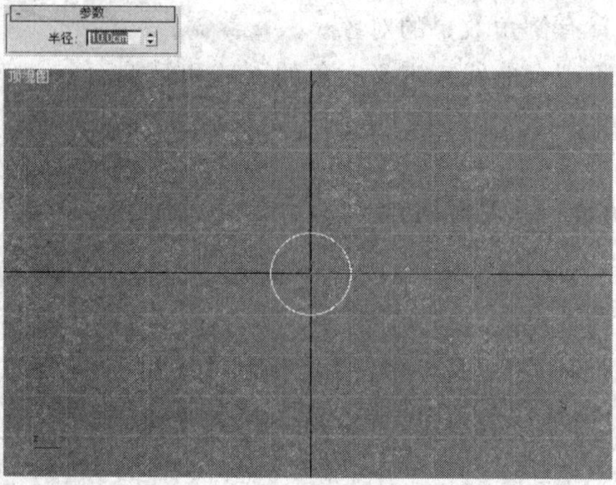

图 2-4-88

图 2-4-89

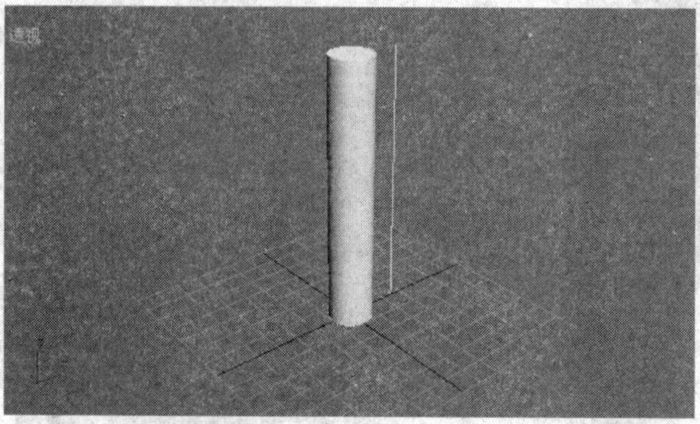

图 2-4-90

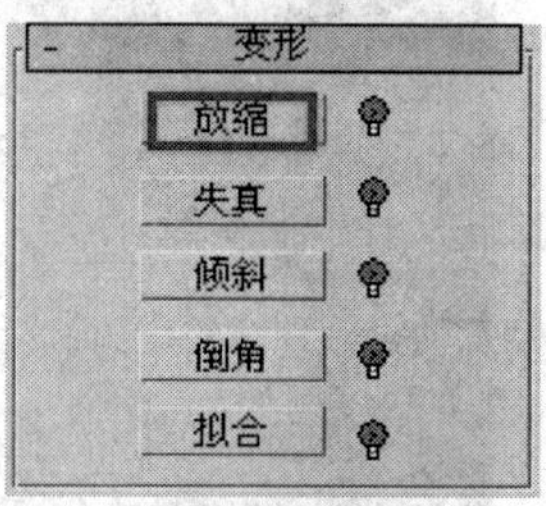

图 2-4-91

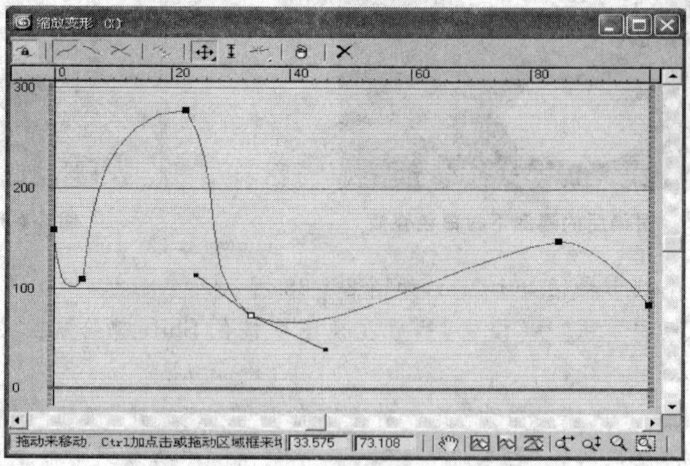

图 2-4-92

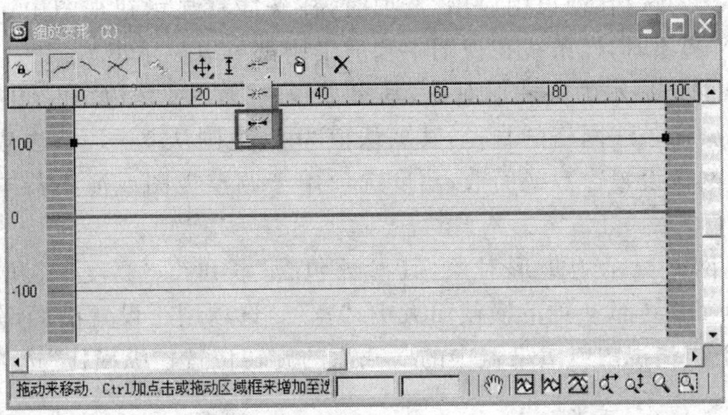

图 2-4-93

图 2-4-94

(五)创建二维图形

1. 线

线在建模中是最常用的一种样条线，其使用方法非常灵活，形状也不受约束，可以封闭也可以不封闭，拐角处可以是尖锐也可以是平滑的。线的参数如图 2-4-95 所示。

重要参数：

①在渲染中启用：勾选该选项才能渲染出样条线；若不勾选，将不能渲染出样条线。

②在视口中启用：勾选该选项后，样条线会以网格的形式显示在视图中。

③使用视口设置：该选项只有在开启“在视口中启用”选项时才可用，主要用于设置不同的渲染参数。

④生成贴图坐标：控制是否应用贴图坐标。

⑤真实世界贴图大小：控制应用于对象的纹理贴图材质所使用的缩放方法。

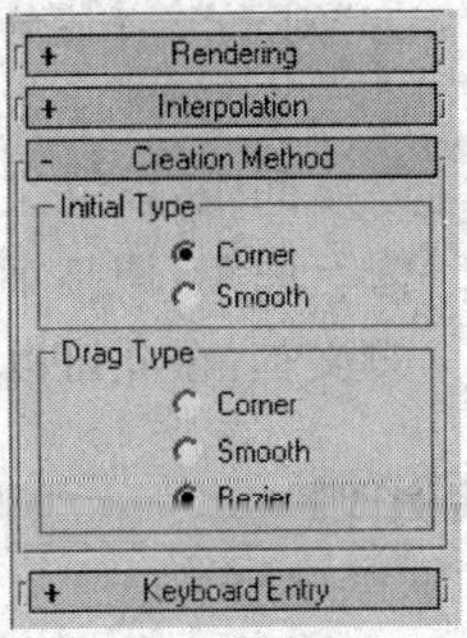

图 2-4-95

⑥视口/渲染：当勾选“在视口中启用”选项时，样条线将显示在视图中；当同时勾选“在视口中启用”和“渲染”选项时，样条线在视图中和渲染中都可以显示出来。

⑦径向：将3D网格显示为圆柱形对象，其参数包含“厚度”、“边”和“角度”。“厚度”选项用于指定视图或渲染样条线网格的直径，其默认值为1，范围从0～100；边选项用于在视图或渲染器中为样条线网格设置边数或面数；角度选项用于调整视图或渲染器中的横截面的旋转位置。

⑧矩形：将3D网格显示为矩形对象，其参数包含“长度”、“宽度”、“角度”和“纵横比”。“长度”选项用于设置沿局部 y 轴的横截面大小；“宽度”选项用于设置沿局部 x 轴的横截面大小；“角度”选项用于调整视图或渲染器中的横截面的旋转位置；“纵横比”选项用于设置矩形横截面的纵横比。

⑨自动平滑：启用该选项可以激活下面的“阈值”选项，调整“阈值”数值可以自动平滑样条线。

⑩步数：手动设置每样条线的步数。

⑪优化：勾选该选项后，可以从样条线的直线线段中删除不需要的步数。

⑫自适应：勾选该选项后，系统会自适应设置每条样条线的步数，以生成平滑的曲线。

⑬初始类型：指定创建第1个顶点的类型，包含“角点”和“平滑”2种类型。“角点”是在顶点产生一个没有弧度的尖角，“平滑”是在顶点产生一条平滑的、不可调整的曲线。

⑭拖动类型：当拖拽顶点位置时，设置所创建顶点的类型。“角点”是在顶点产生一个弧度的尖角；“平滑”是在顶点产生一条平滑、不可调整的曲线；Bezier是在顶点产生一条平滑、可以调整的曲线。

2. 文本

使用文本样条线可以很方便地在视图中创建出文字模型，并且可以更改字体类型和字体大小。文本的参数如图2-4-96所示。

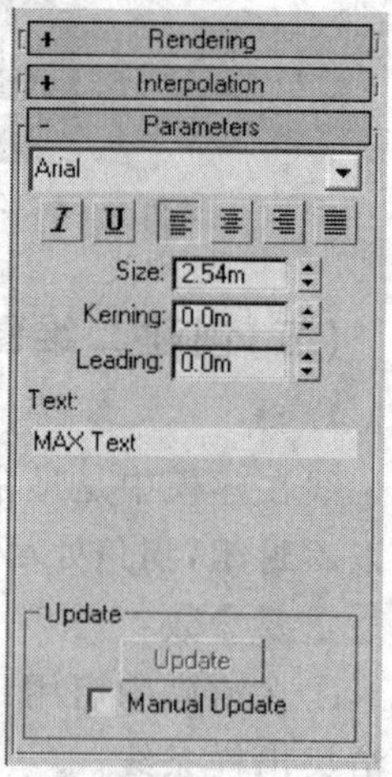

图 2-4-96

重要参数：

①“斜体”按钮：单击该按钮可以将文本切换为斜体。

②“下划线”按钮：单击该按钮可以将文本切换为下划线文本。

③“左对齐”按钮：单击该按钮可以将文本对齐到边界框的左侧。

④“居中”按钮：单击该按钮可以将文本对齐到边界框的中心。

⑤“右对齐”按钮：单击该按钮可以将文本对齐到边界框右侧。

⑥“对正”按钮：分隔所有文本行以填充边界框的范围。

⑦大小：设置文本高度，其默认值为100 mm。

⑧字间距：设置文字间的间距。

⑨行间距：调整字行间的间距。

⑩文本：在此可以输入文本，若要输入多行文本，可以按Enter键切换到下一行。

【案例四】

畿底下村局部建筑构建——瓷碗制作

重要提示：二维图形是由一条或多条样条线（也叫平滑线）组成，而样条线（平滑线）又是由顶点和线段组成。所以只需要调整顶点及样条线（平滑线）的参数就可以生成复杂的二维图形，利用这些二维图形又可以生成三维模型。

在“创建”面板中单击图形按钮，然后将图形类型设置为“样条线（平滑线）”，这里有 11 种不同类型的样条线（平滑线），分别为：线、矩形、圆形、椭圆、弧、同心圆环、多边形、星形、文本、螺旋线、剖面（截面），如图 2-4-97 所示。

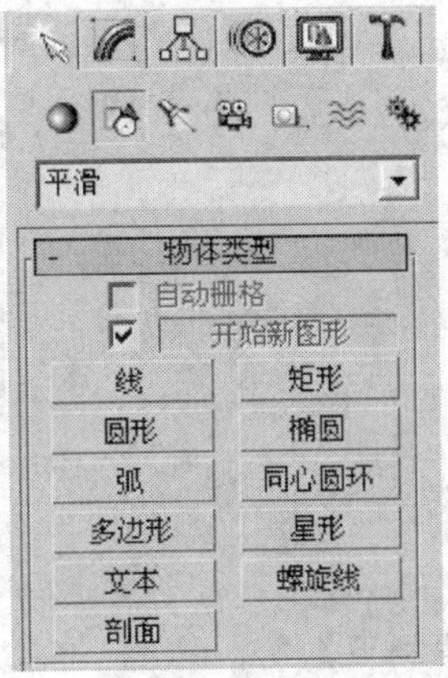

图 2-4-97

1. 瓷碗样式

瓷碗样式如图 2-4-98 所示。

2. 制作方法

①使用线工具在前视图中绘制出主体模型的 1/2 横截面，如图 2-4-99 所示。

②进入“修改”面板，然后在选择卷栏下单击“顶点”按钮 ，进入顶点调节，选择需要调节的顶点，然后点击鼠标右键，在弹出的菜单中选择“光滑”命令，这样就可以将线条光滑处理，完成后如图 2-4-100所示。

图 2-4-98　光滑，渲染后成品

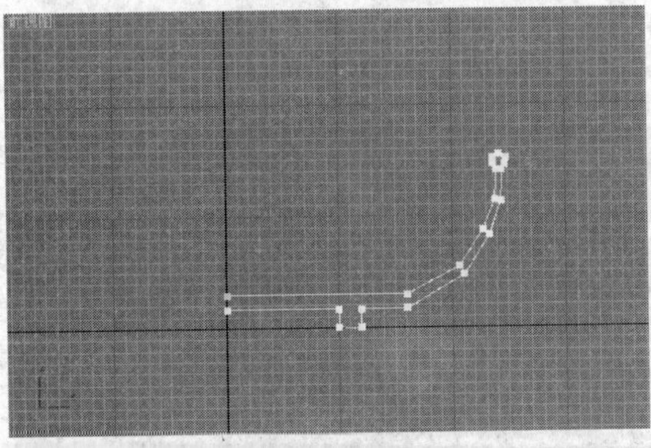

图 2-4-99

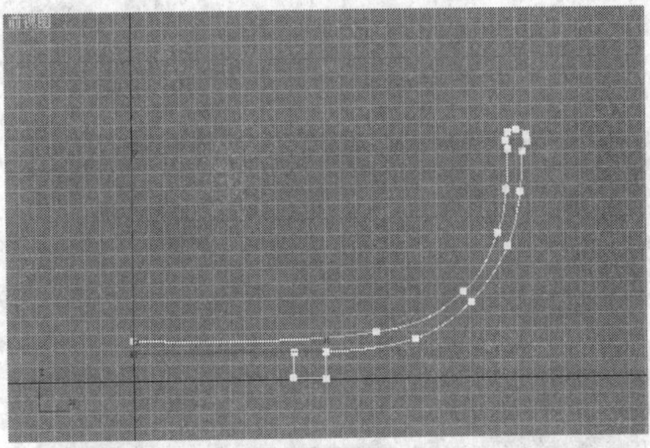

图 2-4-100

③选中样条线的轴心上下 2 个点作为轴线，点击修改面板，接着在“修改器列表”中选择旋转修改器，最终成型如图 2-4-101 所示。

图 2-4-101

【案例五】

爨底下村局部建筑构建——台灯制作

1. 台灯样式

台灯样式如图 2-4-102 所示。

图 2-4-102

2. 制作方法

①使用同样的方法分别制作灯座和灯罩，灯罩可不用光滑命令，如图 2-4-103 所示。

②选中作为轴心的 2 个点，使用旋转修改器制作成三维的灯座，如图 2-4-104 所示。

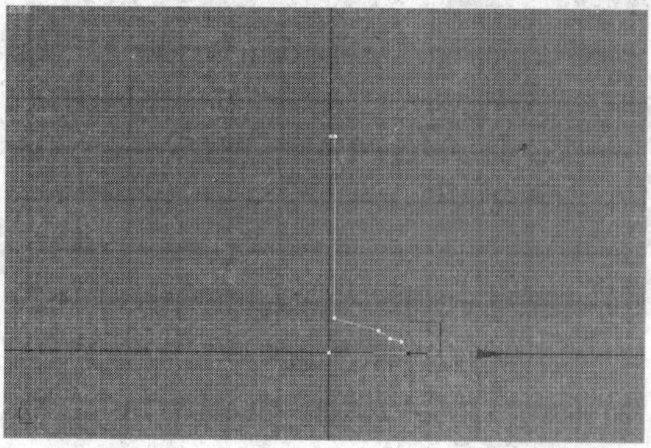

图 2-4-103

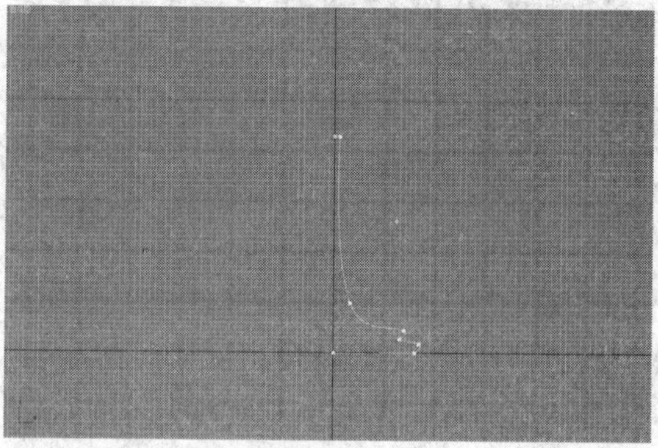

图 2-4-104

③灯罩制作方法同上，如图 2-4-105 所示。

④最后建立一个矩形几何体作为底座，调整 3 个部分位置加以组合，如图 2-4-106 所示。

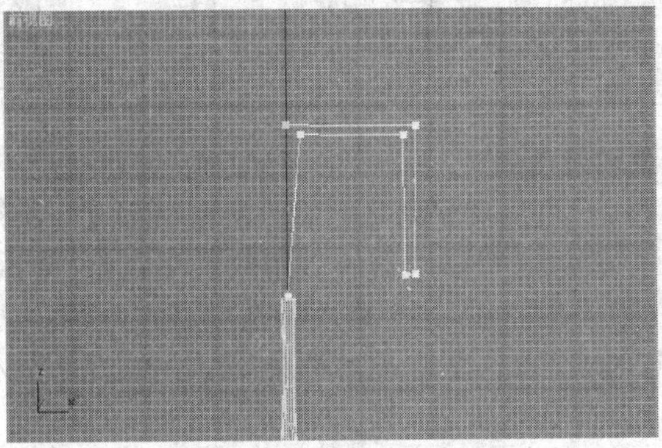

图 2-4-105

图 2-4-106

三、高级建模

(一)修改器基础知识

1. 修改器堆栈

进入“修改”面板，可以观察到修改器堆栈中的工具。

重要参数：

①“锁定堆栈”按钮：激活该按钮可以将堆栈和修改面板的所有控件锁定到选定对象的堆栈中。即使在选择了视图中另一个对象之后，也可以继续对锁定堆栈的对象进行编辑。

②显示最终结果开/关切换按钮：激活该按钮后，会在选定的对象上显示整个堆栈的效果。

③“使唯一”按钮：激活该按钮可以将关联的对象修改成独立对象，这样可以对选择集中的对象单独进行操作。

④“从堆栈中移除修改器”按钮：若堆栈中存在修改器，单击该按钮可以删除当前的修改器，并清楚由该修改器引发的所有更改。

2. 为对象加载修改器

为对象加载修改器的方法非常简单。选择一个对象后，进入“修改”面板，然后单击“修改器列表”后面的按钮

，接着在弹出的下拉列表中就可以选择相应的修改器。如图 2-4-107 所示。

3. 修改器的排序

修改器的排列顺序非常重要，先加入的修改器位于修改器堆栈下方，后加入的修改器则在修改器堆栈的顶部，不同的顺序对同一物体起到的效果是不一样的。

这是一个管状体，如图 2-4-108 所示。

先为管状体加载一个“扭曲”修改器，然后在参数卷展栏下设置扭曲的“角度”为 360°，这时管状体便会产生大幅度的扭曲变形。如图 2-4-109 所示。

为管状体继续加载一个“弯曲”修改器，然后在参数卷展栏下设置弯曲的“角度”为 90°，这

时管状体会发生很自然的弯曲效果，如图 2-4-110 所示。

调整修改器的位置用鼠标左键单击“弯曲”修改器不放，然后将其拖拽到“扭曲”修改器的下方松开鼠标左键，调整排序后可以发现管状体的效果发生了很大的变化。如图2-4-111所示。

4. 启用与禁用修改器

在修改器堆栈中可以观察到每个修改器前面都有个小灯泡图标，这个图标表示这个修改器的启用或禁用状态。当小灯泡显示为亮的状态时，代表这个修改器是启用的；当小灯泡显示为暗的状态时，代表这个修改器被禁用了。单击这个小灯泡即可切换启用和禁用状态。

图 2-4-107

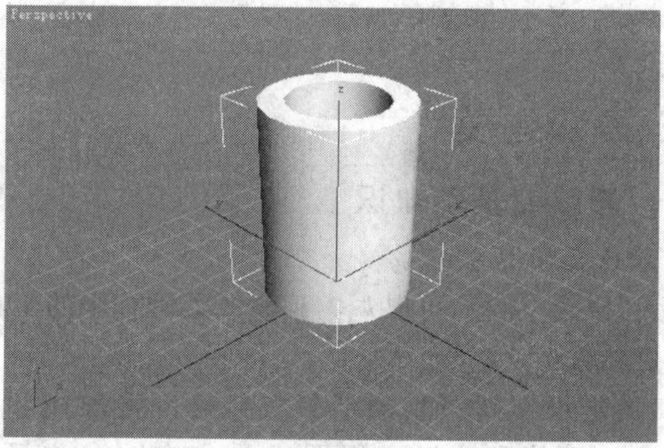

图 2-4-108

图 2-4-109

以下面的修改器堆栈为例，这里为一个球体加载了 3 个修改器，分别是“晶格”修改器、“扭曲”修改器和“波浪”修改器，并且这 3 个修改器都被启用了。如图 2-4-112 所示。

选择底层的“晶格”修改器，当“显示最终结果”按钮被禁用时，场景中的球体不能显示该修改器之上的所有修改器效果，如图 2-4-113 所示。

如果单击“显示最终结果”按钮，使其处于激活状态即可在选中底层修改器的状态下显示所有修改器的修改结果，如图 2-4-114 所示。如果要禁用“波浪”修改器，可以单击该修改器前面的小灯泡图标，使其变为灰色即可，这时物体的形状也跟着发生了变化，如图 2-4-115 所示。

图 2-4-110

图 2-4-111

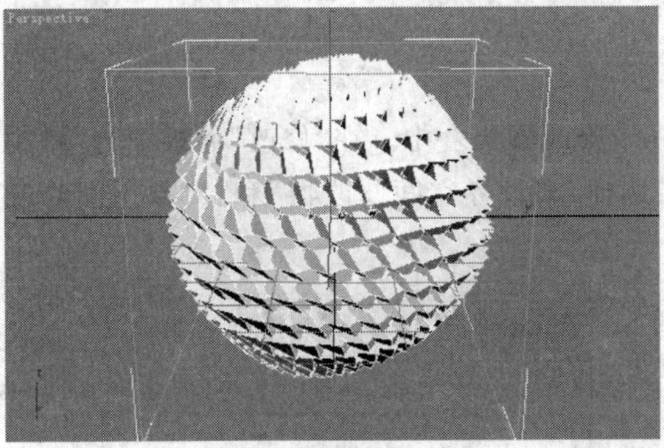

图 2-4-112

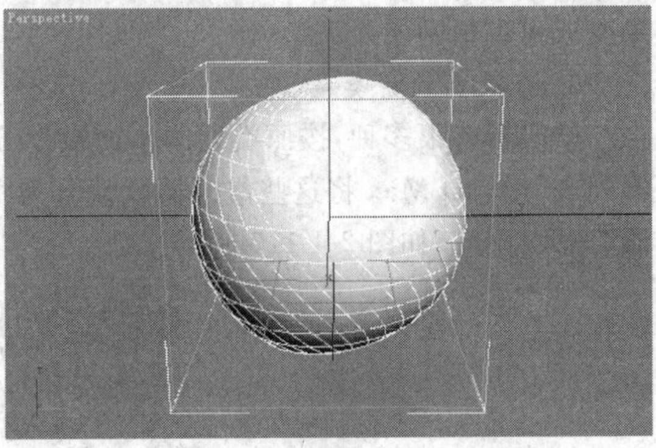

图 2-4-113

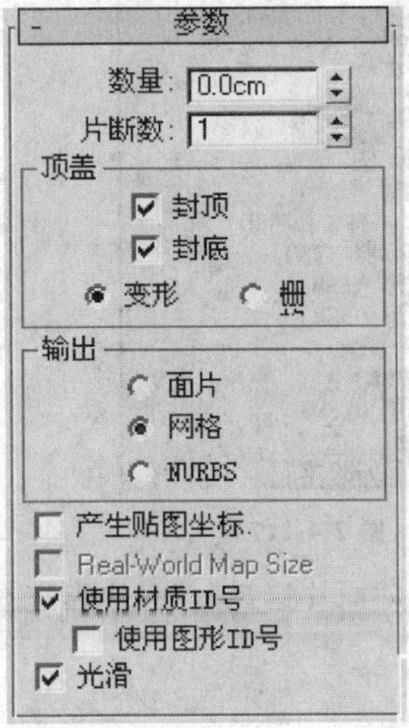

图 2-4-114

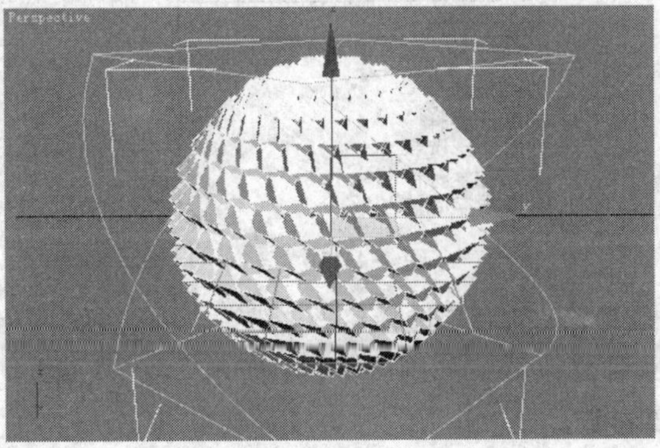

图 2-4-115

5. 编辑修改器

在修改器上单击鼠标右键会弹出一个菜单，该菜单中包括一些对修改器进行编辑的常用命令，如图 2-4-116 所示。

(1)复制与粘贴修改器　从菜单中可以观察到修改器是可以复制到其他物体上的，复制的方法有以下 2 种。第 1 种是在修改器上单击鼠标右键，然后在弹出的菜单中选择“复制”命令，接着在需要的位置单击鼠标右键，最后在弹出的菜单中选择“粘贴”命令即可。第 2 种是直接将修改器拖拽到场景中的某一物体上。

(2)塌陷修改器　塌陷修改器会将该物体转换为可编辑网格，并删除其中所有的修改器，这样可以简化对象，并且还能够节约内存。但是塌陷之后就不能对修改器的参数进行调整，并且也不能将修改器的历史恢复到基准值。

塌陷修改器有“塌陷到”和“塌陷全部”2 种方法。使用“塌陷到”命令可以塌陷到当前选定的修改器，也就是说，删除当前及列表中位于当前修改器下面的所有修改器，保留当前修改器上面的所有修改器；而是用“塌陷全部”命令，会塌陷整个修改器堆栈，删除所有修改器，并使对象变成可编辑网格。

6. 修改器的种类

修改器有很多种，按照类型的不同被划分在几个修改器集合中。在“修改”面板下的“修改器列表”中，3D Max 将这些修改器默认分为“网络选择”、“世界空间修改器”和“对象空间修改器”三大部分。如图 2-4-117 所示。

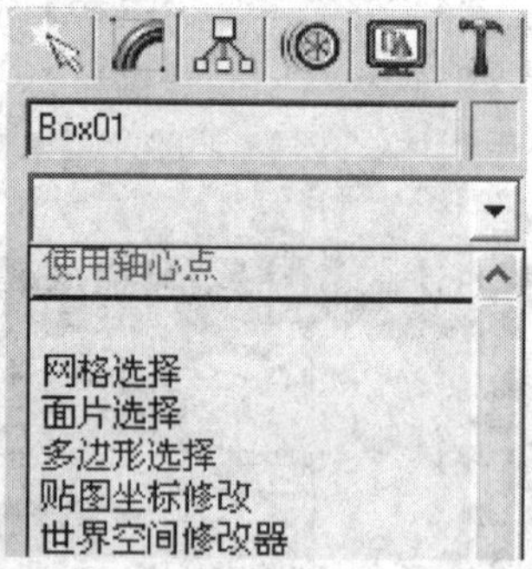

图 2-4-116

图 2-4-117

(1)选择修改器　“选择修改器”集合中包括“网格选择”、“面片选择”、“多边形选择”和“体积选择”4 种修改器。如图 2-4-117 所示。

重要参数：

①网格选择：可以选择网格子对象。

②面片选择：选择面片子对象，之后可以对面片子对象应用其他修改器。

③多边形选择:选择多边形子对象,之后可以对其应用其他修改器。

④体积选择:可以选择一个对象或多个对象选定体积内的所有子对象。

(2)世界空间修改器　世界空间修改器集合基于世界空间坐标,而不是基于单个对象的局部坐标系。当应用了一个世界空间修改器之后,无论物体是否发生了移动,它都不会受到任何影响。

重要参数:

①头发和毛发:用于为物体添加毛发。该修改器可应用于要生长头发的任意对象,既可以应用于网格对象,也可以应用于样条线对象。

②点缓存:该修改器可以将修改器动画存储到磁盘文件中,然后使用磁盘文件中的信息来播放动画。

③路径变形:可以根据图形、样条线或 NURBS 曲线路径将对象进行变形。

④面片变形:可以根据面片将对象进行变形。

⑤曲面变形:该修改器的工作方式与路径变形修改器相同,只是它使用的是 NURBS 点或 CV 曲面,而不是使用曲线。

⑥曲面贴图:将贴图指定给 NURBS 曲面,并将其投射到修改的对象上。

⑦摄影机贴图:使用摄影机将 UVW 贴图坐标应用于对象。

⑧贴图缩放器:用于调整贴图大小,并保持贴图比例不变。

⑨细分:提供用于光能传递处理创建网格的一种算法。处理光能传递需要网格元素尽可能地接近等边三角形。

⑩置换网格:用于查看置换贴图的效果。

(3)对象空间修改器　"对象空间修改器"集合中的修改器非常多,这个集合中的修改器主要应用于单独对象,使用的是对象的局部坐标系,因此当移动对象时,修改器也会跟着移动。

(二)常用修改器

1."挤出"修改器

"挤出"修改器可以将深度添加到二维图形中,并且可以将对象转换成一个参数化对象,其参数设置面板如图 2-4-118 所示。

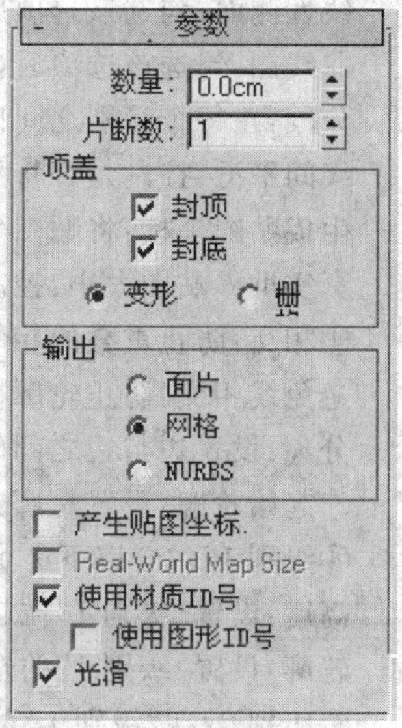

图 2-4-118

重要参数:

①数量:设置挤出的深度。

②分段:指定要在挤出对象中创建的线段数目。

③封口:用来设置挤出对象的封口,共有以下 4 个选项。

封口始端:在挤出对象的初始端生成一个平面。

封口末端:在挤出对象的末端生成一个平面。

变形:以可预测、可重复的方式排列封口面,这是创建变形目标所必需的操作。

栅格:在图形边界的方形上修剪栅格中安排的封口面。

④输出:指定挤出对象的输出方式,共有以下 3 个选项。

面片:产生一个可以折叠到面片对象中的对象。

网格:产生一个可以折叠到网格对象中的对象。

NURBS:产生一个可以折叠到 NURBS 对象中的对象。

⑤生成贴图坐标:将贴图坐标应用到挤出对象中。

⑥真实世界贴图大小:控制应用于对象的纹理贴图材质所使用的缩放方法。

⑦生成材质 ID:将不同的材质 ID 指定给挤出对象的侧面与封口。

⑧使用图形 ID:将材质 ID 指定给挤出生成的样条线线段,或指定给在 NURBS 挤出生成的曲线子对象。

⑨平滑:将平滑应用于挤出图形。

2."倒角"修改器

"倒角"修改器可以将图形挤出为 3D 对象,并在边缘应用平滑的倒角效果,其参数设置面板包含"参数"和"倒角值"2 个卷展栏,如图 2-4-119 所示。

图 2-4-119

重要参数:

①封口:指定倒角对象是否要在一端封闭开口。

开始:用对象的最低局部 z 值对末端进行封口。

结束:用对象的最高局部 z 值对末端进行封口。

②封口类型:指定封口的类型。

变形:创建适合的变形封口曲面。

栅格:在栅格图案中创建封口曲面。

③曲面:控制曲面的侧面曲率、平滑度和贴图。

线性侧面:勾选该选项后,级别之间会沿着一条直线进行分段插补。

曲线侧:勾选该选项后,级别之间会沿着一条 Bezier 曲线进行分段插补。

分段:在每个级别之间设置中级分段的数量。

级间平滑:控制是否将平滑效果应用于倒角对象的侧面。

生成贴图坐标:将贴图坐标应用于倒角对象。

真实世界贴图大小:控制应用于对象的纹理贴图材质所使用的缩放方法。

④相交:防止重叠的相邻边产生锐角。

避免线相交:防止轮廓彼此相交。

分离:设置边与边之间的距离。

⑤起始轮廓:设置轮廓到原始图形的偏移距离。正值会使轮廓变大,负值会使轮廓变小。

⑥级别 1:包含以下 2 个选项。

高度:设置"级别 1"在起始级别之上的距离。

轮廓:设置"级别 1"的轮廓到起始轮廓的偏移距离。

⑦级别 2:在"级别 1"之后添加一个级别。

高度:设置"级别 1"之上的距离。

轮廓:设置"级别 2"的轮廓到"级别 1"轮廓的偏移距离。

⑧级别 3：在前一级别之后添加一个级别，如果未启用“级别 2”，“级别 3”会添加在“级别 1”之后。

高度：设置到前一级别之上的距离。

轮廓：设置“级别 3”的轮廓到前一级别轮廓的偏移距离。

3.“车削”修改器

“车削”修改器可以通过围绕坐标轴旋转一个图形或 NURBS 曲线来生成 3D 对象，其参数面板如图 2-4-120 所示。

重要参数：

①度数：设置对象围绕坐标轴旋转的角度，其范围为 0°～360°，默认值为 360°。

②焊接内核：通过焊接旋转轴中的顶点来简化网格。

③翻转法线：使物体的法线翻转，翻转后物体的内部会外翻。

④分段：在起始点之间设置在曲面上创建的插补线段的数量。

⑤封口：如果设置的车削对象的“度数”小于 360°，该选项用来控制是否在车削对象的内部创建封口。

封口始端：车削的起点，用来设置封口的最大程度。

封口末端：车削的终点，用来设置封口的最大程度。

变形：按照创建变形目标所需的可预见且可重复的模式来排列封口面。

栅格：在图形边界的方形上修剪栅格中安排的封口面。

⑥方向：设置轴的旋转方向，共有轴 x 轴、y 轴和 z 轴 3 个轴可供选择。

⑦对齐：设置对齐的方式，共有“最小”、“中心”和“最大”3 种方式可供选择。

⑧输出：指定车削对象的输出方式，共有以下 3 种。

面片：产生一个可以折叠到面片对象中的对象。

网格：产生一个可以折叠到网格对象中的对象。

NURBS：产生一个可以折叠到 NURBS 对象中的对象。

4.“弯曲”修改器

“弯曲”修改器可以使物体在任意 3 个轴上控制弯曲的角度和方向，也可以对几何体的一段限制弯曲效果，其参数设置面板如图 2-4-121 所示。

重要参数：

①角度：从顶点平面设置要弯曲的角度，范围为－999 999～999 999。

②方向：设置弯曲相对于水平面的方向，范围为－999 999～999 999。

③$X/Y/Z$：指定要弯曲的轴，默认轴为 z 轴。

④限制效果：将限制约束应用于弯曲效果。

⑤上限：以世界单位设置上部边界，该边界位于弯曲中心点的上方，超出该边界弯曲不再影响几何体，其范围为 0～999 999。

⑥下限：以世界单位设置下部边界，该边界位于弯曲中心点的下方，超出该边界弯曲不再影响几何体，其范围为－999 999～0。

5.“扭曲”修改器

“扭曲”修改器与“弯曲”修改器的参数比较相似，但是“扭曲”修改器产生的是扭曲效果，而“弯曲”修改器产生的是弯曲效果。“扭曲”修改器可以在对象几何体中产生一个旋转效果，并且可以控制任意 3 个轴上的扭曲角度，同时也可以对几何体的一段限制扭曲效果，其参数设置面板如图 2-4-122 所示。

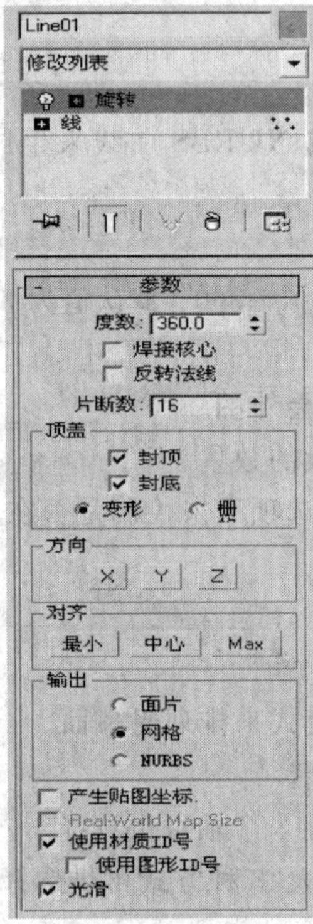

图 2-4-120

图 2-4-121

6.“噪波”修改器

“噪波”修改器可以使对象表面的顶点进行变动，从而让表面变得起伏不规则，常用于制作复杂的地形、地面和水面效果，并且“噪波”修改器可以应用在任何类型的对象上，参数设置面板如图 2-4-123 所示。

重要参数：

①种子：从设置的数值中生成一个随机起始点。该参数在创建地形时非常有用，因为每种设置都可以生成不同的效果。

②比例：设置噪波影响的大小。较大的值可以产生平滑的噪波，较小的值可以产生锯齿现象非常严重的噪波。

③分形：控制是否产生分形效果。勾选该选项后，下面的“粗糙度”和“迭代次数”选项才可用。

④粗糙度：决定分形变化的程度。

⑤迭代次数：控制分形功能所使用的迭代数目。

⑥$X/Y/Z$：设置噪波在 $x/y/z$ 坐标轴上的强度。

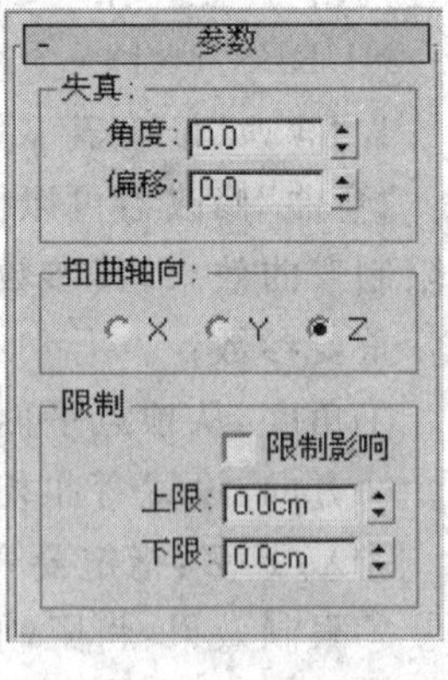

图 2-4-122

7. FFD 修改器

FFD 是“自由变形”的意思，FFD 修改器即“自由变形”修改器。FFD 修改器包含 5 种类型，分别为 FFD 2×2×2 修改器、FFD 3×3×3 修改器、FFD 4×4×4 修改器、FFD(长方体)修改器和 FFD(圆柱体)修改器，如图 2-4-124 所示。

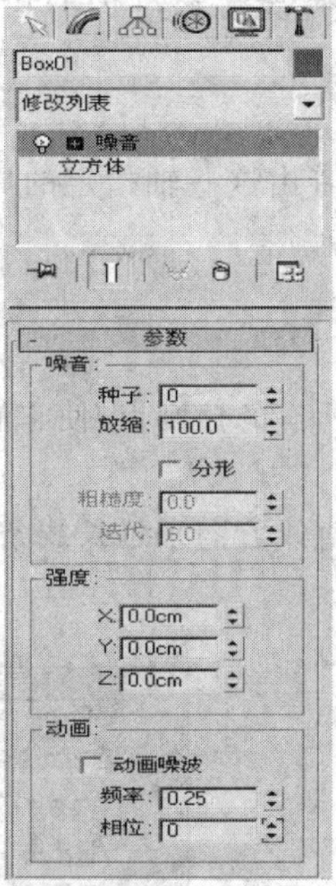

图 2-4-123

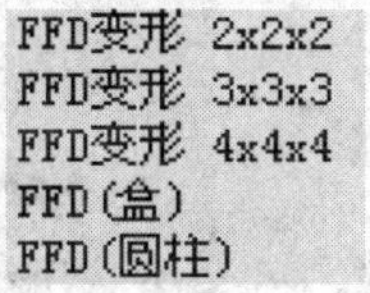

图 2-4-124

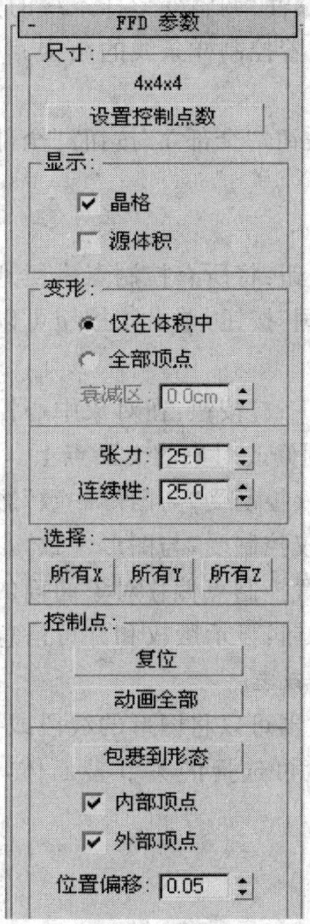

图 2-4-125

这种修改器是使用晶格框包围住选中的几何体，然后通过调整晶格的控制点来改变封闭几何体的形状。由于 FFD 修改器的使用方法基本都相同，因此这里选择 FFD(长方体)修改器来进行讲解，其参数设置面板如图 2-4-125 所示。

重要参数：

(1)尺寸

①点数：显示晶格中当前的控制点数目。

②“设置点数”按钮：单击该按钮可以打开“设置 FFD 尺寸”对话框，在该对话框中可以设置晶格中所需控制点的数目。如图 2-4-126 所示。

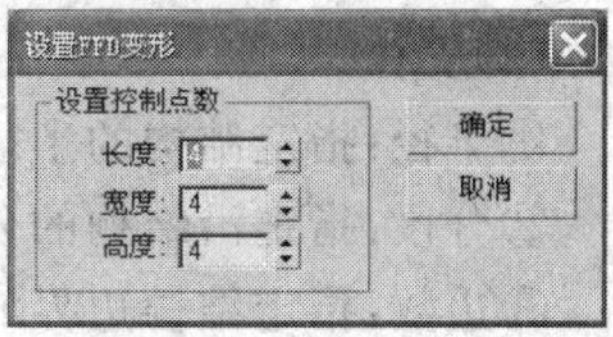

图 2-4-126

(2)显示

①晶格：控制是否使连接控制点的线条形成栅格。

②源体积：开启该选项可以将控制点和晶格以未修改的状态显示出来。

(3)变形

①仅在体内：只有位于源体积内的顶点会变形。

②所有顶点：所有顶点都会变形。

③衰减：决定 FFD 的效果减为 0 时离晶格的距离。

④张力/连续性：调整变形样条线的张力和连续性。虽然无法看到 FFD 中的样条线，但晶格和控制点代表着控制样条线的结构。

(4)选择

“全部 *X*”按钮/“全部 *Y*”按钮/“全部 *Z*”按钮：选中沿着由这些轴指定的局部维度的所有控制点。

(5)控制点

①“重置”按钮：将所有控制点恢复到原始位置。

②“全部动画”按钮：单击该按钮可以将控制器指定给所有的控制点，使它们在轨迹视图中可见。

③“与图形一致”按钮：在对象中心控制点位置之间沿直线方向来延长线条，可以将每一个 FFD 控制点移到修改对象的交叉点上。

④内部点：仅控制受“与图形一致”影响的对象内部的点。

⑤外部点：仅控制受“与图形一致”影响的对象外部的点。

⑥偏移：设置控制点偏移对象曲面的距离。

⑦About 按钮：显示版权和许可信息。

8.“晶格”修改器

“晶格”修改器可以将图形的线段或边转化为圆柱形结构，并在顶点上产生可选择的关节多面体，其参数设置如图 2-4-127 所示。

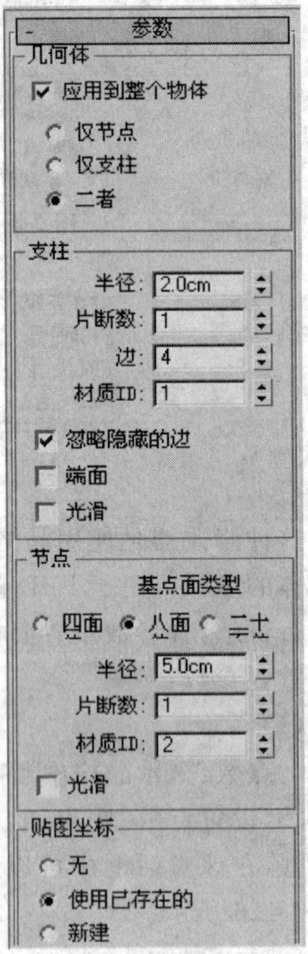

图 2-4-127

重要参数：

(1)几何体

①应用于整个对象：将“晶格”修改器应用到对象的所有边或线段上。

②仅来自顶点的节点：仅显示由原始网格顶点产生的关节。

③仅来自边的支柱：仅显示由原始网格线段产生的支柱。

④二者：显示支柱和关节。

(2)支柱

①半径：指定结构的半径。

②分段：指定沿结构的分段数目。

③边数：指定结构边界的边数目。

④材质 ID：指定用于结构的材质 ID，这样可以使结构和关节具有不同的材质 ID。

⑤忽略隐藏边：仅生成可视边的结构。如果禁用该选项，将生成所有边的结构，包括不可见边。

⑥末端封口：将末端封口应用于结构。

⑦平滑：将平滑应用于结构。

(3)节点

①基点面类型:指定用于关节的多面体类型,包括“四面体”、“八面体”和“二十面”体 3 种类型。

②半径:设置关节的半径。

③分段:指定关节中的分段数目。分段数越多,关节形状越接近球形。

④材质 ID:指定用于结构的材质 ID。

⑤平滑:将平滑应用于关节。

(4)贴图坐标

①无:不指定贴图。

②重用现有坐标:将当前贴图指定给对象。

③新建:将圆柱形贴图应用于每个结构和关节。

9. 平滑类修改器

“平滑”修改器、“网格平滑”修改器和“涡轮平滑”修改器都可以用来平滑几何体,但是在效果和可调性上有所差别。简单地说,对于相同的物体,“平滑”修改器的参数比其他 2 种修改器要简单一些,但是平滑的强度不强;“网格平滑”修改器与“涡轮平滑”修改器的使用方法相似,但是后者能够更快并更有效率地利用内存,不过“涡轮平滑”修改器在运算时容易发生错误。因此,在实际工作中“网格平滑”修改器是其中最常用的一种。下面就针对“网格平滑”修改器进行讲解。

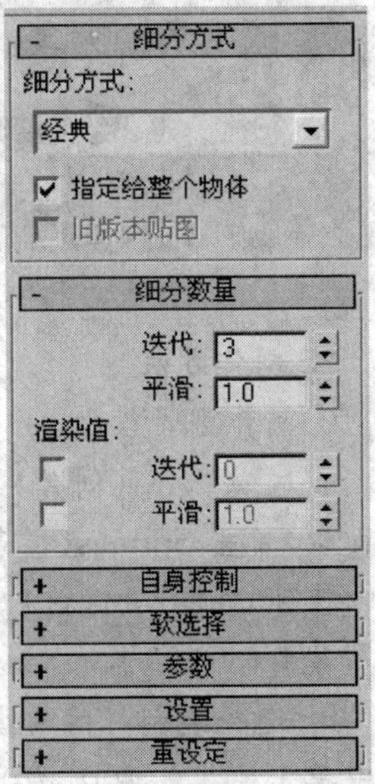

图 2-4-128

“网格平滑”修改器可以通过多种方法来平滑场景中的几何体,它允许细分几何体,同时可以使角和边变得平滑,参数设置面板如图 2-4-128 所示。

重要参数:

①细分方法:选择细分的方法,共有“经典”、NURMS 和“四边形输出”3 种方法。“经典”方法可以生成三面和四面的多边体。NURMS 方法生成的对象与可以为每个控制顶点设置不同权重的 NURBS 对象相似。“四边形输出”方法仅生成四面多边体。

②应用于整个网格:启用该选项后,平滑效果将应用于整个对象。

③迭代次数:设置网格细分的次数,这是最常用的一个参数,其数值大小直接决定了平滑的效果,取值范围为 0～10。增加该值时,每次新的迭代会通过在迭代之前对顶点、边和曲面创建平滑差补顶点来细分网格。

④平滑度:为多尖锐的锐角添加面以平滑锐角,计算得到的平滑度为顶点连接的所有边的平均角度。

⑤渲染值:用于在渲染时对对象应用不同平滑“迭代次数”和不同的“平滑度”值。在一般情况下,使用较低的“迭代次数”和较低的“平滑度”值进行建模,而使用较高值进行渲染。

【案例六】

爨底下村局部建筑构建——青花瓷制作

重要提示

青花瓷案例中主要运用了常用修改器和曲线建模来建造青花瓷模型。

1. 青花瓷样式

青花瓷样式如图 2-4-129 所示。

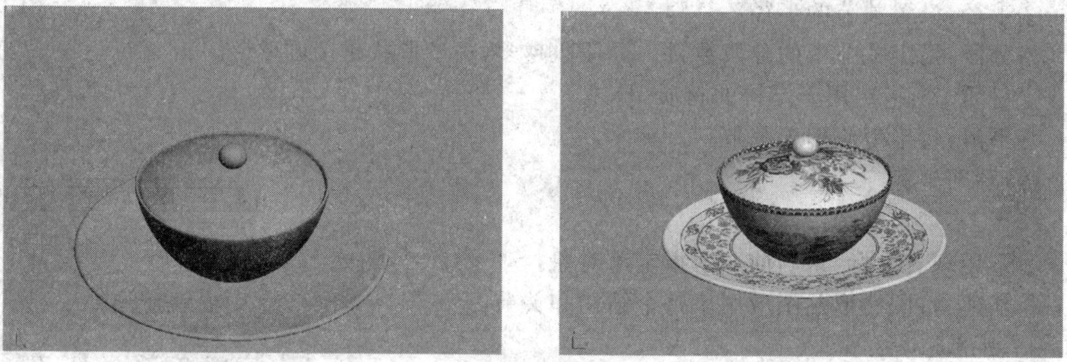

图 2-4-129

2. 制作方法

①制作盘子模型。

a. 在进入（创建）面板中的（图形）子面板，单击 Splines（样条线）下的 Line（线）命令按钮，在 Front（前）视图中绘制出曲线，如图 2-4-130 所示。

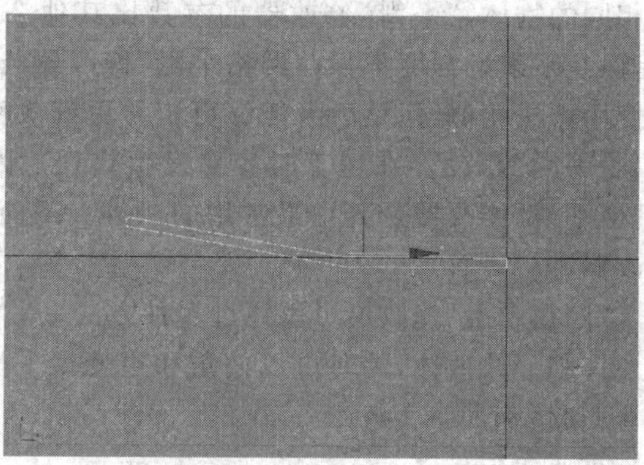

图 2-4-130

b. 选择绘制好的曲线，进入（修改）面板中单击曲线的两点，如图 2-4-131 所示。

c. 再打开修改面板点击 Lathe（旋转），如图 2-4-131 所示。

d. 选择盘子模型，再点击 Edge（边）模式，选择底部的线，如图 2-4-132 所示。

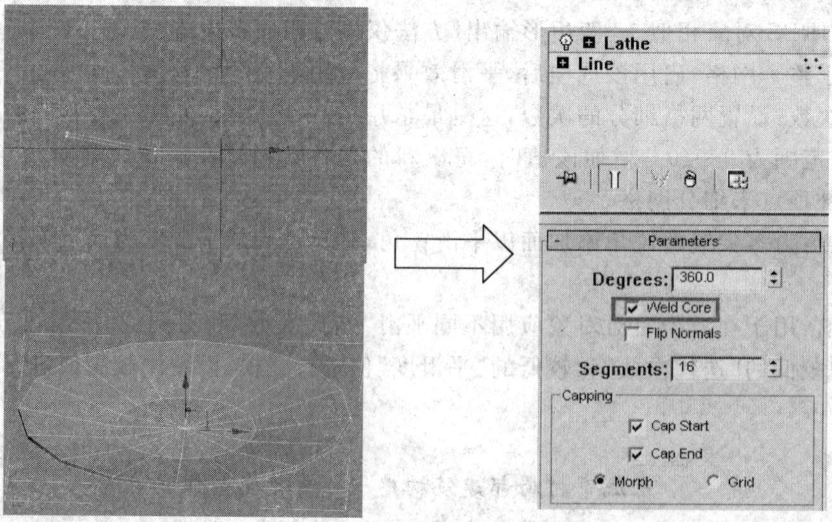

图 2-4-131

e. 在（修改）面板中单击 Connect（连接）Connect，设置 Slide（滑动）值为－90，如图 2-4-133 所示。

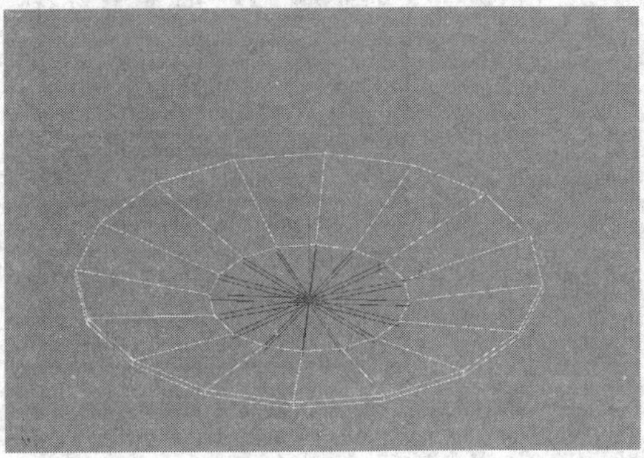

图 2-4-132

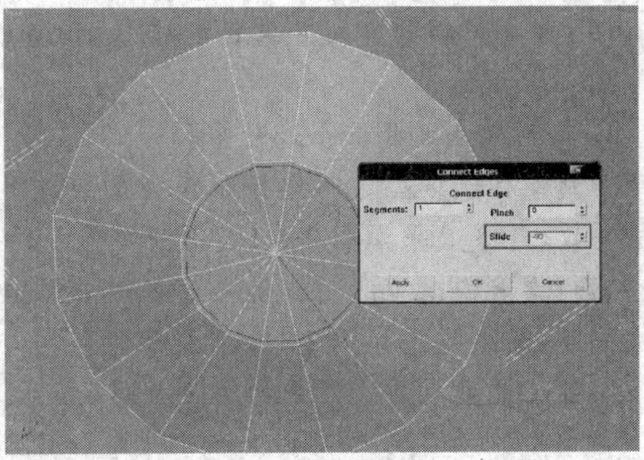

图 2-4-133

f. 选择模型顶的线，单击主工具栏中的将线放大到合适的位置，如图 2-4-134 所示。

g. 选择绘制好的模型，进入模型 Polygon（多边形）的模式，选择模型的面，（修改）面板中单击 Extrude（挤压）工具按钮，并设置 Extrusion height（挤压高度）值为 3，如图 2-4-135 所示。

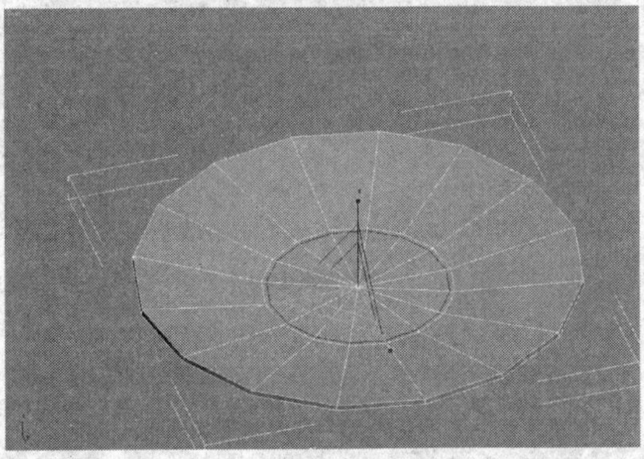

图 2-4-134

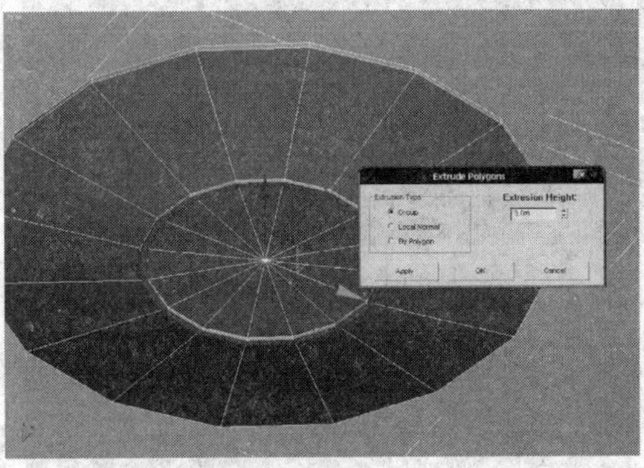

图 2-4-135

h. 选择模型底面的两条线，在（修改）面板中单击 Chamfer（切角）工具按钮，如图 2-4-136所示。

i. 继续选择模型边缘上的两条线，在（修改）面板中单击 Chamfer（切角）工具按钮，如图 2-4-137 所示。

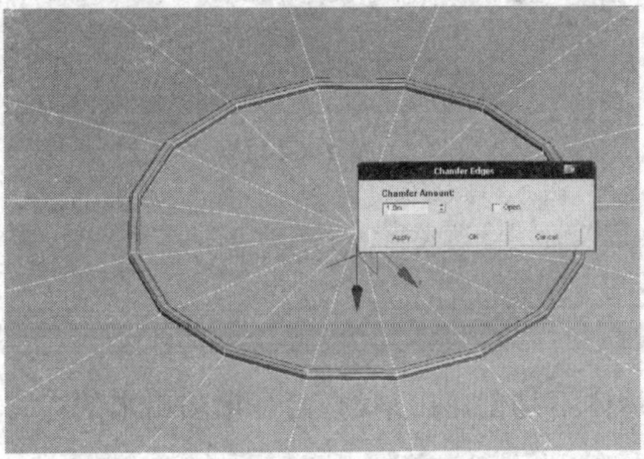

图 2-4-136

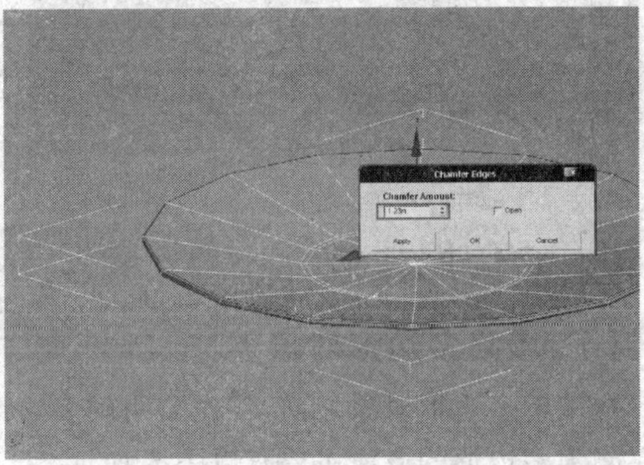

图 2-4-137

j. 继续选择绘制好的模型，在（修改）面板中打开修改列表 Modifier List ，为其添加一个 Mesh Smooth（光滑网格物体），并设置选项 Iterations（代值）为 3，如图2-4-138所示。

k. 最后效果如图 2-4-139 所示。

②制作杯子模型。制作杯子模型的方法和制作盘子的方法一致，最终效果如图 2-4-140 所示。

③制作碗盖模型。制作碗盖模型的方法和制作盘子的方法一致，最终效果如图 2-4-141 所示。

④赋予模型材质。效果如图 2-4-142 所示。

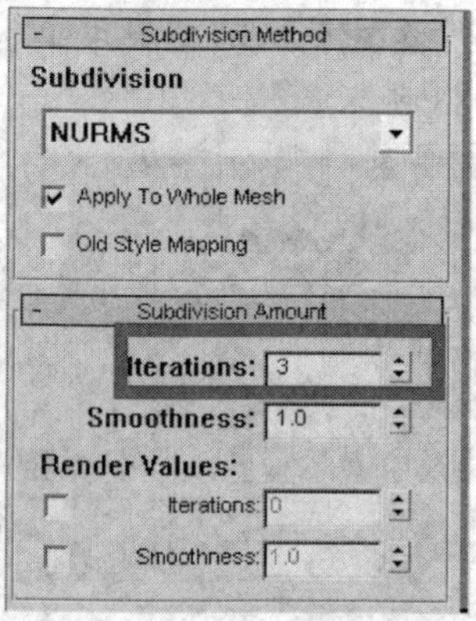

图 2-4-138

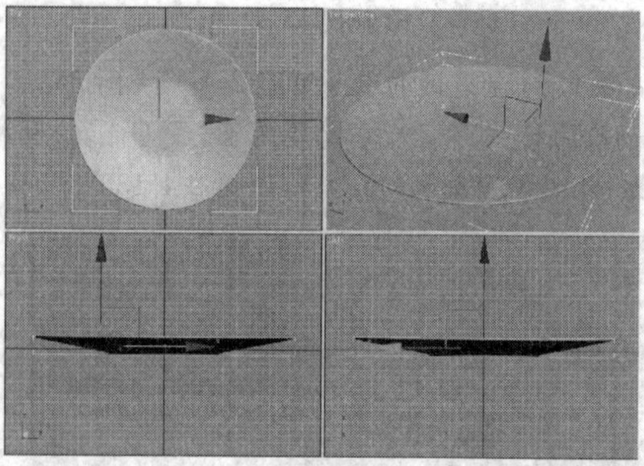
图 2-4-139

图 2-4-140

图 2-4-141

图 2-4-142

四、多边形建模

（一）塌陷多边形对象

在编辑多边形对象之前，首先要明确多边形物体不是创建出来的，而是塌陷出来的。将物体塌陷为多边形的方法主要有以下 3 种。

第一种:在物体上单击鼠标右键,然后在弹出的菜单中选择“转换为>转换为可编辑多边形”命令,如图 2-4-143 所示。

第二种:为物体加载“编辑多边形”修改器,如图 2-4-144 所示。

第三种:在修改器堆栈中选中物体,然后单击鼠标右键,接着在弹出的菜单中选择“可编辑多边形”命令。如图 2-4-145 所示。

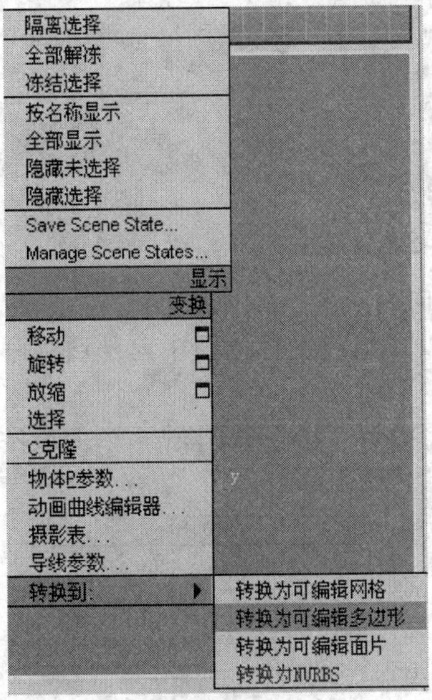

图 2-4-143

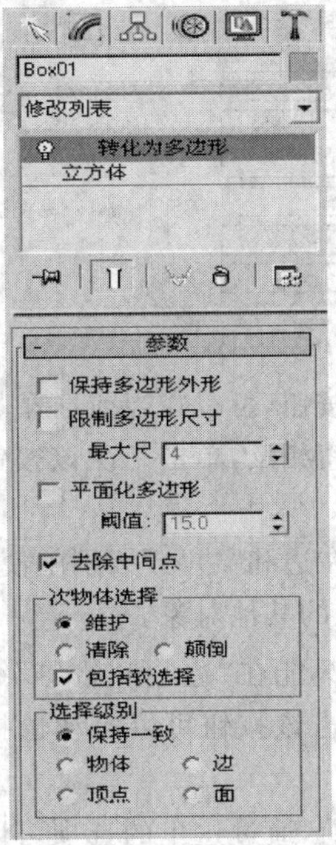

图 2-4-144

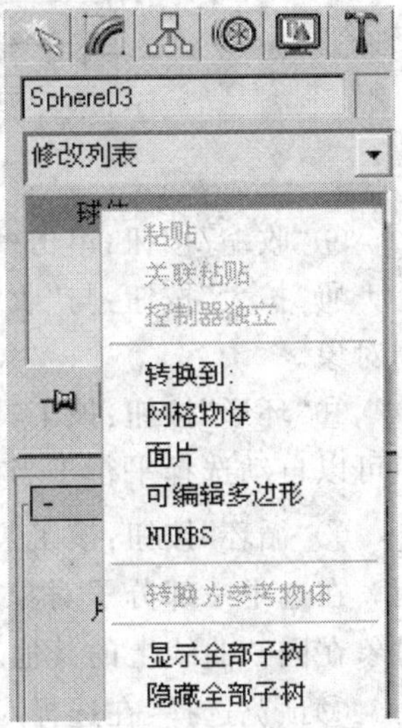

图 2-4-145

(二)编辑多边形对象

将物体转换为可编辑多边形对象后,就可以对可编辑多边形对象的顶点、边、边界、多边形和元素分别进行编辑。可编辑多边形的参数设置面板中包括 6 个卷展栏,分别是“选择”卷展栏、“软选择”卷展栏、“编辑几何体”卷展栏、“细分曲面”卷展栏、“细分置换”卷展栏和“绘制变形”卷展栏。如图 2-4-146 所示。

1. 选择

“选择”卷展栏下的工具与选项主要用来访问多边形子对象级别以及快速选择子对象,如图 2-4-147 所示。

重要参数:

①“顶点”按钮:用于访问“顶点”子对象级别。

②“边”按钮:用于访问“边”子对象级别。

③“边界”按钮:用于访问“边界”子对象级别,可以从中选择构成网格中孔洞边框一系列边。边界总是由仅在一侧带有面的边组成,并总是为完整循环。

④“多边形”按钮:用于访问“多边形”子对象级别。

⑤“元素”按钮:用于访问“元素”子对象级别,可以从中选择对象中的所有连续多边形。

⑥按顶点:除了顶点级别外,该选项可以在其他 4 种级别中使用。启用该选项后,只有选

择所用的顶点才能选择子对象。

⑦忽略背面：启用该选项后，只能选中法线指向当前视图的子对象。

⑧按角度：该选项只能用在“多边形”级别中。启用该选项时，如果选择一个多边形，3D Max 会基于设置的角度自动选择相邻的多边形。

图 2-4-146

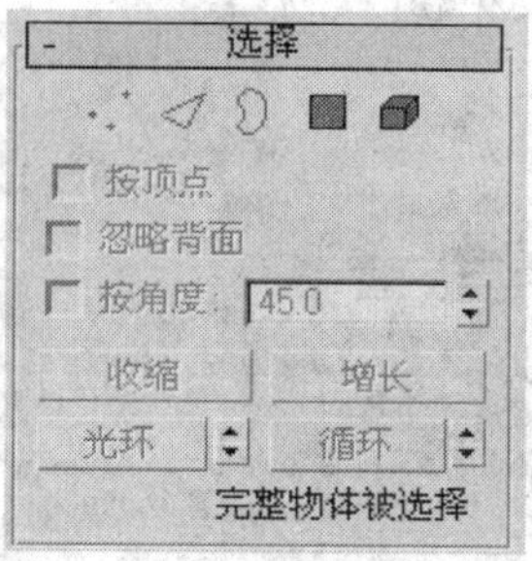

图 2-4-147

⑨“收缩”按钮：单击一次该按钮，可以在当前选择范围中向内减少一圈对象。

⑩“扩大”按钮：与“收缩”按钮相反，单击一次该按钮，可以在当前选择范围中向外增加一圈对象。

⑪“环形”按钮：该工具只能在边和“边界”级别中使用。在选中一部分子对象后，单击该按钮可以自动选择平行于当前对象的其他对象。

⑫“循环”按钮：该工具同样只能在“边”和“边界”级别中使用。在选中一部分子对象后，单击该按钮可以自动选择与当前对象在同一曲线上的其他对象。

⑬预览选择：在选择对象之前，通过这里的选项可以预览光标滑过处的子对象，有“禁用”、“子对象”和“多个”3 个选项可供选择。

2. 软选择

“软选择”是以选中的子对象为中心向四周扩散，以放射状方式来选择子对象。在对选择的部分子对象进行变换时，可以让子对象以平滑的方式进行过渡。另外，可以通过控制“衰减”、“收缩”和“膨胀”的数值来控制所选子对象区域大小及子对象控制力的强弱，并且“软选择”卷展栏还包含了绘制软选择的工具。如图 2-4-148 所示。

重要参数：

①使用软选择：控制是否开启“软选择”功能。启用后，选择一个或一个区域的子对象，那么会以这个子对象为中心向外选择其他对象。

②边距离：启用该项目后，可以将软选择限制到指定的面数。

③影响背面：启用该选项后，那些与选定对象法线方向相反的子对象也会受到相同的影响。

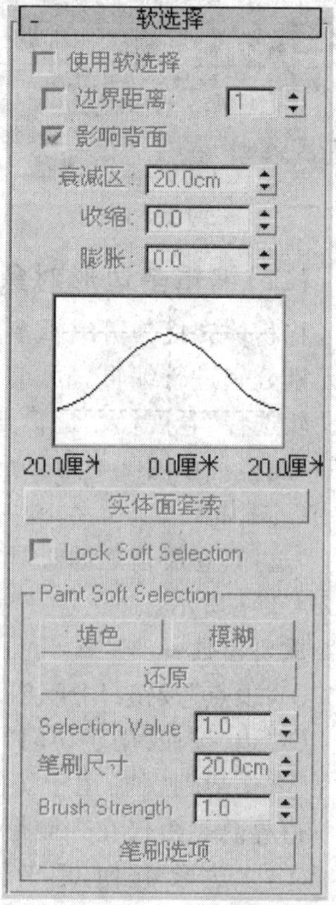

图 2-4-148

④衰减：用以定义影响区域的距离，默认值为 20 mm。“衰减”数值越高，软选择的范围也就越大。

⑤收缩：设置区域的相对“突出度”。

⑥膨胀：设置区域的相对“丰满度”。

⑦软选择曲线图：以图形的方式显示软选择是如何进行工作的。

⑧“明暗处理面切换”按钮：只能用在“多边形”和“元素”级别中，用于显示颜色渐变，它与软选择范围内面上的软选择权重相对应。

⑨锁定软选择：锁定软选择，以防止对按程度的选择进行更改。

⑩“绘制”按钮：可以在使用当前设置的活动对象上绘制软选择。

⑪“模糊”按钮：可以通过绘制来软化现有绘制软选择的轮廓。

⑫“复原”按钮：以通过绘制的方式还原软选择。

⑬选择值：整个值表示绘制的或还原的软选择的最大相对选择。笔刷半径内周围顶点的值会趋向于 0 衰减。

⑭笔刷大小：用来设置圆形笔刷的半径。

⑮笔刷强度：用来设置绘制子对象的速率。

⑯“笔刷选项”按钮：单击该按钮可以打开“绘制选项”对话框，如图 2-4-149 所示。

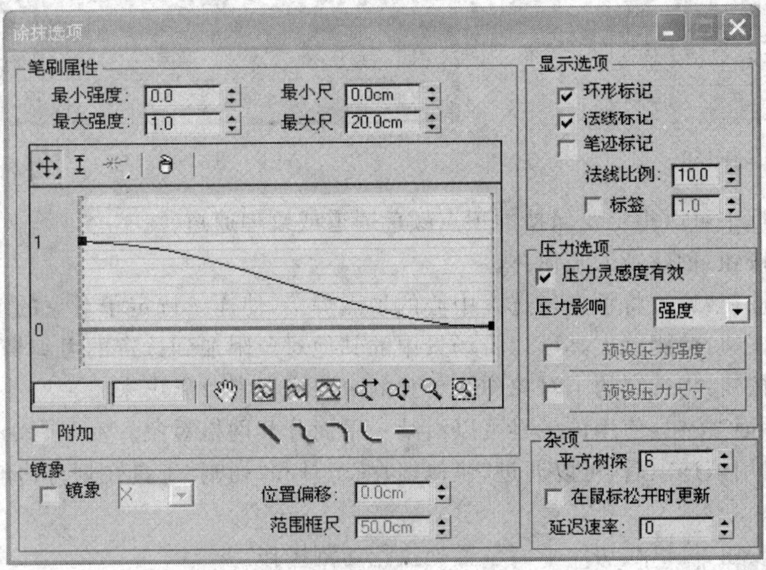

图 2-4-149

在该对话框中可以设置笔刷的更多属性。

3. 编辑几何体

“编辑几何体”卷展栏下的工具适用于所有子对象级别，主要用来全局修改多边形几何体。如图 2-4-150 所示。

重要参数：

①“重复上一个”按钮：单击该按钮可以重复使用上一次使用的命令。

②约束：使用现有的几何体来约束子对象的变换，共有“无”、“边”、“面”和“法线” 4 种方式

可供选择。

③保持 UV:启用该选项后,可以在编辑子对象的同时不影响该对象的 UV 贴图。

④“设置”按钮:单击该按钮可以打开“保持贴图通道”对话框,如图 2-4-151 所示。

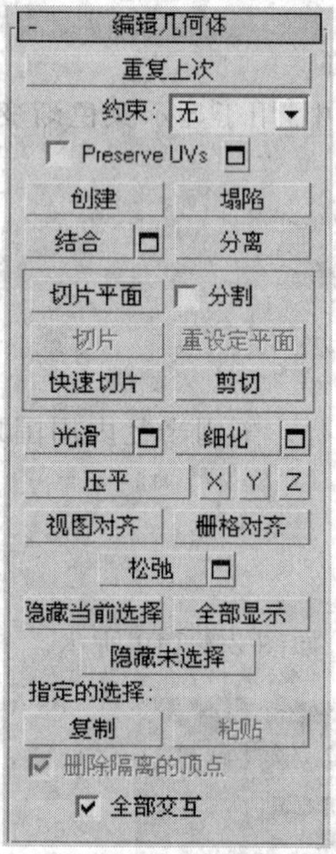

图 2-4-150

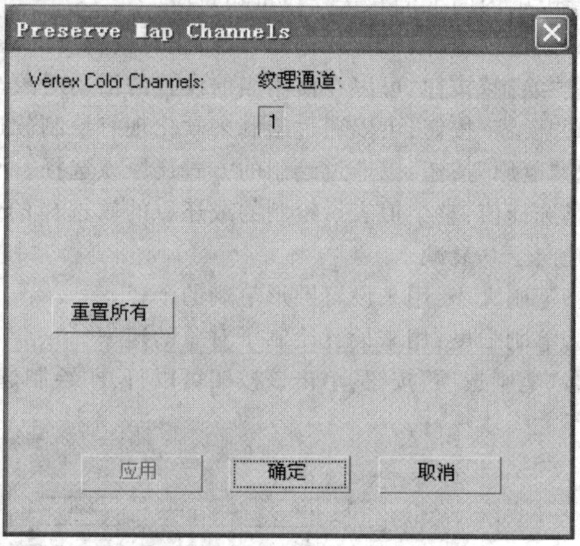

图 2-4-151

在该对话框中可以指定要保持的顶点颜色通道或纹理通道。

⑤“创建”按钮:创建新的几何体。

⑥“塌陷”按钮:通过将顶点与选择中心的顶点焊接,使连续选定子对象的组产生塌陷。

⑦“附加”按钮:使用该工具可以将场景中的其他对象附加到选定的可编辑多边形中。

⑧“分离”按钮:将选定的子对象作为单独的对象或元素分离出来。

⑨“切片平面”按钮:使用该工具可以沿某一平面分开网格对象。

⑩分割:启用该选项后,可以通过“快速切片”工具和“切割”工具在划分边的位置处创建出两个顶点集合。

⑪“切片”按钮:可以在切片平面位置处执行切割操作。

⑫“重置平面”按钮:将执行过“切片”的平面恢复到之前的状态。

⑬“快速切片”按钮:可以将对象进行快速切片,切片线沿着对象表面,所以可以更加准确地进行切片。

⑭“切割”按钮:可以在一个或多个多边形上创建出新的边。

⑮“网格平滑”按钮:使选定的对象产生平滑效果。

⑯“细化”按钮:增加局部网格的密度,从而方便处理对象的细节。

⑰“平面化”按钮:强制所有选定的子对象成为共面。

⑱“视图对齐”按钮:使对象中的所有顶点与活动视图所在的平面对齐。

⑲“栅格对齐”按钮:使选定对象中的所有顶点与活动视图所在的平面对齐。

⑳“松弛”按钮:使当前选定的对象产生松弛现象。

㉑“隐藏选定对象”按钮:隐藏所选定的子对象。

㉒“全部取消隐藏”按钮:将所有的隐藏对象还原为可见对象。

㉓“隐藏未选定对象”按钮:隐藏未选定的任何子对象。

㉔命名选择:用于复制和粘贴子对象的命名选择集。

㉕删除孤立顶点:启用该选项后,选择连续子对象时会删除孤立顶点。

㉖完全交互:启用该选项后,如果更改数值,将直接在视图中显示最终的结果。

4. 编辑顶点

进入可编辑多边形的“顶点”级别以后,在“修改”面板中会增加一个“编辑顶点”卷展栏。

重要参数:

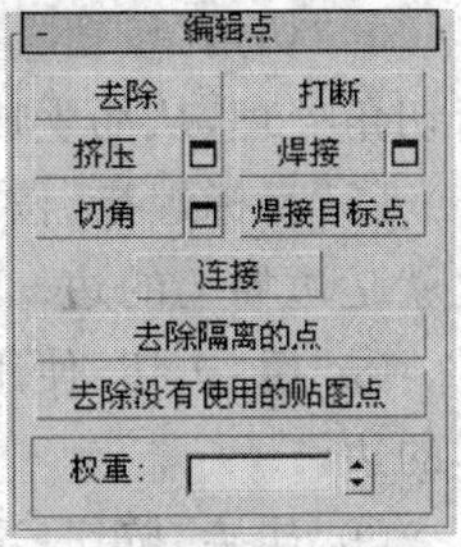

图 2-4-152

①“移除”按钮:选中一个或多个顶点以后,单击该按钮可以将其移除。

②“断开”按钮:选中顶点以后,单击该按钮可以在与选定顶点相连的每个多边形上都创建一个新顶点,这可以使多边形的转角相互分开,使它们不再相连于原来的顶点上。

③“挤出”按钮:直接使用这个工具可以手动在视图中挤出顶点。如图 2-4-152 所示。

如果要精确设置挤出的高度和宽度,可以单击后面的“设置”按钮,然后在视图中的“挤出顶点”对话框中输入数值即可。如图 2-4-153 所示。

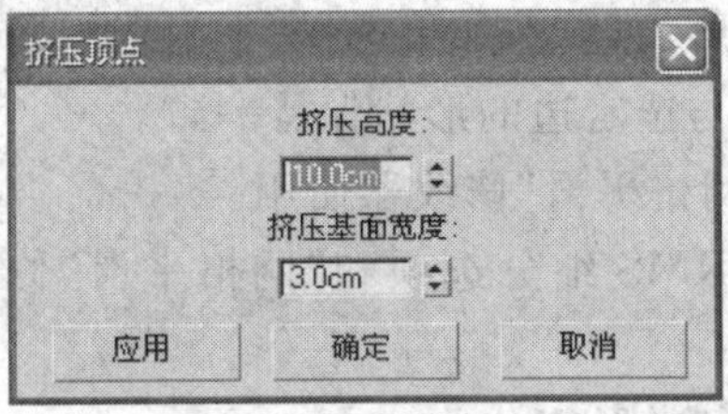

图 2-4-153

④“焊接”按钮:对“焊接顶点”对话框中指定的“焊接阈值”范围之内连续的选中的顶点进行合并,合并后所有边都会与产生的单个顶点连接。单击后面的设置按钮可以设置“焊接阈值”。

⑤“切角”按钮 切角 :选中顶点以后,使用该工具在视图中拖拽光标,可以手动为顶点切角,如图 2-4-154 所示。单击后面的“设置”按钮,在弹出的“切角”对话框中可以设置精确的“顶点切角量”,同时还可以将切角后的面“打开”,以生成孔洞效果。

⑥“连接”按钮 连接 :在选中的对角顶点之间创建新的边。

⑦“移除孤立顶点”按钮:删除不属于任何多边形的所有顶点。

⑧“移除未使用的贴图顶点”按钮:某些建模操作会留下未使用的贴图顶点,它们会显示在“展开 UVW”编辑器中,但是不能用于贴图,单击该按钮就可以自动删除这些贴图顶点。

⑨权重:设置选定顶点的权重,供 NURMS 细分选项和“网格平滑”修改器使用。

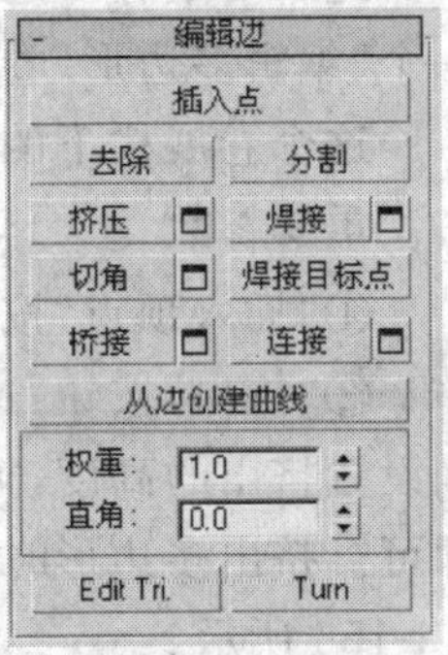

图 2-4-154

5. 编辑边

进入可编辑多边形的“边”级别以后,在“修改”面板中会增加一个“编辑边”卷展栏,如图2-4-154所示。

重要参数:

①“插入顶点”按钮 插入点 :在“边”级别下,使用该

工具在边上单击鼠标左键，可以在边上添加顶点。

②“移除”按钮 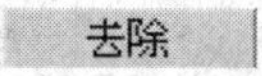

：选择边以后，单击该按钮或按 Backspace 键可以移除边。如果按 Delete 键，将删除边以及与边连接的面。

③“分割”按钮 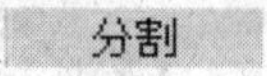

：沿着选定边分割网格，对网格中心的单条边应用时，不会起任何作用。

④“挤出”按钮 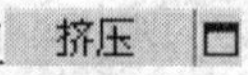

：直接使用这个工具可以手动在视图中挤出边。如果要精确设置挤出的高度和宽度，可以单击后面的“设置”按钮，然后在视图中的“挤出边”对话框中输入数值即可。

⑤“焊接”按钮：组合“焊接边”对话框指定的“焊接阈值”范围内的选定边。只能焊接仅附着一个多边形的边，也就是边界上的边。

⑥“切角”按钮 

：这是多边形建模中使用频率最高的工具之一，可以为选定边进行切角处理，从而生成平滑的棱角。

⑦“目标焊接”按钮：用于选择边并将其焊接到目标边。只能焊接仅附着一个多边形的边，也就是边界上的边。

⑧“桥”按钮：使用该工具可以连接对象的边，但只能连接边界边，也就是只在一侧有多边形的边。

⑨“连接”按钮：这是多边形建模中使用频率最高的工具之一，可以在每对选定边之间创建新边，对于创建或细化边循环特别有用。

⑩“利用所选内容创建新图形”按钮 

：这是多边形建模中使用频率最高的工具之一，可以将选定的边创建为样条线图形。选择边以后，单击该按钮可以弹出一个“创建图形”对话框，在该对话框中可以设置图形名称以及设置图形的类型，如果选择“平滑”类型，则生成平滑的样条线，如果选择“线性”类型，则样条线的形状与选定边的形状保持一致。

⑪权重：设置选定边的权重，供 NURMS 细分选项和“网格平滑”修改器使用。

⑫拆缝：指定对选定边或边执行的折缝操作量，供 NURMS 细分选项和“网格平滑”修改器使用。

⑬“编辑三角形”按钮：用于修改绘制内边或对角线时多边形细分为三角形的方式。

⑭“旋转”按钮：用于通过单击对角线修改多边形细分为三角形的方式。使用该工具时，对角线可以在线框和边面视图中显示为虚线。

6. 编辑多边形

进入可编辑多边形的“多边形”级别以后，在“修改”面板中会增加一个“编辑多边形”卷展栏，如图 2-4-155 所示。

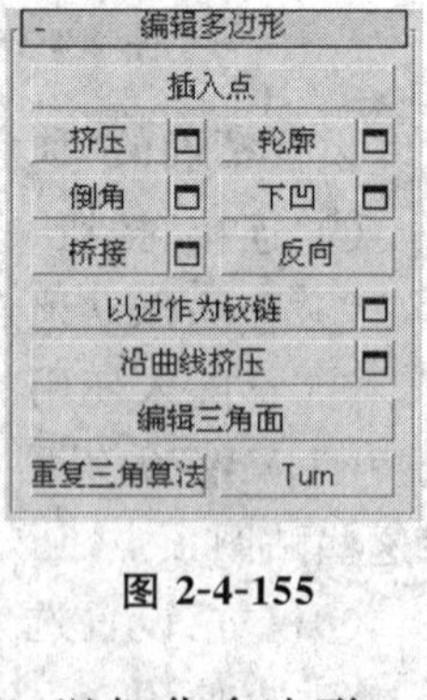

图 2-4-155

这个卷展栏下的工具全部是用来编辑多边形的。

重要参数：

①“插入顶点”按钮 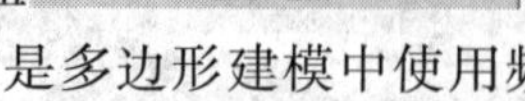

：用于手动在多边形插入顶点，以细化多边形。

②“挤出”按钮：这是多边形建模中使用频率最高的工具之一，可以挤出多边形。如果要精确设置挤出的高度，可以单击后面的“设置”按钮，然后在视图中的“挤出边”对话框中输入数值即可。挤出多边形时，“高度”为正值时可向外挤出多边形，为负值时可向内挤出多边形。如图 2-4-156 所示。

图 2-4-156

③“轮廓”按钮：用于增加或减小每组连续的选定多边形的外边。

④“倒角”按钮：这是多边形建模中使用频率最高的工具之一，可以挤出多边形，同时为多边形进行倒角，如图 2-4-157 所示。

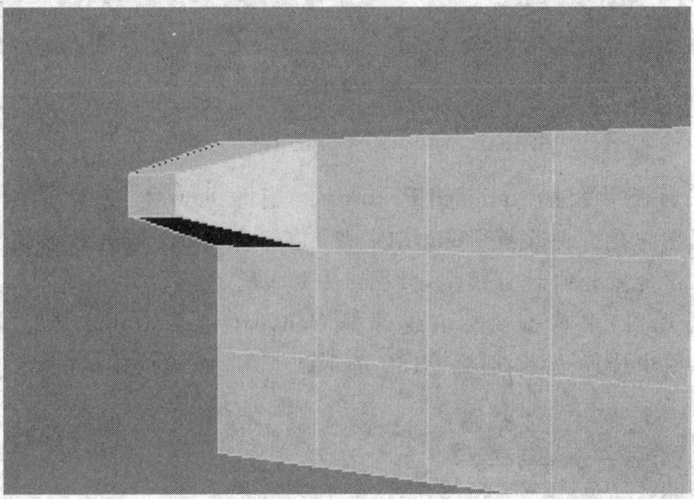

图 2-4-157

⑤“桥”按钮：使用该工具可以连接对象上的 2 个多边形或多边形组。

⑥“翻转”按钮：反转选定多边形的法线方向，从而使其面向用户的正面。

⑦“从边旋转”按钮：选择多边形后，使用该工具可以沿着垂直方向拖动任何边，以便旋转选定的多边形。

⑧“沿样条线挤出”按钮：沿样条线挤出当前选定的多边形。

⑨“编辑三角剖分”按钮：通过绘制内边修改多边形细分为三角形的方式。

⑩“重复三角算法”按钮：在当前选定的一个或多个多边形上执行最佳三角剖分。

⑪“旋转”按钮：使用该工具可以修改多边形细分为三角形的方式。

【案例七】

虋底下村局部建筑构建——木制茶几制作

重要提示：范例木质茶几中主要使用标准基本体和样条线结合 Extrude(挤压)以及 Bevel

(倒角)命令搭建组合楼房模型,然后再赋予材质和灯光,最终效果如图 2-4-158 所示。

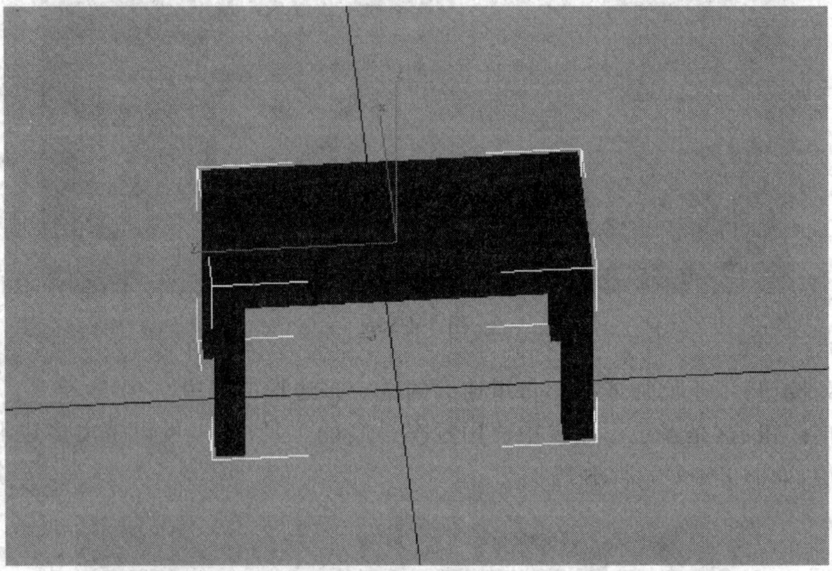

图 2-4-158

制作方法:

①在 (创建)面板中单击 Standard Primitives(标准几何体)选择 (长方体)命令按钮,然后在 Top(顶)视图中建立并设置 Length(长度)值为 1.0 m、Width(宽度)为 0.5 m、Height(高度)为 0.08 m,作为室外的地台模型,如图 2-4-159 所示。

②在 Front(前视图)中单击鼠标右键选择 Convert to Editable Poly 转为“可编辑多边形”,再在 Front 视图中选择边,如图 2-4-160 所示。

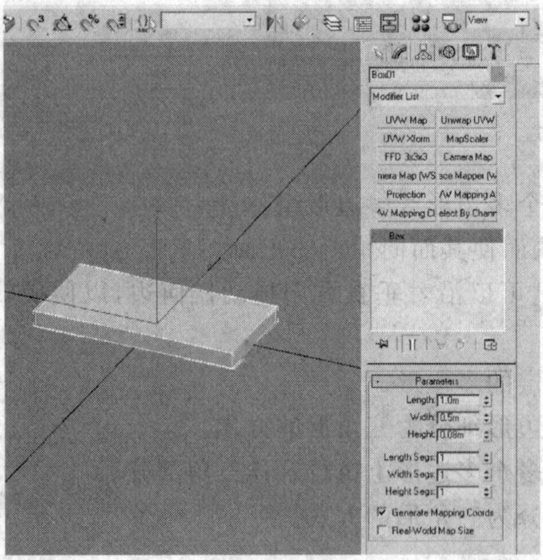

图 2-4-159

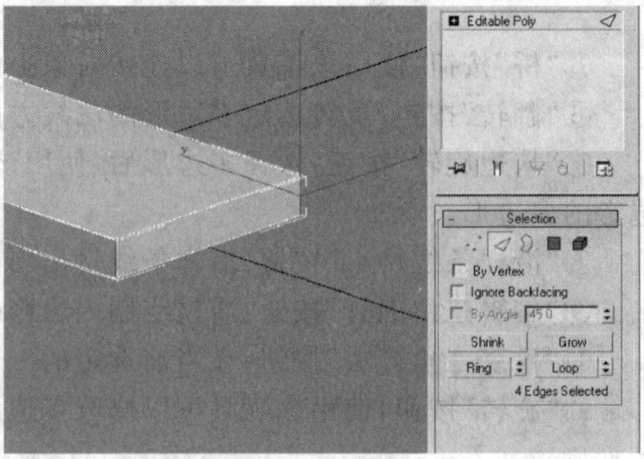

图 2-4-160

③再点击右键选择 Connect(连接) 将 Segments(片段数)调节为“6”,如图 2-4-161 所示。

④然后再用挤压工具(Extrude)挤出“—0.01 m”,如图 2-4-162 所示。

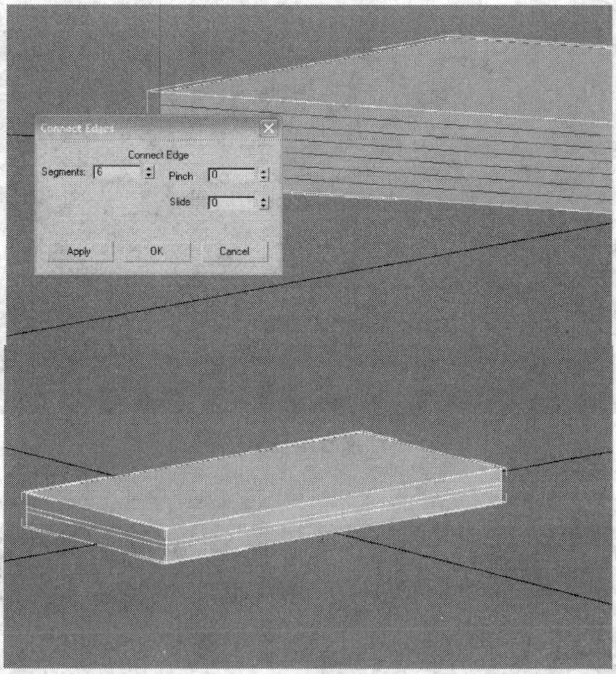

图 2-4-161

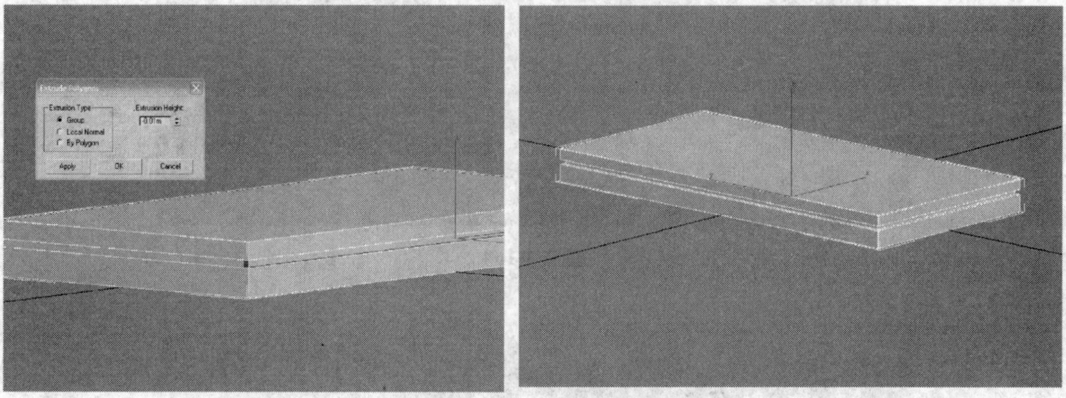

图 2-4-162

⑤然后再选择 polygon (面)使用倒角工具 Bevel ,如图 2-4-163 所示。

⑥使用挤压工具(Extrude)挤压一0.005 m,如图 2-4-164 所示。

⑦选择 polygon 选中一个面使用 进行缩放,如图 2-4-165 所示。

⑧开始制作 4 个柱子,首先选择 polygon ,选中一个面使用倒角工具 Bevel ,如图 2-4-166所示。

⑨选择 polygon 单击右键,使用快速切片 Quickslice 加线,再删除线,如图 2-4-167 所示。

⑩要使用挤压工具(Extrude)挤压出柱子。选择 polygon ,使用挤压工具(Extrude)挤压 0.5 m,如图 2-4-168 所示。

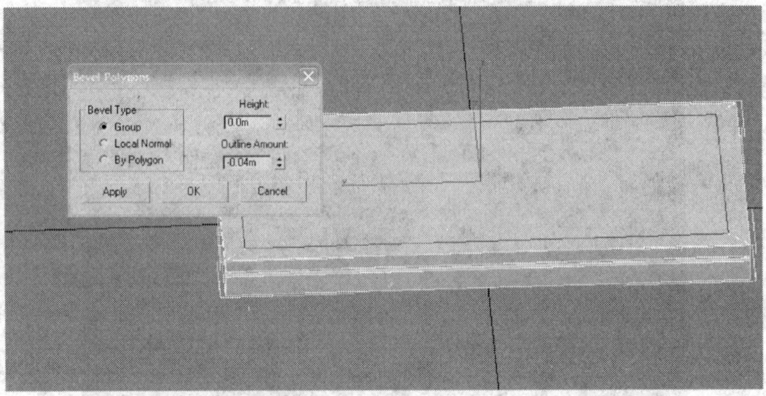

图 2-4-163

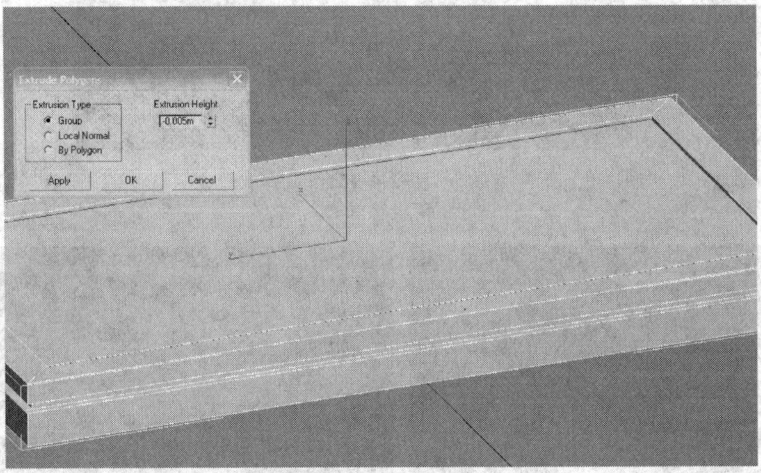

图 2-4-164

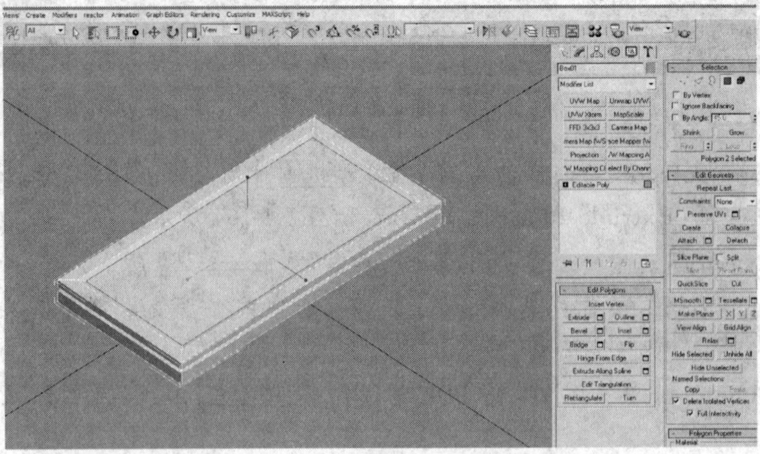

图 2-4-165

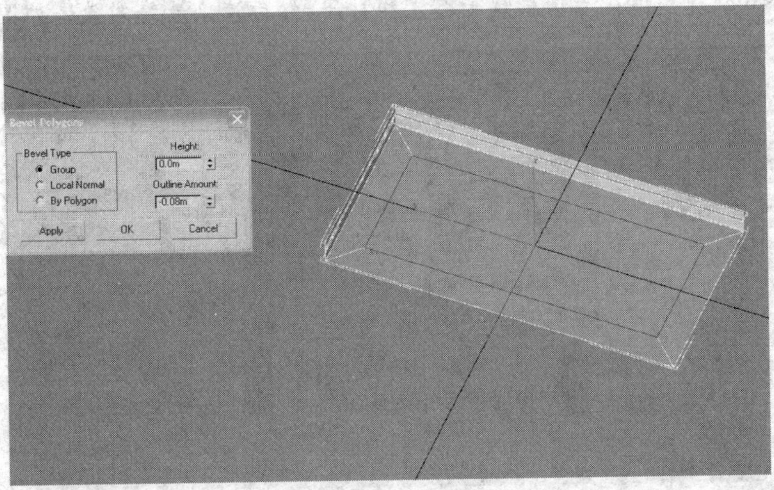

图 2-4-166

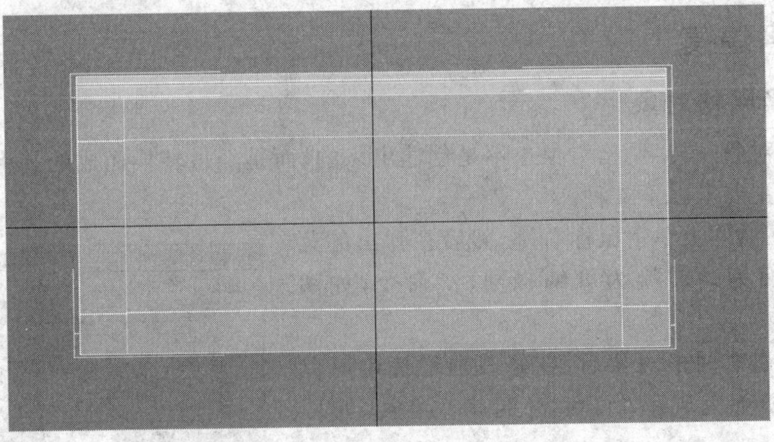

图 2-4-167

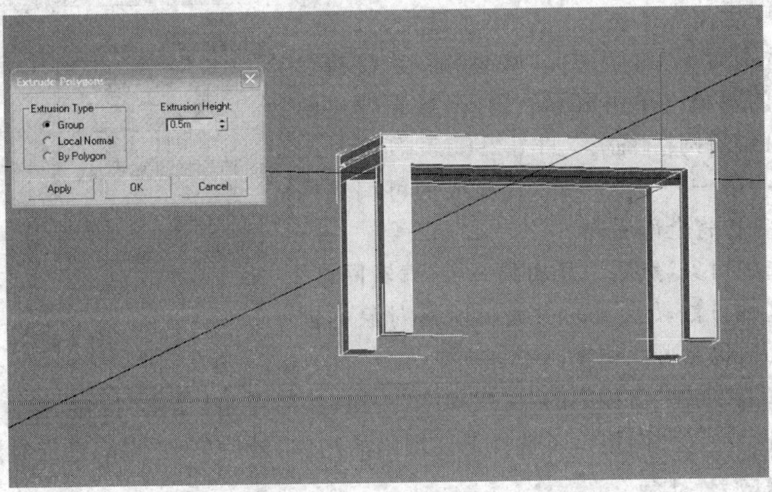

图 2-4-168

⑪perspective(透)视图，为场景赋予灯光和材质，然后渲染最终的效果如图 2-4-169 所示。

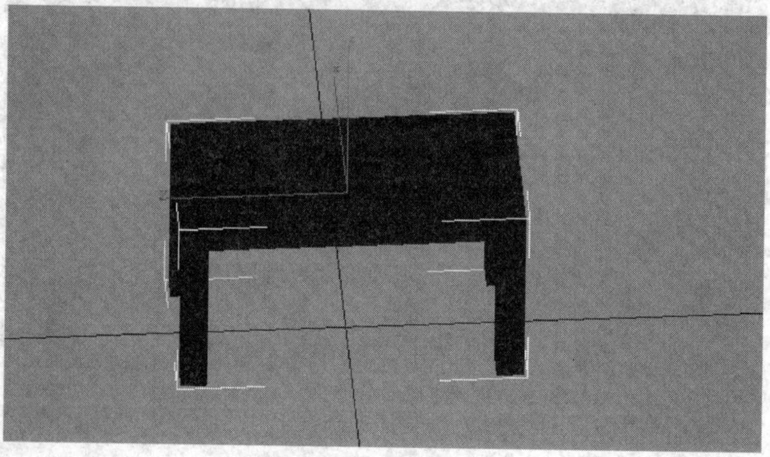

图 2-4-169

五、网格建模

(一)转换网格对象

与多边形对象一样，网格对象也不是创建出来的，而是经过转换而成的。将物体转换为网格对象的方法主要有以下 4 种。

第一种：在物体上单击鼠标右键，然后在弹出的菜单中选择转“换为＞转换为可编辑网格”命令，如图 2-4-170所示。

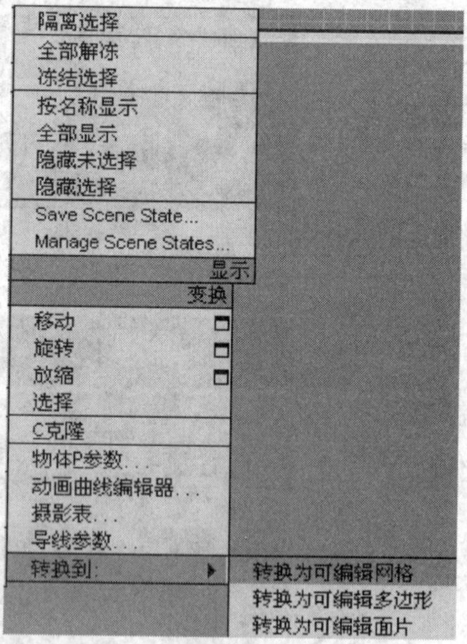

图 2-4-170

转换为可编辑网格对象后，在修改器堆栈中可以观察到物体已经变成了“可编辑网格”对象，如图 2-4-171所示。

通过这种方法转换成的可编辑网格对象的创建参数将全部丢失。

第二种：选中对象，然后进入“修改”面板，接着在修改器堆栈中的对象上单击鼠标右键，最后在弹出的菜单中选择“可编辑网格”命令，如图 2-4-172 所示。

这种方法与第一种方法一样，转换成的可编辑网格对象的创建参数将全部丢失。

第三种：选中对象，然后为其加载一个“编辑网格”修改器，通过这种方法转换成的可编辑网格对象的创建参数不会丢失，仍然可以调整。

第四种：单击“创建”面板中的“实用程序”按钮，然后单击“塌陷”按钮，接着在“塌陷”卷展栏下设置“输出类型”为“网格”，再选择需要塌陷的物体，最后单击“塌陷选定对象”按钮。

(二)编辑网格对象

网格建模是一种能够基于子对象进行编辑的建模方法，网格子对象包含顶点、边、面、多边形和元素 5 种。网格对象的参数设置面板共有 4 个卷展栏，分别是“选择”、“软选择”、“编辑几何体”和“曲面属性”卷展栏。如图 2-4-173 所示。

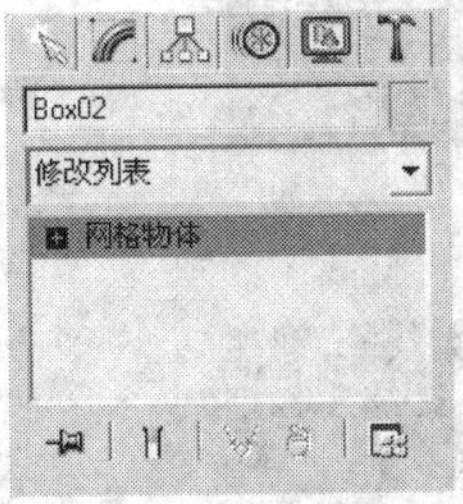

图 2-4-171

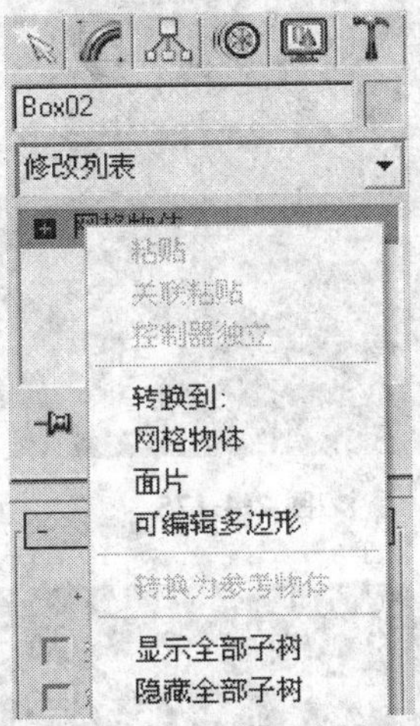

图 2-4-172

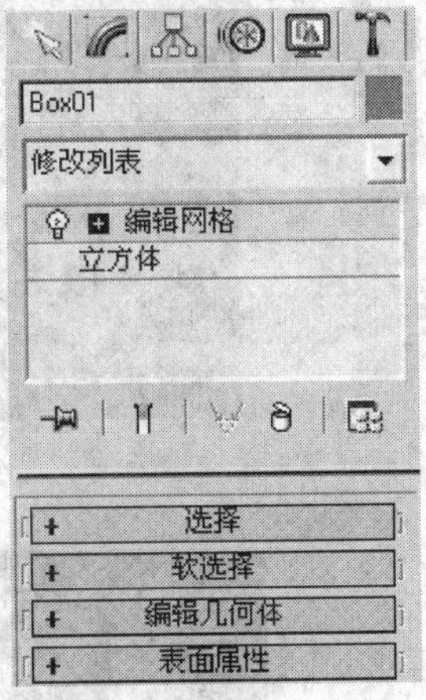

图 2-4-173

【案例八】

爨底下村局部建筑构建——水果刀制作

重要提示：利用网格建模认识 mesh 的次结构对象，会使用 edit mesh 修改模型。

制作方法：利用 edit mesh 修改模型，进行调节点 ∴（点），有以下几个步骤。

1. 刀身的建模

①在 Top（顶视图）上，选择 ●（立方体），建个几何体 Length（长度）0.12 m、Width（宽度）0.92 m、Height（高度）0.01，如图 2-4-174 所示。

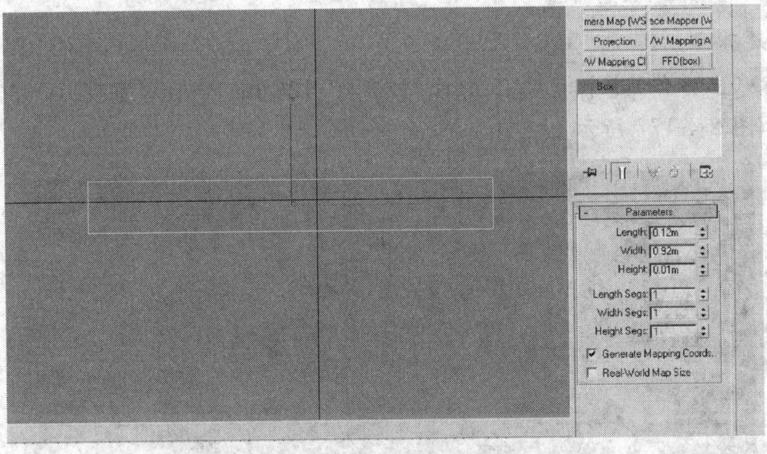

图 2-4-174

②然后选择边 ◁（边），用 Connect（连接），如图 2-4-175 所示。

③选择点 ∴（点），进行点的调节，如图 2-4-176 所示。

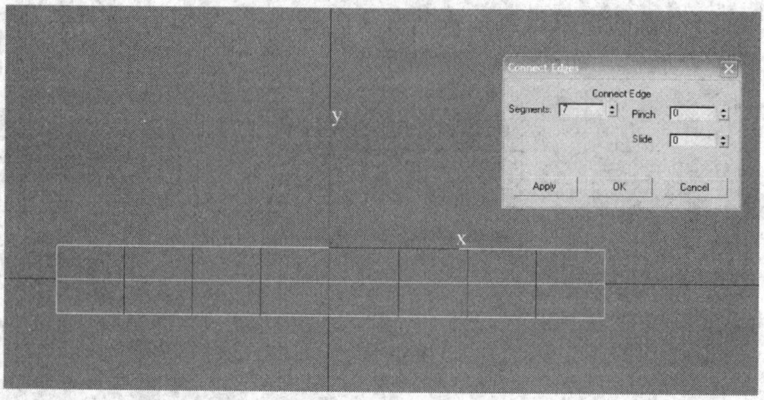

图 2-4-175

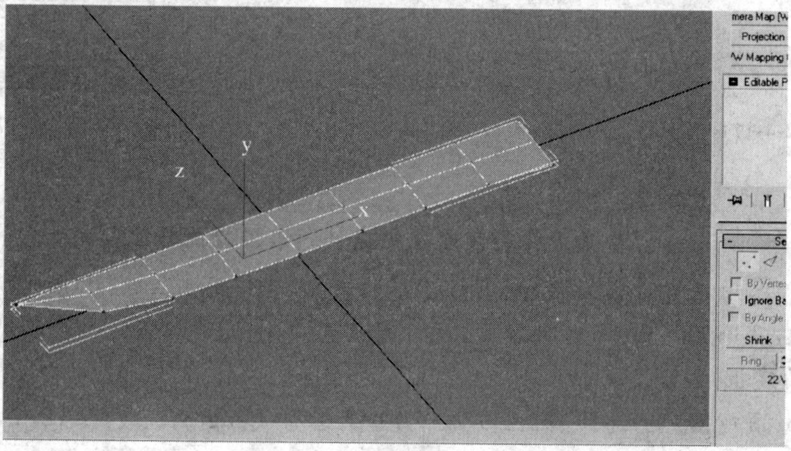

图 2-4-176

2. 刀柄的建模

①先选择(立方体)建个模型 Length(长度)0. 136 m、Width(宽度)0. 536 m、Height(高度)0. 026 m,如图 2-4-177 所示。

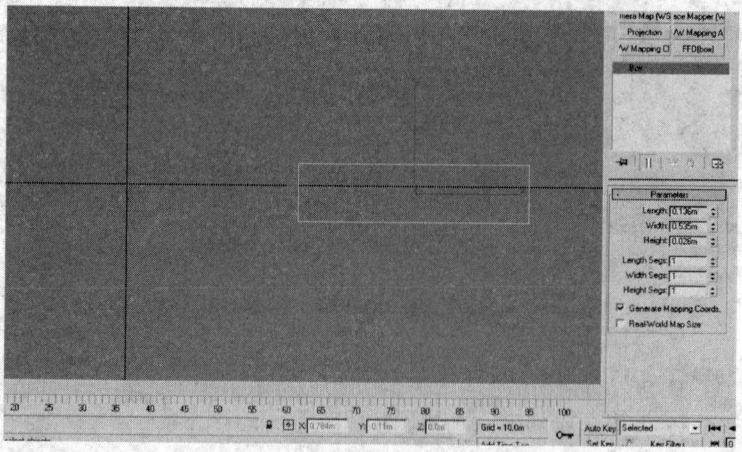

图 2-4-177

②然后选择边(边)，用 Connect(连接)，如图 2-4-178 所示。

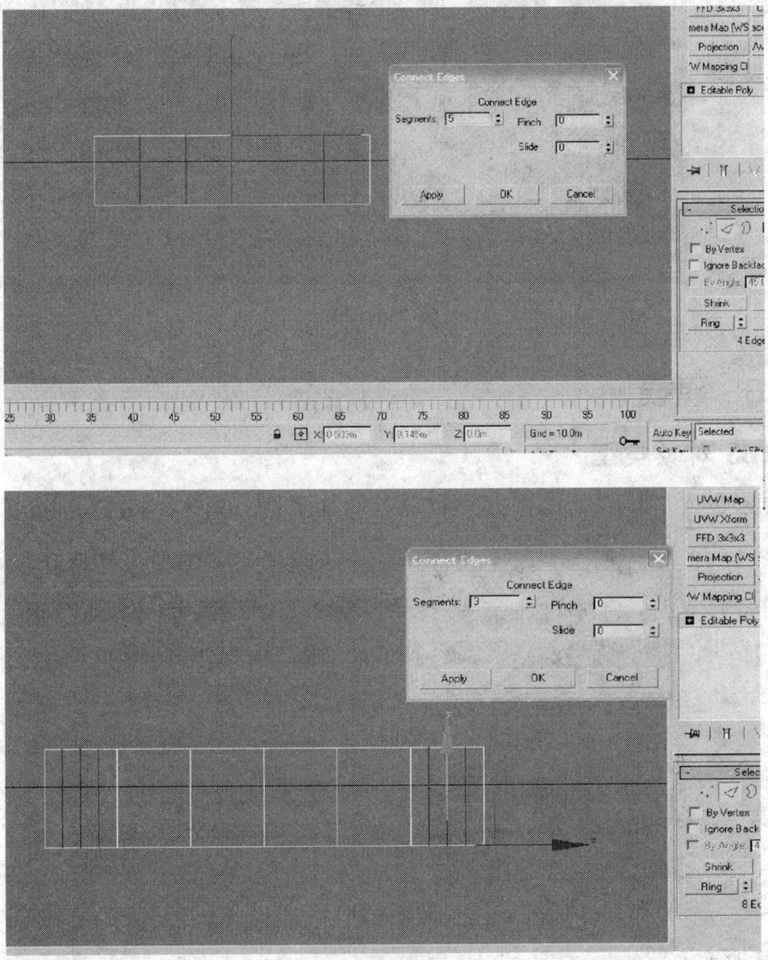

图 2-4-178

③选择点(点)，进行点的调节，如图 2-4-179 所示。

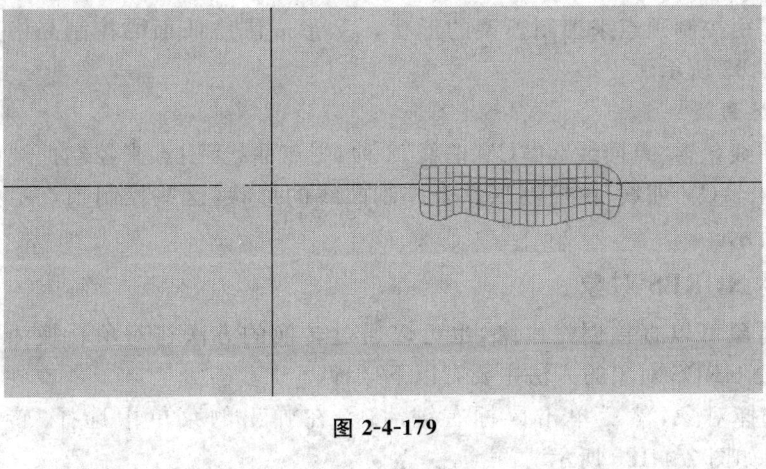

图 2-4-179

④perspective(透)视图，为场景赋予灯光和材质，然后渲染最终的效果如图 2-4-180 所示。

图 2-4-180

六、NURBS 建模

(一)NURBS 对象类型

NURBS 对象包含 NURBS 曲面和 NURBS 曲线 2 种,如图 2-4-181 所示。

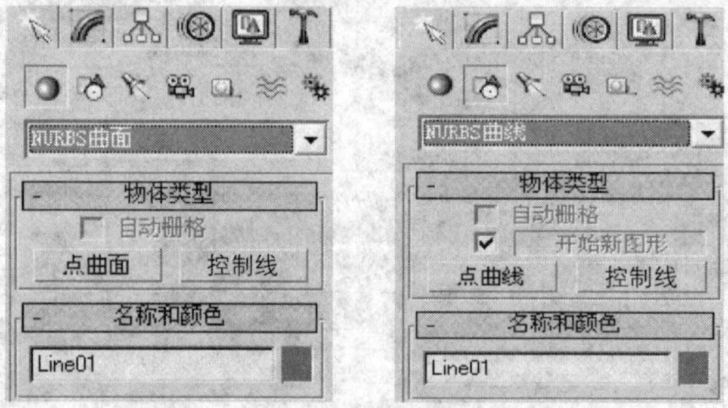

图 2-4-181

1. NURBS 曲面

NURBS 曲面包含"点曲面"和"CV 曲面"2 种。"点曲面"由点来控制曲面的形状,每个点始终位于曲面的表面上,如图 2-4-182 所示。

"CV 曲面"由控制顶点来控制模型的形状,CV 形成围绕曲面的控制晶格,而不是位于曲面上,如图 2-4-183 所示。

2. NURBS 曲线

NURBS 曲线包含"点曲线"和"CV 曲线"2 种。"点曲线"由点来控制曲线的形状,每个点始终位于曲线上,"CV 曲线"由控制顶点来控制曲线的形状,这些控制顶点不必位于曲线上,如图 2-4-184 所示。

(二)转换 NURBS 对象

NURBS 对象可以直接创建出来,也可以通过转换的方法将对象转换为 NURBS 对象。将对象转换为 NURBS 对象的方法主要有以下 3 种。

第一种:选择对象,然后单击鼠标右键,接着在弹出的菜单中选择"转换为>转换为 NURBS"命令,如图 2-4-185 所示。

第二种:选择对象,然后进入"修改"面板,接着在修改器堆栈中的对象上单击鼠标右键,最后在弹出的菜单中选择 NURBS 命令，如图 2-4-186 所示。

第三种：为对象加载“挤出”或“车削”修改器，然后设置“输出”为 NURBS，如图2-4-187所示。

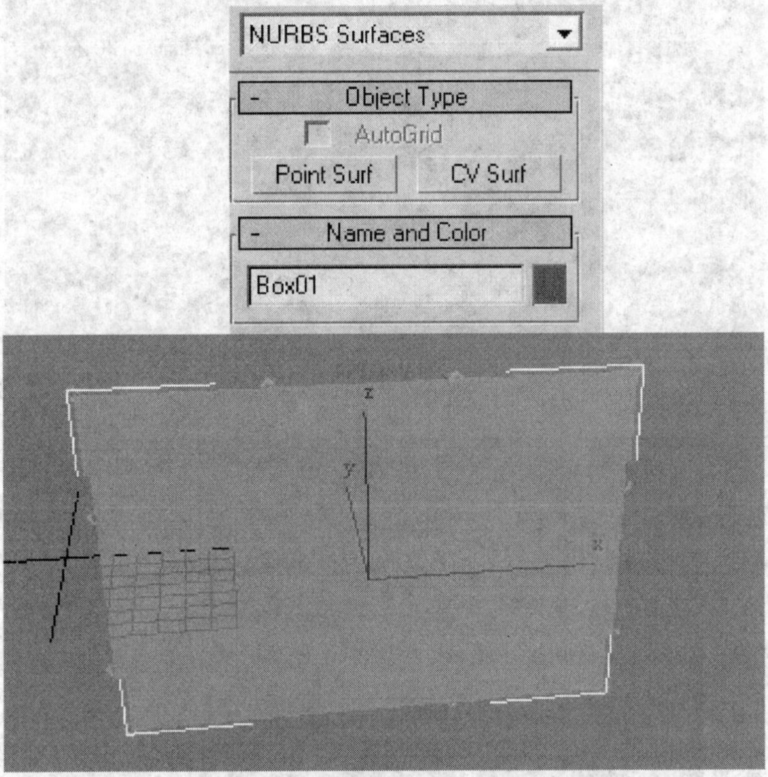

图 2-4-182

图 2-4-183

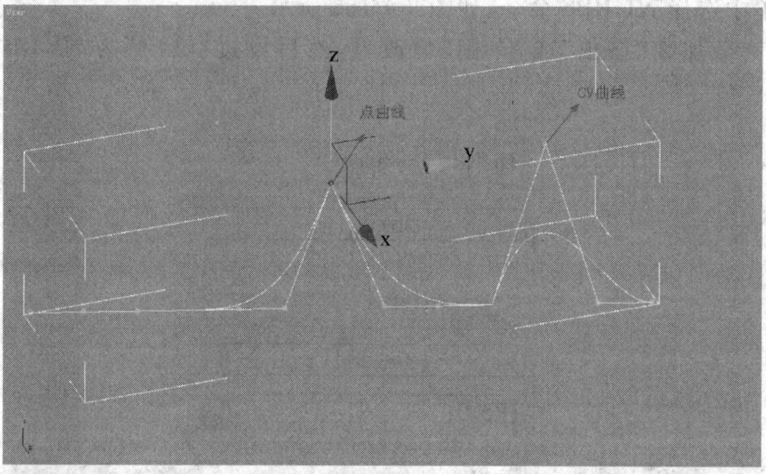

图 2-4-184

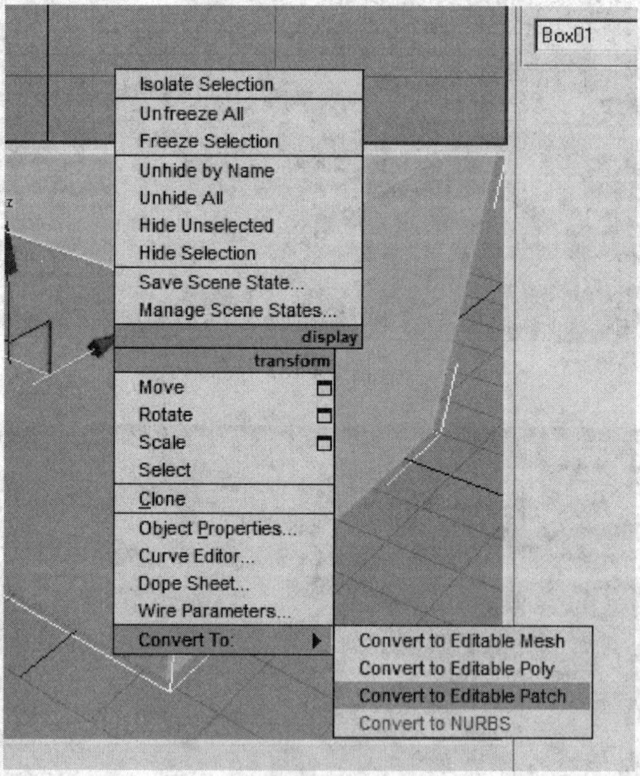

图 2-4-185

(三)编辑 NURBS 对象

在 NURBS 对象的参数设置面板中共有 7 个卷展栏,分别为“常规”、“显示线参数”、“曲面近似”、“曲线近似”、“创建点”、“创建曲线”和“创建曲面”卷展栏,如图 2-4-188 所示。

1. 常规

“常规”卷展栏下包含用于编辑 NURBS 对象的常用工具以及 NURBS 对象的显示方式,

另外还包含一个“NURBS 创建工具箱”按钮。如图 2-4-189 所示。

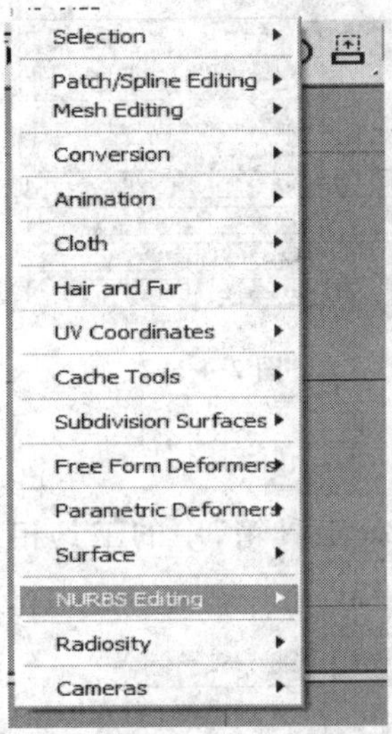

图 2-4-186

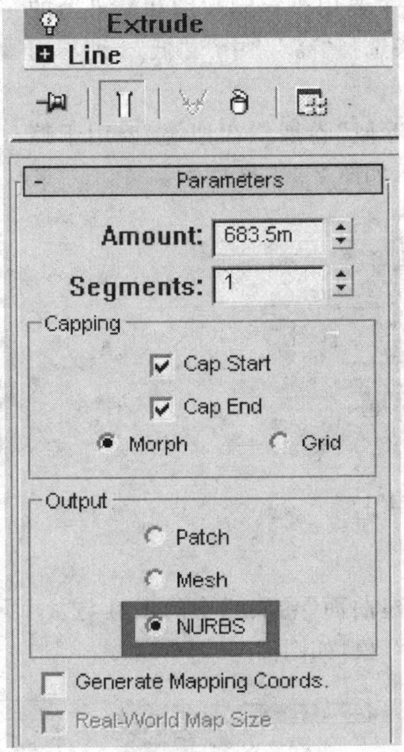

图 2-4-187

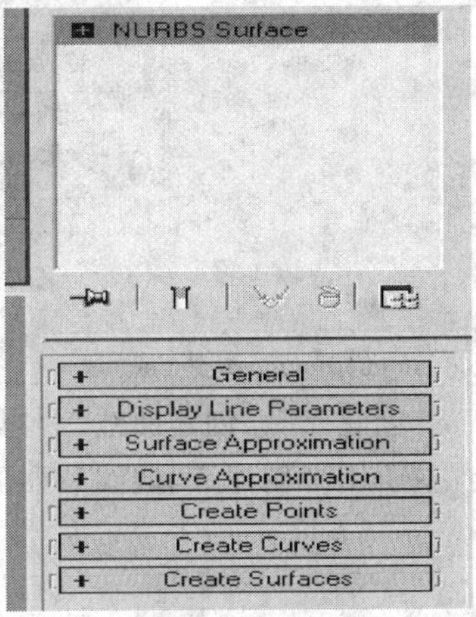

图 2-4-188

2. 显示线参数

“显示线参数”卷展栏下的参数主要用来指定显示 NURBS 曲面所用的“U 向线数”和“V 向线数”的数值。如图 2-4-190 所示。

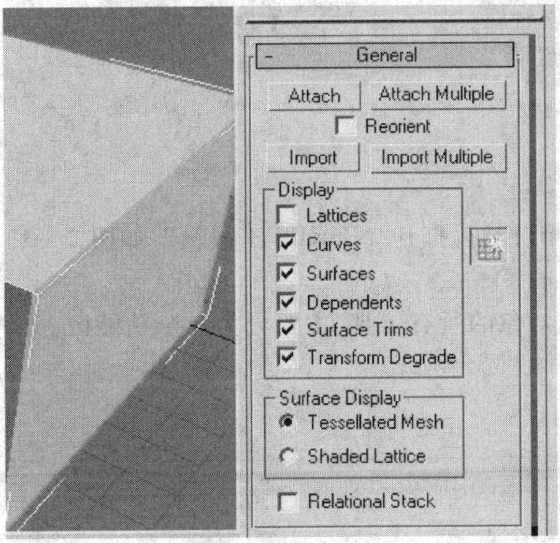

图 2-4-189

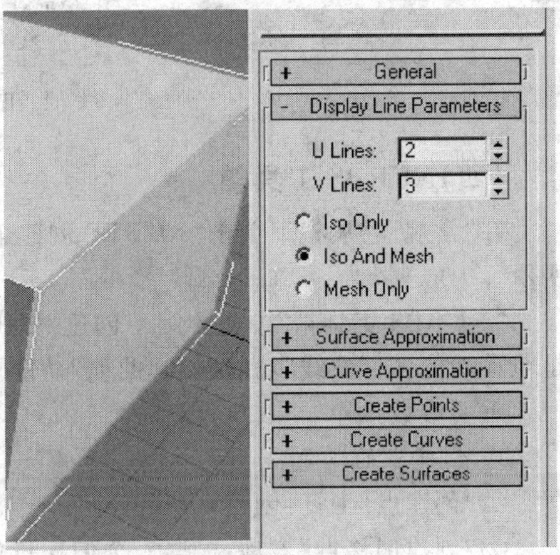

图 2-4-190

3. 曲面/曲线近似

“曲面近似”卷展栏下的参数主要用于控制视图和渲染器的曲面细分，可以根据不同的需要来选择“高”、“中”、“低”3 种不同的细分预设，如图 2-4-191 所示。

“曲线近似”卷展栏与“曲面近似”卷展栏相似，主要用于控制曲线的步数及曲线的细分级别，如图 2-4-192 所示。

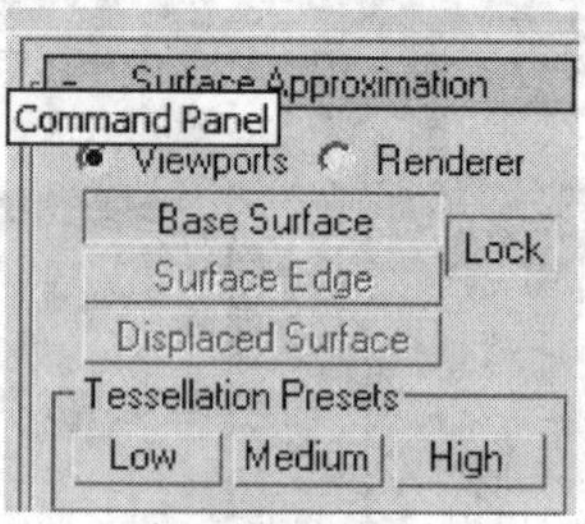

图 2-4-191

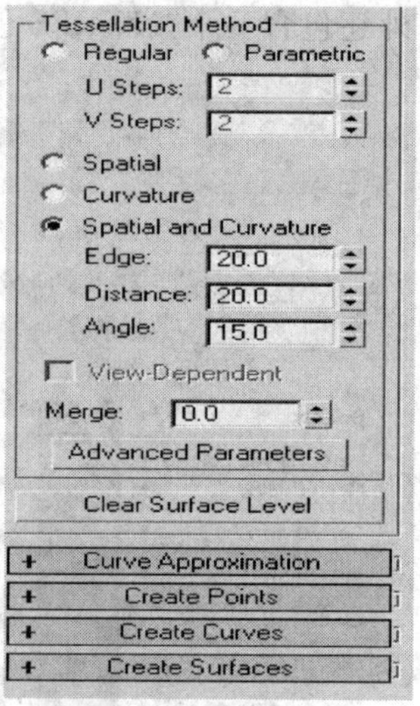

图 2-4-192

4. 创建点/曲线/曲面

“创建点”、“创建曲线”和“创建曲面”卷展栏中的工具与“NURBS 工具箱”中的工具相对应，主要用来创建点、曲线和曲面对象，如图 2-4-193 所示。

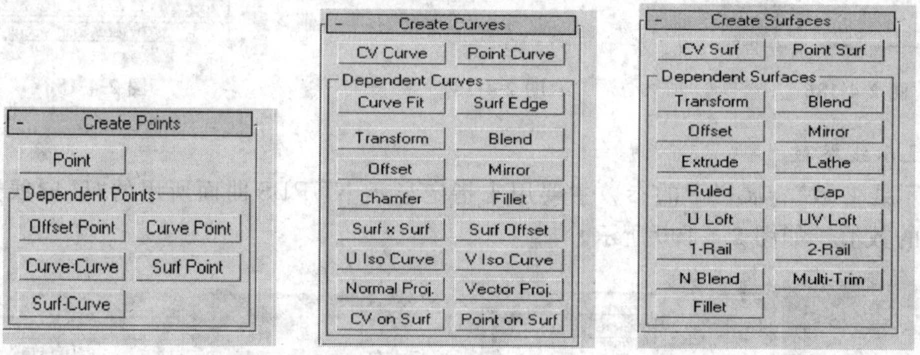

图 2-4-193

(四)NURBS 工具箱

在“常规”卷展栏下单击“NURBS 创建工具箱”按钮，打开“NURBS 工具箱”，如图 2-4-194 所示。

“NURBS 工具箱”中包含用于创建 NURBS 对象的所有工具，主要分为 3 个功能区，分别是“点”功能区、“曲线”功能区和“曲面”功能区。

重要参数：

1. 创建点的工具

①“创建点”工具：创建单独的点。

②“创建偏移点”工具：根据一个偏移量创建一个点。

③“创建曲线点”工具：创建从属曲线上的点。

④“创建曲线-曲线点”工具：创建一个从属于“曲线-曲线”的相交点。

⑤“创建曲面点”工具：创建从属于曲面上的点。

⑥“创建曲面-曲线点”工具：创建从属于“曲面-曲线”的相交点。

2. 创建曲线的工具

①“创建 CV 曲线”工具：创建一条独立的 CV 曲线子对象。

②“创建点曲线”工具：创建一条独立点曲线子对象。

③“创建拟合曲线”工具：创建一条从属的拟合曲线。

④“创建变换曲线”工具：创建一条从属的变换曲线。

⑤“创建混合曲线”工具：创建一条从属的混合曲线。

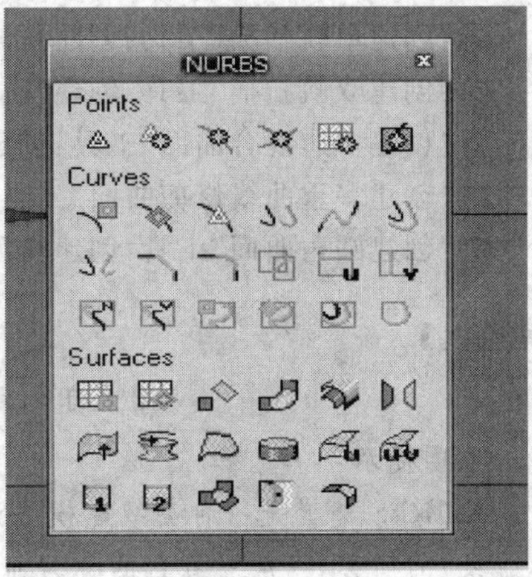

图 2-4-194

⑥“创建偏移曲线”工具：创建一条从属的偏移曲线。

⑦“创建镜像曲线”工具：创建一条从属的镜像曲线。

⑧“创建切角曲线”工具：创建一条从属的切角曲线。

⑨“创建圆角曲线”工具：创建一条从属的圆角曲线。

⑩“创建曲面-曲面相交曲线”工具：创建一条从属于“曲面-曲面”的相交曲线。

⑪“创建 U 向等参曲线”工具：创建一条从属的 U 向等参曲线。

⑫“创建 V 向等参曲线”工具：创建一条从属的 V 向等参曲线。

⑬“创建法向投影曲线”工具：创建一条从属于法线方向的投影曲线。

⑭“创建向量投影曲线”工具：创建一条从属于向量方向的投影曲线。

⑮“创建曲面上的 CV 曲线”工具：创建一条从属于曲面上的 CV 曲线。

⑯“创建曲面上的点曲线”工具：创建一条从属于曲面上的点曲线。

⑰“创建曲面偏移曲线”工具：创建一条从属于曲面上的偏移曲线。

⑱“创建曲面边曲线”工具：创建一条从属于曲面上的边曲线。

3. 创建曲面的工具

①“创建 CV 曲线”工具：创建独立的 CV 曲面子对象。

②“创建点曲面”工具：创建独立的点曲面子对象。

③“创建变换曲面”工具：创建从属的变换曲面。

④“创建混合曲面”工具：创建从属的混合曲面。

⑤“创建偏移曲面”工具：创建从属的偏移曲面。

⑥“创建镜像曲面”工具：创建从属的镜像曲面。

⑦“创建挤出曲面”工具：创建从属的挤出曲面。

⑧“创建车削曲面”工具：创建从属的车削曲面。

⑨“创建规则曲面”工具：创建从属的规则曲面。

⑩“创建封口曲面”工具：创建从属的封口曲面。

⑪“创建 U 向放样曲面”工具：创建从属的 U 向放样曲面。

⑫“创建 UV 放样曲面”工具:创建从属的 UV 放样曲面。

⑬“创建单轨扫描”工具:创建从属的单轨扫描曲面。

⑭“创建双轨扫描”工具:创建从属的双轨扫描曲面。

⑮“创建多边混合曲面”工具:创建从属的多边混合曲面。

⑯“创建多重曲线修剪曲面”工具:创建从属的多重曲线修剪曲面。

⑰“创建圆角曲面”工具:创建从属的圆角曲面。

【案例九】

爨底下村局部建筑构建——长靠枕制作

重要提示:

NURBS 建模是一种高级建模方法,是 Non-Uniform Rational B-Spline(非均匀有理 B 样条曲线)的简称,一般更直白的称为曲线建模,它适合于创建一些复杂的弯曲曲面。

制作方法:

①在几何创建栏里选择 NURBS 曲面,在前视图中随意创建一个曲面,然后在“创建参数”卷展栏下设置“长度”为 50 cm、“宽度”170 cm,“长宽度控制”为 4,按回车确定。如图 2-4-195 所示。

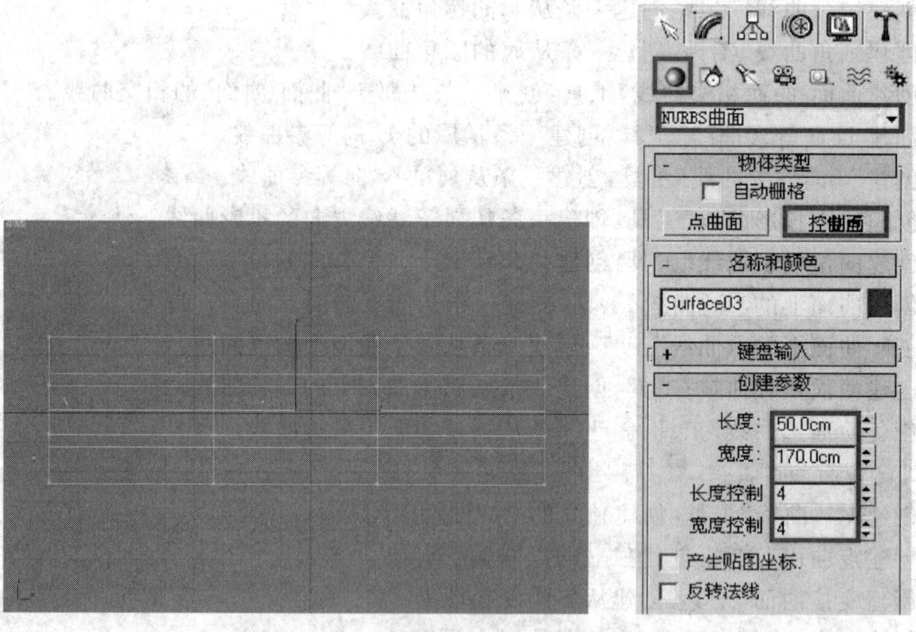

图 2-4-195

②进入“修改”面板,选择曲面的“图曲面 CV”次物体层级,然后使用“选择并均匀缩放”工具在前视图中调整出如图 2-4-196 的效果。

③接着使用“选择并移动”工具在左视图中将 4 个 CV 点向右拖拽如图 2-4-197 所示。

④为模型加载一个“对称”修改器,然后在“参数”卷展栏下设置“镜像轴”为 z 轴,关闭“沿镜像轴切片”选项,最后设置“阈值”为 2.5 cm,就完成了。如图 2-4-198 所示。

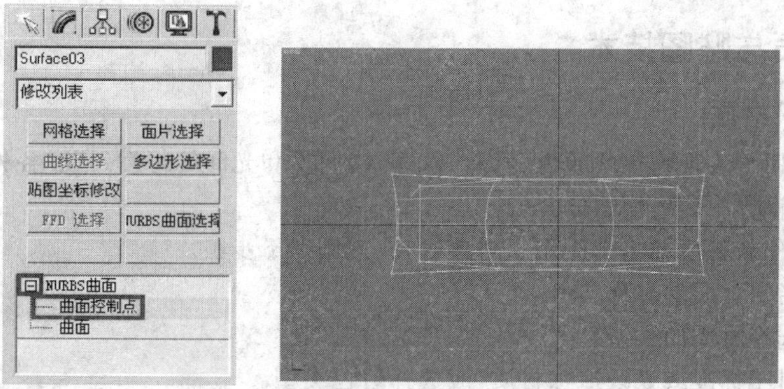

图 2-4-196

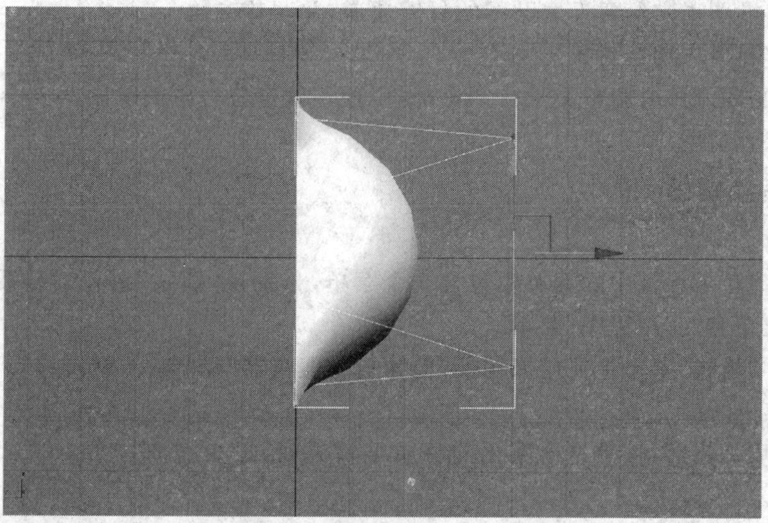

图 2-4-197

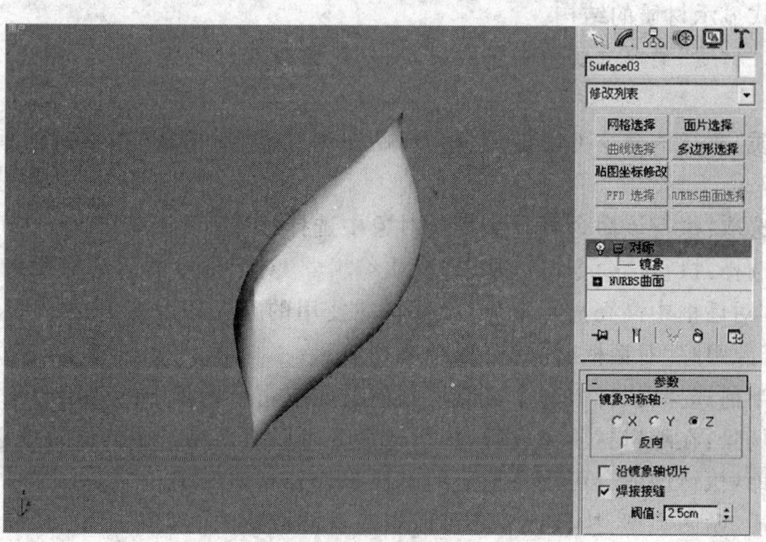

图 2-4-198

七、材质与贴图技术

(一)初识材质

材质主要用于表现物体的颜色、质地、纹理、透明度和光泽等特性,依靠各种类型的材质可以制作出现实世界中的任何物体。

通常在制作新材质并将其应用于对象时,应遵循以下步骤。

第一步:指定材质的名称。

第二步:选择材质的类型。

第三步:对于标准或光线追踪材质,应选择着色类型。

第四步:设置漫反射颜色、光泽度和不透明度等各种参数。

第五步:将贴图指定给要设置贴图的材质通道,并调整参数。

第六步:将材质应用于对象。

第七步:如有必要,应调整 UV 贴图坐标,以便正确定位对象的贴图。

第八步:保存材质。

(二)材质编辑器

1. 菜单栏

"材质编辑器"对话框中的菜单栏包含 5 个菜单,分别是"模式"菜单、"材质"菜单、"导航"菜单、"选项"菜单和"实用程序"菜单。

(1)模式　"模式"菜单主要用来切换"精简材质编辑器"和"Slate 材质编辑器"。

重要参数:

①精简材质编辑器:这是一个简化的材质编辑界面,也是在 3D Max 2011 版本之前唯一的材质编辑器。

②Slate 材质编辑器:这是一个完整的材质编辑器界面,在设计和编辑材质时使用节点和关联以图形方式显示材质的结构。

(2)材质　"材质"菜单主要用来获取材质、从对象选取材质等,如图 2-4-199 所示。

重要参数:

①获取材质:执行该命令可以打开"材质/贴图浏览器"对话框,在该对话框中可以选择材质或贴图。

②从对象选取:执行该命令可以从场景对象中选择材质。

③按材质选择:执行该命令可以基于"材质编辑器"对话框中的活动材质来选择对象。

④在 ATS 对话框中高亮显示资源:如果材质使用的是已跟踪资源的贴图,那么执行该命令可以打开"资源跟踪"对话框,同时资源会高亮显示。

⑤指定给当前选择:执行该命令可以将当前材质应用于场景中的选定对象。

⑥放置到场景:在编辑材质完成后,执行该命令可以更新场景中的材质效果。

⑦放置到库:执行该命令可以将选定的材质添加到材质库中。

⑧更改材质/贴图类型:执行该命令可以更改材质或贴图的类型。

⑨生成材质副本:通过复制自身的材质,生成一个材质副本。

⑩启动放大窗口:将材质示例窗口放大,并在一个单独的窗口中进行显示。

⑪另存为 FX 文件：将材质另存为 FX 文件。

⑫生成预览：使用动画贴图为场景添加运动，并生成预览。

⑬查看预览：使用动画贴图为场景添加运动，并查看预览。

⑭保存预览：使用动画贴图为场景添加运动，并保存预览。

⑮显示最终结果：查看所在级别的材质。

⑯视口中的材质显示为：选择在视图中显示材质的方式，共有“没有贴图的明暗处理材质”、“有贴图的明暗处理材质”、“没有贴图的真实材质”和“有贴图的真实材质”4 种方式。

⑰重置示例窗旋转：使活动的示例窗对象恢复到默认方向。

⑱更新活动材质：更新示例窗中的活动材质。

(3)导航 “导航”菜单主要用来切换材质或贴图的层级，如图 2-4-200 所示。

重要参数：

①转到父对象向上键：在当前材质中向上移动一个层级。

②前进到同级向右键：移动到当前材质中的相同层级的下一个贴图或材质。

③后退到同级向左键：与前进到同级向右键命令类似，只是导航到前一个同级贴图，而不是导航到最后一个同级贴图。

图 2-4-199

(4)选项 “选项”菜单主要用来更换材质球的显示背景，如图 2-4-201 所示。

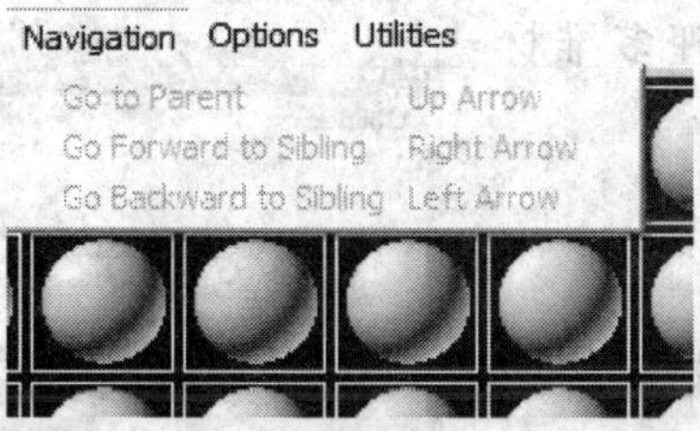

图 2-4-200

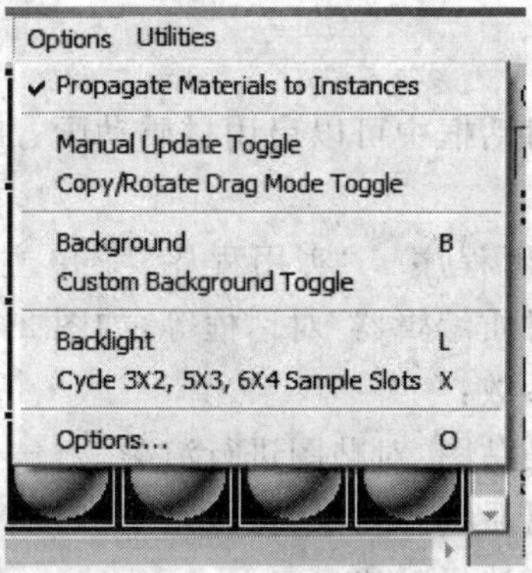

图 2-4-201

重要参数：

①将材质传播到实例：将指定的任何材质传播到场景中对象的所有实例。

②手动更新切换：使用手动的方式进行更新切换。

③复制/旋转拖动模式切换：切换复制/旋转拖动的模式。

④背景：将多颜色的方格背景添加到活动示例窗中。

⑤循环 3×2、4×3、6×4 示例窗：用来切换材质球的显示方式。

⑥选项：打开“材质编辑器选项”对话框，如图 2-4-202 所示。

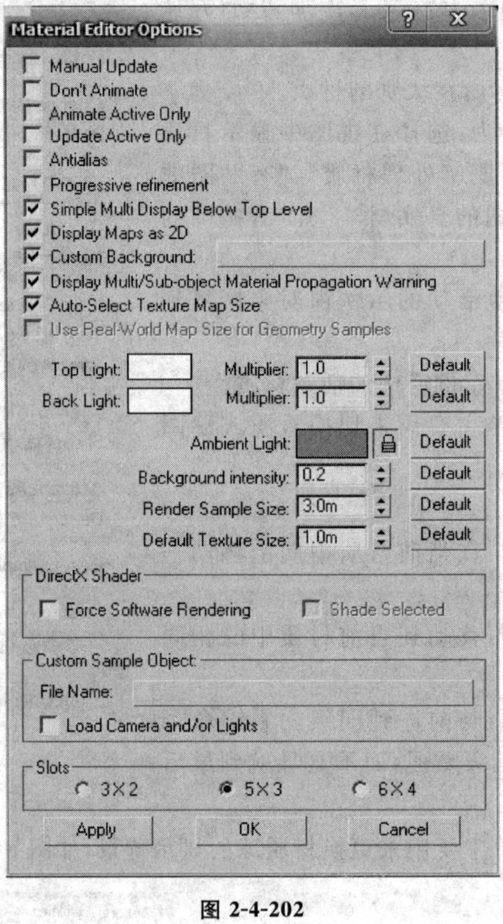

图 2-4-202

在该对话框中可以启用材质动画、加载自定义背景、定义灯光亮度或颜色，以及设置示例窗数目等。

(5)实用程序　“实用程序”菜单主要用来清理多维材质、重置“材质编辑器”对话框等，如图 2-4-203 所示。

图 2-4-203

重要参数：

①渲染贴图：对贴图进行渲染。

②按材质选择对象：可以基于“材质编辑器”对话框中的活动材质来选择对象。

③清理多维材质：对“多维/子对象”材质进行分析，然后在场景中显示所有包含未分配任何材质 ID 的材质。

④实例化重复的贴图：在整个场景中查找具有重复位图

贴图的材质，并提供它们实例化的选项。

⑤重置材质编辑器窗口：用默认的材质类型替换“材质编辑器”对话框中的所有材质。

⑥精简材质编辑器窗口：将“材质编辑器”对话框中所有未使用的材质设置为默认类型。

⑦还原材质编辑器窗口：利用缓冲区的内容还原编辑器的状态。

2. 材质球示例窗

材质球示例窗主要用来显示材质效果，通过它可以很直观地观察出材质的基本属性，如反光、纹理和凹凸等，如图 2-4-204 所示。

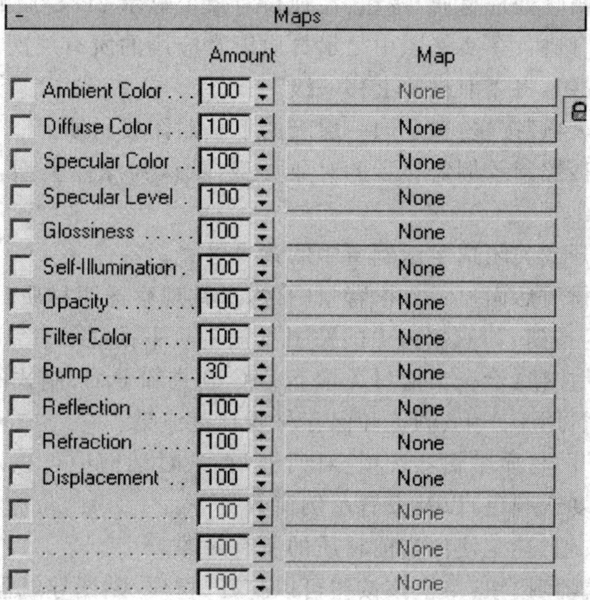

图 2-4-204

双击材质球会弹出一个独立的材质球显示窗口，可以将该窗口进行放大或缩小来观察当前设置的材质效果，如图 2-4-205 所示。

3. 工具栏

下面讲解“材质编辑器”对话框中的两个工具栏，如图 2-4-206 所示。

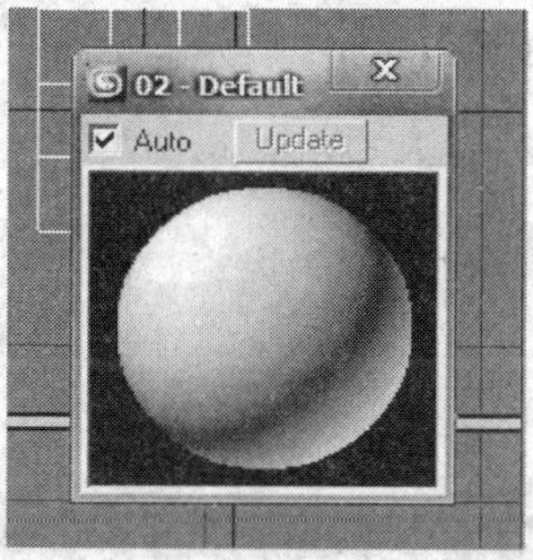

图 2-4-205

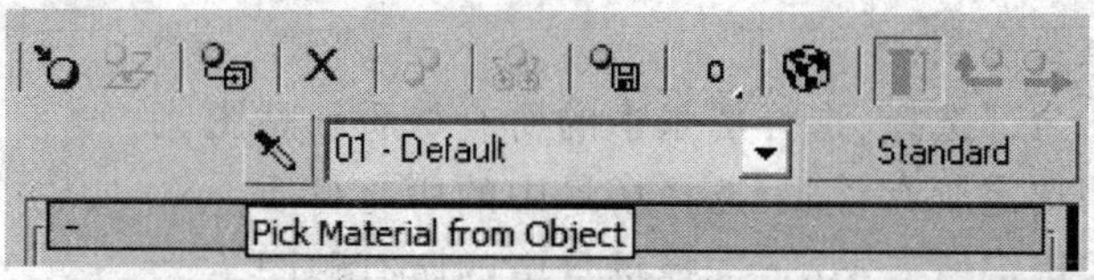

图 2-4-206

重要参数：

①“获取材质”按钮：为选定的材质打开材质/贴图浏览器对话框。

②“将材质放入场景”按钮:在编辑好材质后,单击该按钮可以更新已应用于对象的材质。

③“将材质指定给选定对象”按钮:将材质指定给选定的对象。

④“重置贴图/材质为默认设置”按钮:删除修改的所有属性,将材质属性恢复到默认值。

⑤“生成材质副本”按钮:在选定的示例图中创建当前材质的副本。

⑥“使唯一”按钮:将实例化的材质设置为独立的材质。

⑦“放入库”按钮:重新命名材质并将其保存到当前打开的库中。

⑧“材质 ID 通道”按钮:为应用后期制作效果设置唯一的 ID 通道。

⑨“在视口中显示明暗处理材质”按钮:在视口对象上显示 2D 材质贴图。

⑩“显示最终结果”按钮:在实例图中显示材质以及应用的所有层次。

⑪“转到父对象”按钮:将当前材质上移一级。

⑫“转到下一个同级项”按钮:选定同一层级的下一贴图或材质。

⑬“采样类型”按钮:控制示例窗显示的对象类型,默认为球体类型,还有圆柱体或立方体类型。

⑭“背光”按钮:打开或关闭选定示例窗中的背景灯光。

⑮“背景”按钮:在材质后面显示方格背景图像,这在观察透明材质时非常有用。

⑯“采样 UV 平铺”按钮:为示例窗中的贴图设置 UV 平铺显示。

⑰“视频颜色检查”按钮:检查当前材质中 NTSC 制式和 PAL 制式的不支持颜色。

⑱“生成预览”按钮:用于产生、浏览和保存材质预览渲染。

⑲“选项”按钮:打开“材质编辑器选项”对话框,在该对话框中可以启用材质动画、加载自定义背景、定义灯光亮度或颜色,以及设置示例窗数目等。

⑳“按材质选择”按钮:选定使用当前材质的所有对象。

㉑“材质/贴图导航器”按钮:单击该按钮可以打开“材质/贴图导航器”对话框,在该对话框会显示当前材质的所有层级。

4. 参数控制区

参数控制区用于调节材质的参数,基本上所有的材质参数都在这里调节。注意:不同的材质拥有不同的参数控制区,在下面的内容中将对各种重要材质的参数控制区进行详细讲解。

(三)材质管理器

1. 场景面板

“场景”面板分为菜单栏、工具栏、显示按钮和列四大部分,如图 2-4-207 所示。

(1)菜单栏

展开“选择”菜单。

重要参数:

①全部选择:选择场景中的所有材质和贴图。

②选定所有材质:选择场景中的所有材质。

③选定所有贴图:选择场景中的所有贴图。

④全部不选:取消选择的所有材质和贴图。

⑤反选:颠倒当前选择,即取消当前选择的所有对象,而选择前面未选择的对象。

⑥选择子对象:该命令只起到切换的作用。

⑦查找区分大小写:通过搜索字符串的大小写来查处对象。

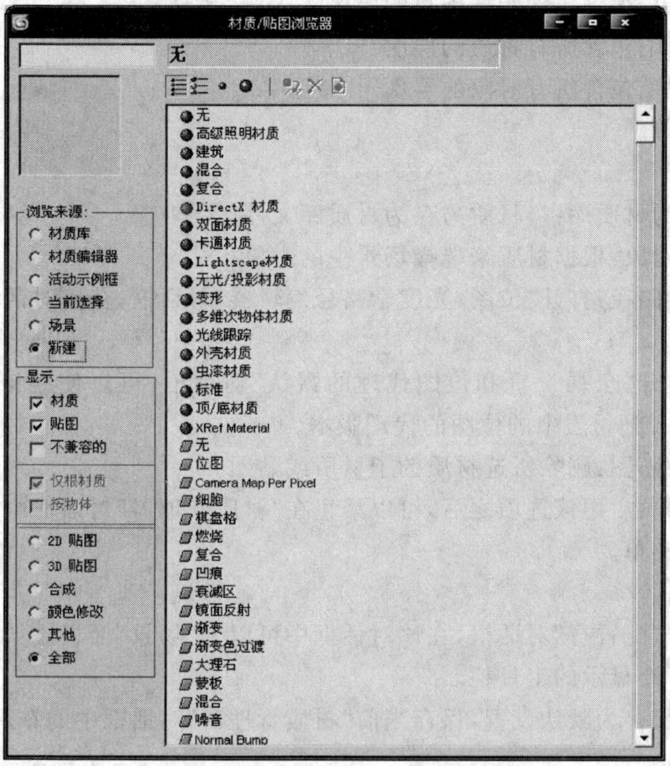

图 2-4-207

⑧使用通配符查找:通过搜索字符串中的字符来查找对象。

⑨使用正则表达式查找:通过搜索正则表达式的方式来查找对象。

展开“显示”菜单。

重要参数:

①显示缩略图:启用该选项之后,“场景”面板中将显示出每个材质和贴图的缩略图。

②显示材质:启用该选项之后,“场景”面板中将显示出每个对象的材质。

③显示贴图:启用该选项之后,每个材质的层次下面都包括该材质所使用到的所有贴图。

④显示对象:启用该选项之后,每个材质的层次下面都会显示出该材质所应用到的对象。

⑤显示子材质/贴图:启用该选项之后,每个材质的层次下面都会显示用于材质通道的子材质和贴图。

⑥显示未使用的贴图通道:启用该选项之后,每个材质的层次下面还会显示出未使用的贴图通道。

⑦按材质排序:启用该选项后,层次将按材质名称进行排序。

⑧按对象排序:启用该选项后,层次将按对象进行排序。

⑨展开全部:展开层次以显示出所有的条目。

⑩展开选定对象:展开包含所选条目层次。

⑪展开对象:展开包含所有对象的层次。

⑫塌陷全部:塌陷整个层次。

⑬塌陷选定对象:塌陷包含所选条目的层次。

⑭塌陷材质:塌陷包含所有材质的层次。

⑮塌陷对象:塌陷包含所有对象的层次。

展开“工具”菜单。

重要参数:

①将材质另存为材质库:将材质另存为材质库文件。

②按材质选择对象:根据材质来选择场景中的对象。

③位图/光度学路径:打开“位图/光度学路径编辑器”对话框,在该对话框中可以管理场景对象的位图的路径。

④代理设置:打开“全局设置和位图代理的默认”对话框,可以使用该对话框来管理 3D Max 如何创建和并入到材质中的位图的代理版本。

⑤删除子材质/贴图:删除所选材质的子材质或贴图。

⑥锁定单元编辑:启用该选项之后,可以禁止在“材质管理器”对话框中编辑单元。

展开“自定义”菜单。

重要参数:

①配置行:打开“配置行”对话框,在该对话框中可以为“场景”面板添加队列。

②工具栏:选择要显示的工具栏。

③将当前布局保存为默认设置:保存当前“材质管理器”对话框中的布局方式,并将其设置为默认设置。

(2)工具栏　工具栏中主要是一些对材质进行基本操作的工具。

重要参数:

①“查找”工具:输入文本来查找对象。

②“选择所有材质”工具:选择场景中的所有材质。

③“选择所有贴图”按钮:选择场景中的所有贴图。

④“全部选择”按钮:选择场景中的所有材质和贴图。

⑤“全部反选”按钮:取消选择场景中的所有材质和贴图。

⑥“反选”按钮:颠倒当前选择。

⑦“锁定单元编辑”按钮:激活该按钮以后,可以禁止在材质管理器对话框中编辑单元。

⑧“同步到材质管理器”按钮:激活该按钮以后,材质面板中的所有材质操作将与场景面板保持同步。

⑨“同步到材质级别”按钮:激活该按钮以后,材质面板中的所有子材质操作将与场景面板保持同步。

(3)显示按钮　显示按钮主要用来控制材质和贴图的“显示”方式,与显示菜单相对应。

重要参数:

①“显示缩略图”按钮:激活该按钮后,场景面板中将显示出每个材质和贴图的缩略图。

②“显示材质”按钮:激活该按钮后,场景面板中将显示出每个对象的材质。

③“显示贴图”按钮:激活该按钮后,每个材质的层次下面都包括该材质所使用到的所有贴图。

④“显示对象”按钮:激活该按钮后,每个材质的层次下面都会显示出该材质所应用到的

对象。

⑤“显示子材质/贴图”按钮：激活该按钮后，每个材质的层次下面都会显示用于材质通道的子材质和贴图。

⑥“显示未使用的贴图通道”按钮：激活该按钮后，每个材质的层次下面还会显示出未使用的贴图通道。

⑦“按对象排序/按材质排序”按钮：让层次以对象或材质的方式来进行排序。

(4)材质列表　材质列表主要用来显示场景材质的名称、类型、在视口中的显示方式以及材质的 ID 号，如图 2-4-208 所示。

重要参数：

①名称：显示材质、对象、贴图和子材质的名称。

②类型：显示材质、贴图或子材质的类型。

③在视口中显示：注明材质和贴图在视口中的显示方式。

④材质 ID：显示材质的 ID 号。

2. 材质面板

“材质”面板分为菜单栏和列两大部分。

(四)常用材质

标准材质　标准材质是 3D Max 默认的材质，也是使用频率最高的材质之一，它几乎可以模拟真实世界中的任何材质，其参数设置面板如图 2-4-209 所示。

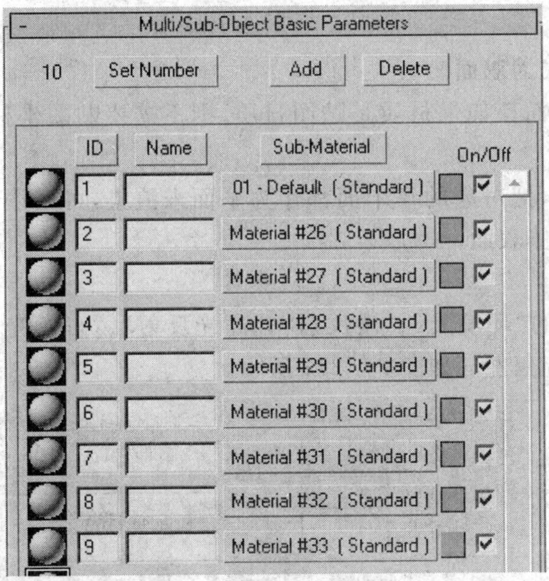

图 2-4-208

图 2-4-209

1. 明暗器基本参数

在“明暗器基本参数”卷展栏下可以选择明暗器类型，还可以设置“线框”、“双面”、“面贴图”和“面状”等参数，如图2-4-210所示。

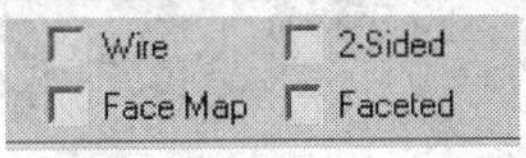

图 2-4-210

重要参数：

（1）明暗器列表　在该列表中包含了 8 种明暗器类型，如图 2-4-211所示。

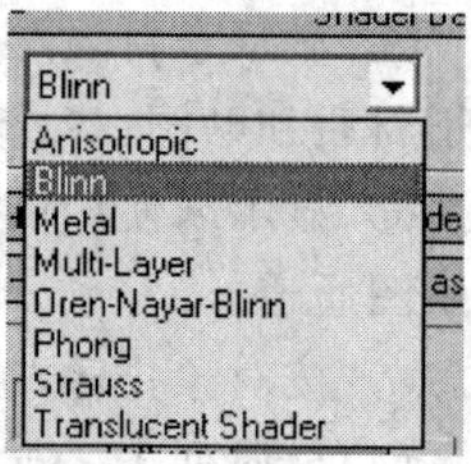

图 2-4-211

①各向异性：这种明暗器通过调节 2 个垂直于正向上可见高光尺寸之间的差值来提供了一种重折光的高光效果，这种渲染属性可以很好地表现毛发、玻璃和被擦拭过的金属等物体。

②Blinn：这种明暗器是以光滑的方式来渲染物体表面，是最常用的一种明暗器。

③金属：这种明暗器适用于金属表面，它能提供金属所需的强烈反光。

④多层："多层"明暗器与"各向异性"明暗器很相似，但"多层"明暗器可以控制 2 个高亮区，因此"多层"明暗器拥有对材质更多的控制，第一高光反射层和第二高光反射层具有相同的参数控制，可以对这些参数使用不同的设置。

⑤Oren-Nayar-Blinn：这种明暗器适用于无光表面，与 Blinn 明暗器几乎相同，通过它附加的"漫反射色级别"和"粗糙度"2 个参数可以实现无光效果。

⑥Phong：这种明暗器可以平滑面与面之间的边缘，也可以真实地渲染有光泽和规则曲面的高光，适用于高强度的表面和具有圆形高光的表面。

⑦Strauss：这种明暗器适用于金属和非金属表面，与"金属"明暗器十分相似。

⑧半透明明暗器：这种明暗器与 Blinn 明暗器类似，它们之间的最大的区别在于该明暗器可以设置半透明效果，使光线能够穿透半透明物体，并且在穿过物体内部时离散。

（2）线框　以线框模式渲染材质，用户可以在"扩展参数"卷展栏下设置线框的"大小"参数，如图 2-4-212 所示。

（3）双面　将材质应用到选定面，使材质成为双面。

（4）面贴图　将材质应用到几何体的各个面。如果材质是贴图材质，则不需要贴图坐标，因为贴图会自动应用到对象的每一个面。

（5）面状　使对象产生不光滑的明暗效果，把对象的每个面都作为平面来渲染，可以用于制作加工过的钻石、宝石和任何带有硬边的物体表面。

2. Blinn 基本参数

展开 Blinn 卷展栏，在这里可以设置材质的"环境光"、"漫反射"、"高光反射"、"自发光"、"不透明度"、"高光级别"、"光泽度"和"柔化"等属性。如图 2-4-213 所示。

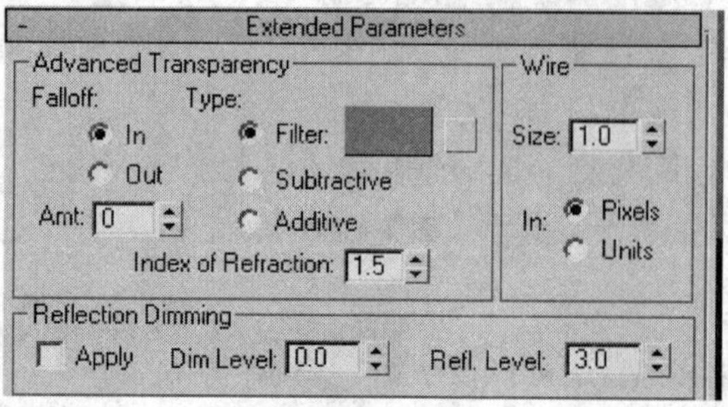

图 2-4-212

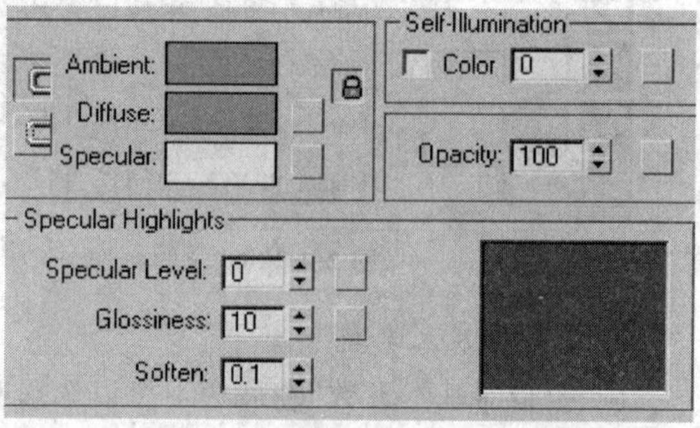

图 2-4-213

重要参数：

(1)环境光　用于模拟间接光，也可以用来模拟光能传递。

(2)漫反射　“漫反射”是在光照条件较好的情况下物体反射出来的颜色，又被称作物体的“固有色”，也就是物体本身的颜色。

(3)高光反射　物体发光表面高亮显示部分的颜色。

(4)自发光　使用“漫反射”颜色替换曲面上的任何阴影，从而创建出白炽效果。

(5)不透明度　控制材质的不透明度。

(6)高光级别　控制“反射高光”的强度。数值越大，反射强度越强。

(7)光泽度　控制镜面高亮区域的大小，即反光区域的大小。数值越大，反光区域越小。

(8)柔化　设置反光区和无反光区衔接的柔和度。0 表示没有柔化效果，1 表示应用最大化的柔化效果。

【案例十】

爨底下村局部建筑构建——花卉制作

重要提示：

先用标准几何体建出“菊花”的模型，利用材质与贴图技术对模型进行渲染，以及利用（材质编辑器），最终效果如图 2-4-214 所示。

图 2-4-214

制作方法：

①在（创建）面板的（几何体）子面板中点击标准基本体下的 Box（长方体）按钮，然后再 Front（前）视图中创建并设置 Length（长度）为 0.1 m、Width（宽度）为 0.05 m、Height（高度）为 0.005 m，如图 2-4-215 所示。

②继续选择模型，进入（点）模式下调节点，如图 2-4-216 所示。

③选择花瓣模型进行旋转复制，并在中心创建一个圆柱体的花蕊，如图 2-4-217 所示。

④在侧视图中，创建圆柱体作为花的茎，调整到合适的位置合适的大小，进入点模式调点到如图 2-4-218 所示效果。

⑤打开材质编辑器，把贴图指定到材质球上，然后指定到模型上，如图 2-4-219 所示。

⑥选择模型，单击 Unwrap UVW，进一步调整贴图，最后如图 2-4-220 所示。

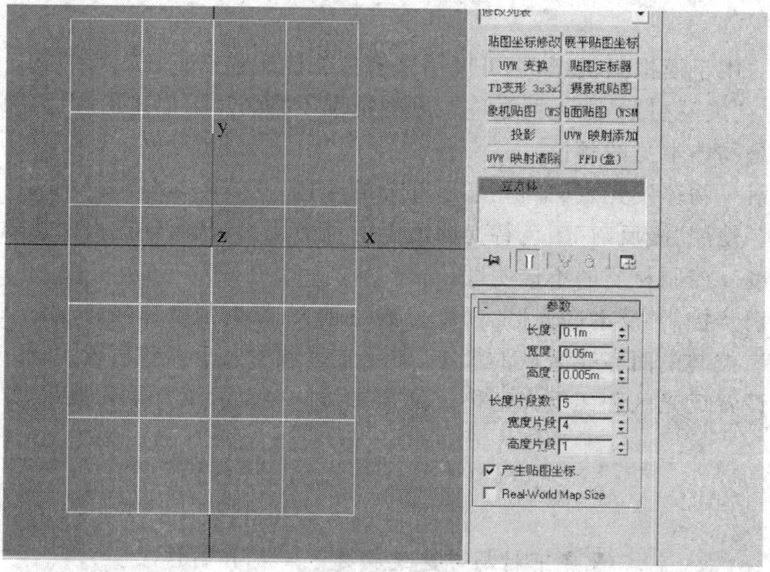

图 2-4-215

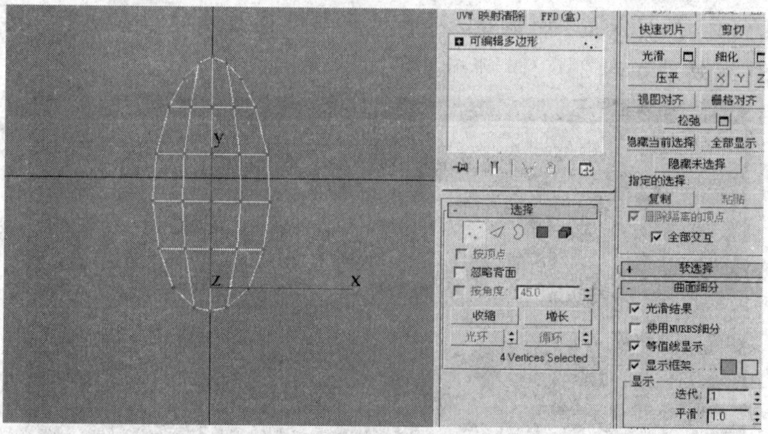

图 2-4-216

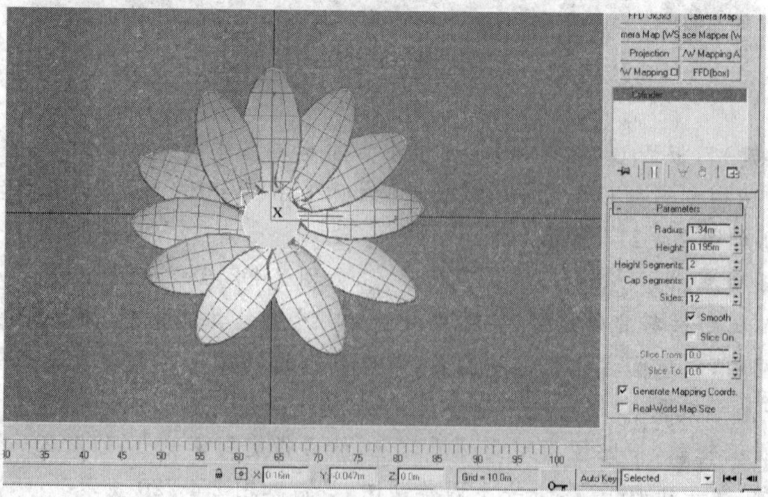

图 2-4-217

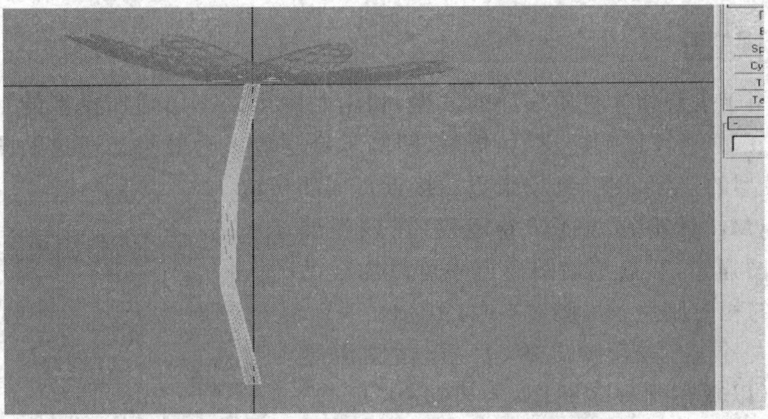

图 2-4-218

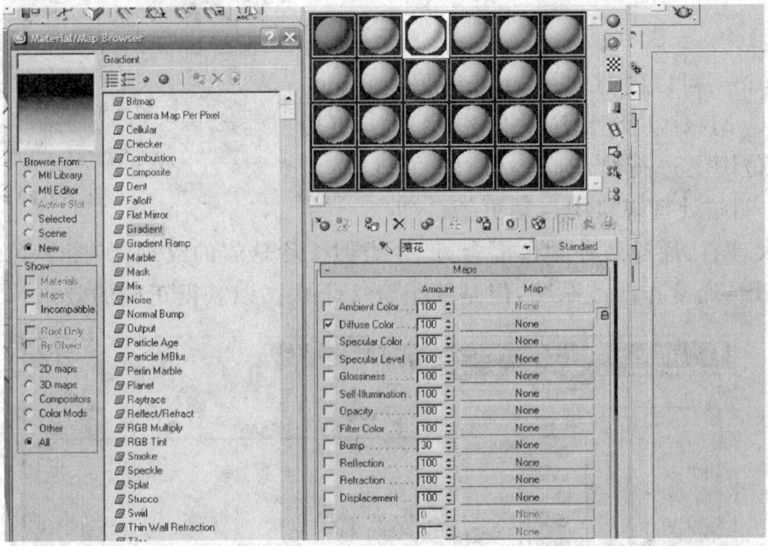

图 2-4-219

图 2-4-220

八、常用贴图

贴图主要用于表现物体材质表面的纹理，利用贴图可以不用增加模型的复杂程度就可以表现对象的细节，并且可以创建反射、折射、凹凸和镂空等多种效果。通过贴图可以增强模型的质感，完善模型的造型，使三维场景更加接近真实的环境。

展开 VRayMtl 材质的“贴图”卷展栏，在该卷展栏下有很多贴图通道，在这些贴图通道中可以加载贴图来表现物体的相应属性。如图 2-4-221 所示。

随意单击一个通道，在弹出的“材质、贴图浏览器”对话框中可以观察到很多贴图，主要包括“标准”贴图和 VRay 的贴图，如图 2-4-222 和图 2-4-223 所示。

重要参数：

①combustion：可以同时使用 autodesk Combustion 软件和 3D Max 以交互方式创建贴图。使用 combustion 在位图上进行绘制时，材质将在“材质编辑器”对话框和明暗处理视口中自动更新。

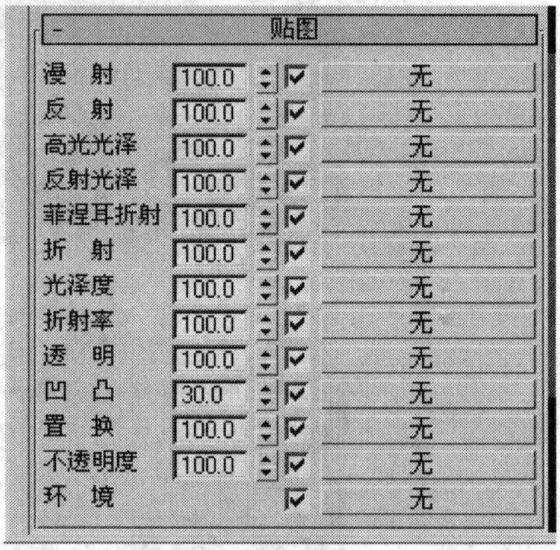

图 2-4-221

②perlin 大理石：通过 2 种颜色混合，产生类似于珍珠岩的纹理，如图 2-4-224 所示。

③RGB 倍增：通常作凹凸贴图，但是要组合 2 个贴图以获得正确的效果。

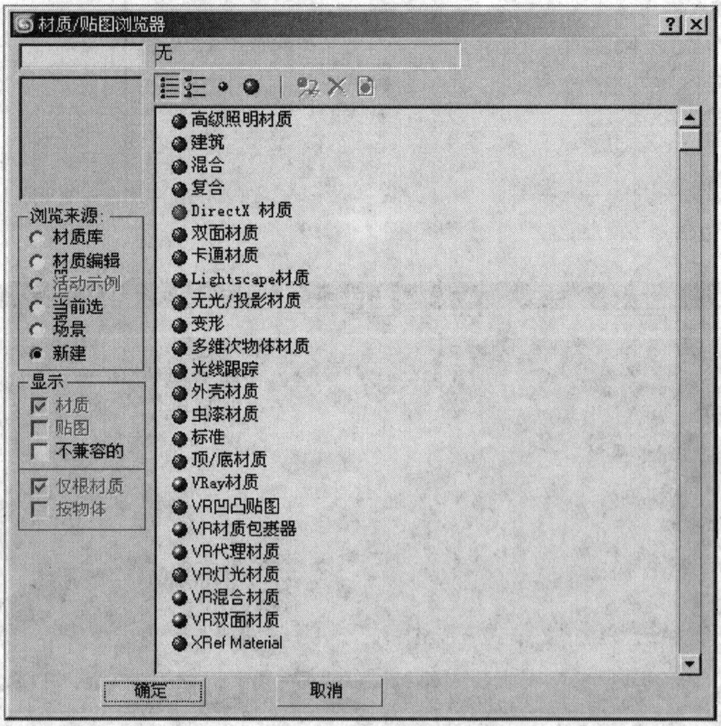

图 2-4-222

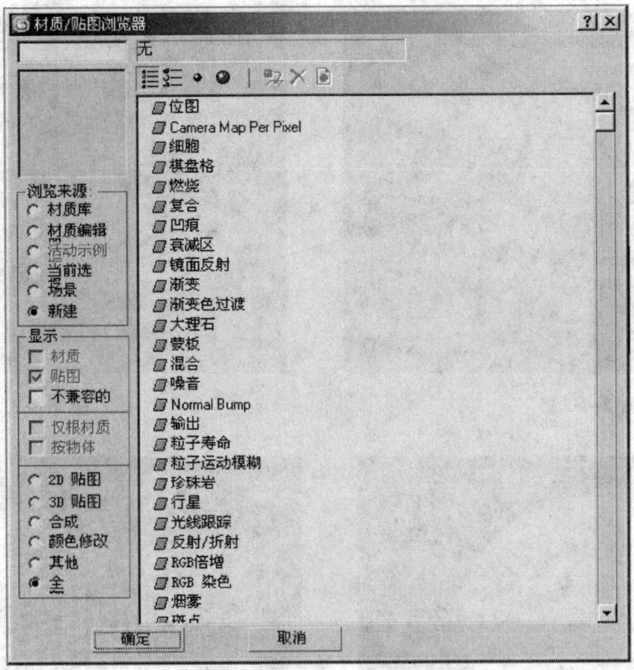

图 2-4-223

④RGB 染色：可以调整图像中 3 种颜色通道的值。3 种色样代表 3 种通道，更改色样可以调整其相关颜色通道的值。

⑤substance：使用这个纹理库，可获得各种范围的材质。

⑥VRay 颜色：可以用来设置任何颜色。

⑦VRayHDRI ：VRayHDRI 可以翻译为高动态范围贴图，主要用来设置场景的环境贴图，即把 HDRI 当作光源来使用。

⑧VRay 多子材质：根据模型的不同 ID 号分配相应的贴图。

图 2-4-224

⑨VRay 合成贴图：可以通过 2 个通道里的贴图色度、灰度的不同来进行加、减、乘、除等操作。

⑩VRay 线框贴图：是一个非常简单的程序贴图，效果和 3D Max 里的线框材质类似，常用于渲染线框图，如图 2-4-225 所示。

⑪凹痕：这是一种 3D 程序贴图。在扫描线渲染过程中，“凹痕”贴图会根据分形噪波产生随机图案，如图 2-4-226 所示。

⑫斑点：这是一种 3D 贴图，可以生成斑点状表面图案，如图 2-4-227 所示。

⑬薄壁折射：模拟缓进或偏移效果，如果查看通过一块玻璃的图像就会看到这种效果。

⑭波浪：这是一种可以生成水花或波纹效果的 3D 贴图，如图 2-4-228 所示。

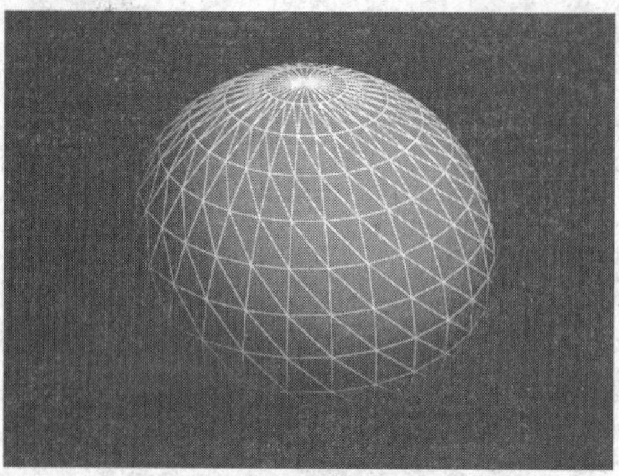

图 2-4-225

图 2-4-226

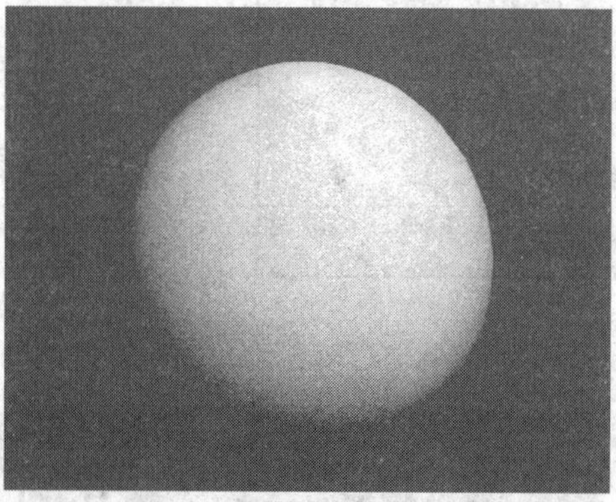

图 2-4-227

图 2-4-228

⑮大理石:针对彩色背景生成带有彩色纹理的大理石曲面,如图 2-4-229 所示。

⑯顶点颜色:根据材质或原始顶点的颜色来调整 RGB 或 RGBA 纹理,如图 2-4-230 所示。

图 2-4-229

图 2-4-230

⑰法线凹凸:可以改变曲面上的细节和外观。

⑱反射/折射:可以产生反射与折射的效果。

⑲光线追踪:可以模拟真实的完全反射与折射效果。

⑳合成:可以将 2 个或 2 个以上的子材质合成在一起。

㉑灰泥：用于制作腐蚀生锈的金属和破败的物体，如图 2-4-231 所示。

㉒混合：将 2 种贴图混合在一起，通常用来制作一些多个材质渐变融合或覆盖的效果。

㉓渐变：使用 3 种颜色创建渐变图案，如图 2-4-232 所示。

图 2-4-231

图 2-4-232

㉔渐变坡度：可以产生多色渐变的效果，如图 2-4-233 所示。

㉕粒子年龄：专门用于粒子系统，通常用来制作彩色粒子流动的效果。

㉖粒子运动模糊：根据粒子速度产生模糊效果。

㉗每像素摄影机贴图：将渲染后的图像作为物体的纹理贴图，以当前摄影机的方向贴在物体上，可以进行快速渲染。

㉘木材：用于制作木材效果，如图 2-4-234 所示。

图 2-4-233

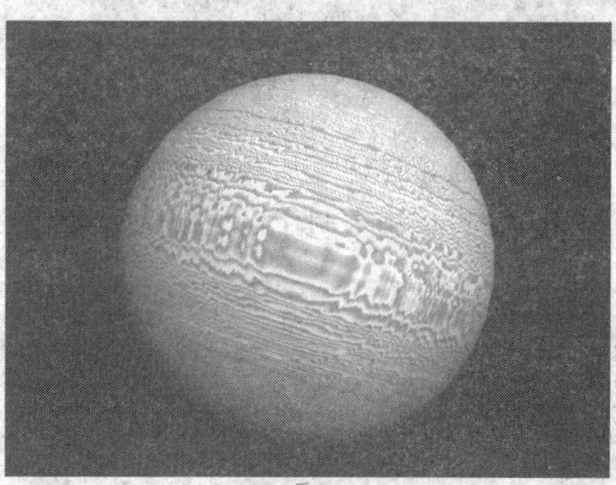

图 2-4-234

㉙平面镜：使共平面的表面产生类似于镜面反射的效果。

㉚平铺：可以用来制作平铺图像，比如地砖，如图 2-4-235 所示。

㉛泼溅：使产生类似油彩飞溅的效果，如图 2-4-236 所示。

㉜棋盘格：可以产生黑白交错的棋盘格的图案，如图 2-4-237 所示。

㉝输出：专门用来弥补某些无输出设置的贴图。

㉞衰减：基于几何体面曲面上的角度衰减来生成从白到黑的过渡效果，如图 2-4-238 所示。

图 2-4-235

图 2-4-236

图 2-4-237

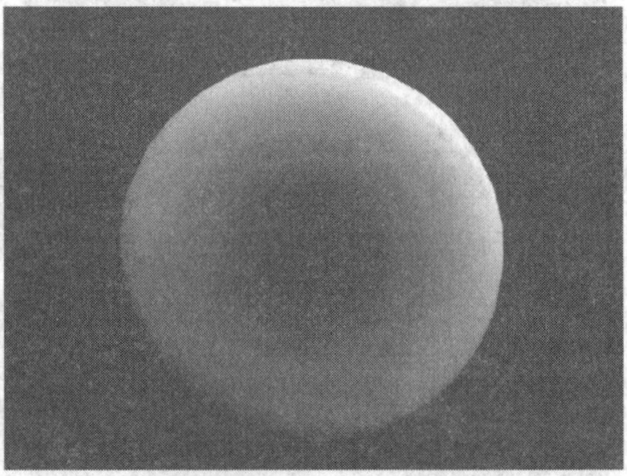

图 2-4-238

㉟位图：通常在这里加载磁盘中的位图贴图，这是一种最常用的贴图，如图 2-4-239 所示。

㊱细胞：可以用来制作模拟细胞图案，如图 2-4-240 所示。

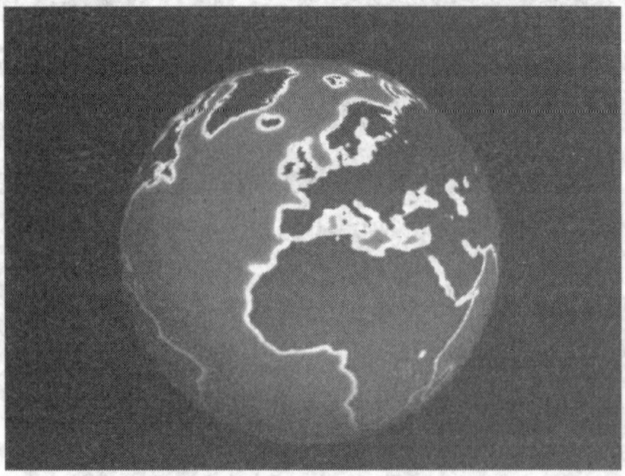

图 2-4-239

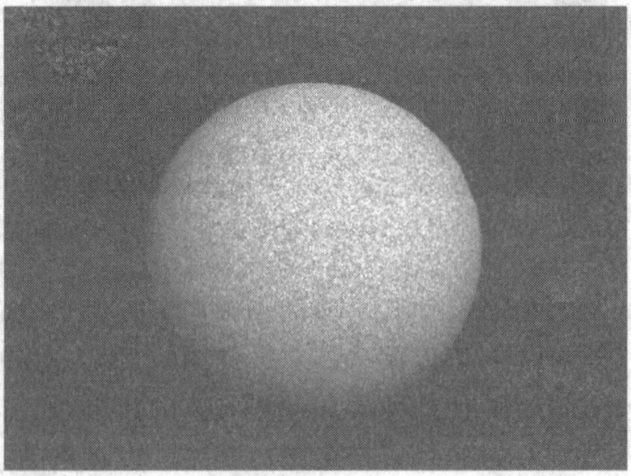

图 2-4-240

㊲向量置换：可以在 3 个维度上置换网格，与法线贴图类似。

㊳烟雾：产生丝状、雾状或絮状等无序的纹理效果，如图 2-4-241 所示。

㊴颜色修正：用来调节材质的色调、饱和度、亮度和对比度。

㊵噪波：通过 2 种颜色或贴图的随机混合，产生一种无序的杂点效果，如图 2-4-242 所示。

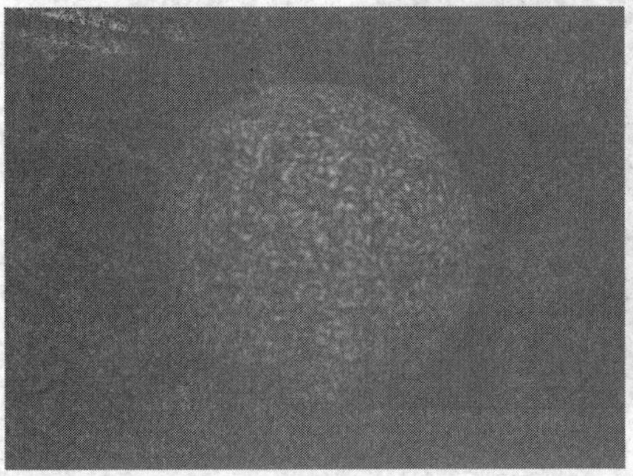

图 2-4-241

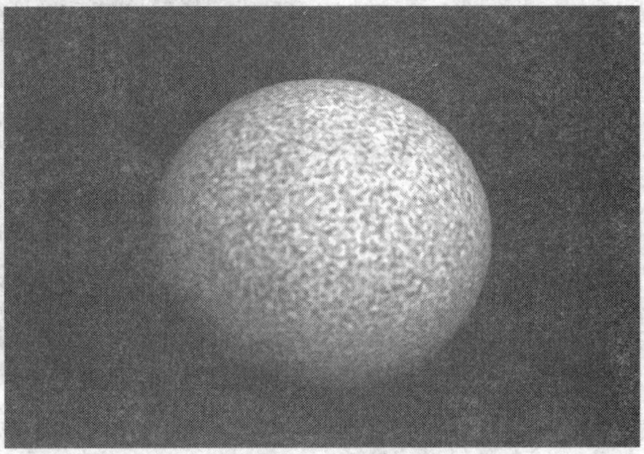

图 2-4-242

㊶遮罩：使用一张贴图作为遮罩。

㊷旋涡：可以创建 2 种颜色的旋涡效果，如图 2-4-243 所示。

图 2-4-243

㊸VRay 法线贴图：可以用来制作凹凸纹理效果。

㊹VRay 天空：这是一种环境贴图，用来模拟天空的效果。

㊺VRay 贴图：因为 VRay 不支持 3D Max 里的光线追踪贴图类型，所以在使用 3D Max 的“标准”材质时的反射和折射就用“VRay 贴图”来代替。

㊻VRay 位图过滤：是一个非常简单的程序贴图，它可以编辑贴图纹理的 x 轴、y 轴向。

㊼VRay 污垢：可以用来模拟真实物理世界中的物体上的污垢效果，比如墙角的污垢、铁板上的铁锈等效果。

㊽不透明贴图：主要用于控制材质是否透明、不透明或者半透明。遵循“黑透、白不透”的原理。

任务五　动态媒体制作实例

一、初级 3D 模型房屋制作

重要提示：

楼房范例中主要使用标准几何体和条线结合 Extrude（挤出）命令搭建组合楼房模型，然后再赋予材质和灯光，最终效果如图 2-5-1 所示。

图 2-5-1

制作方法：

楼房范例的制作流程分为 4 部分：①楼体框架搭建，②墙体模型制作，③门窗模型制作，④添加辅助模型。如图 2-5-2 所示。

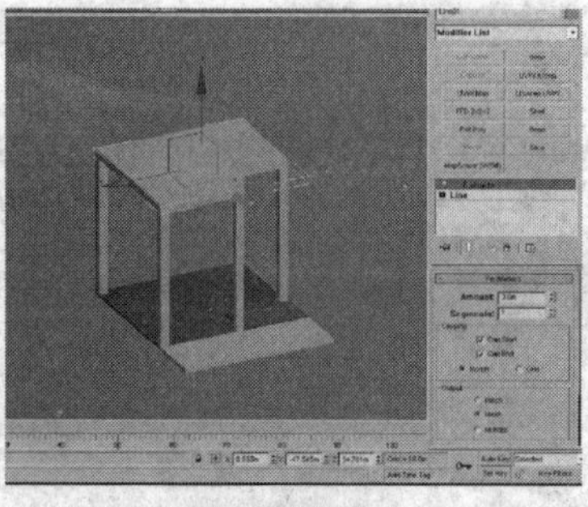

(1)楼体框架搭建

(2)墙体模型制作

(3)门窗模型制作

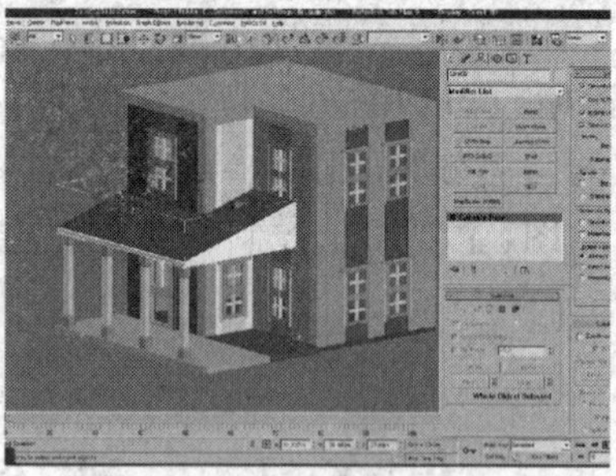

(4)添加辅助模型

图 2-5-2

(一)楼体框架搭建

①(创建)面板(几何体)中单击 Standard Primitives(标准几何体)面板下的 Box(长方体)命令按钮，然后在 Top(顶)视图中建立并设置 Length(长度)值为 20、Width(宽度)为 48、Height(高度)为 1.4，作为室外的地台模型，如图 2-5-3 所示。

②(创建)面板(几何体)中单击 Standard Primitives(标准几何体)面板下的 Box(长

方体)命令按钮,然后在 Top(顶)视图中建立并设置 Length(长度)值为 14、Width(宽度)为 24、Height(高度)为 1.4,丰富室外的地台模型,如图 2-5-4 所示。

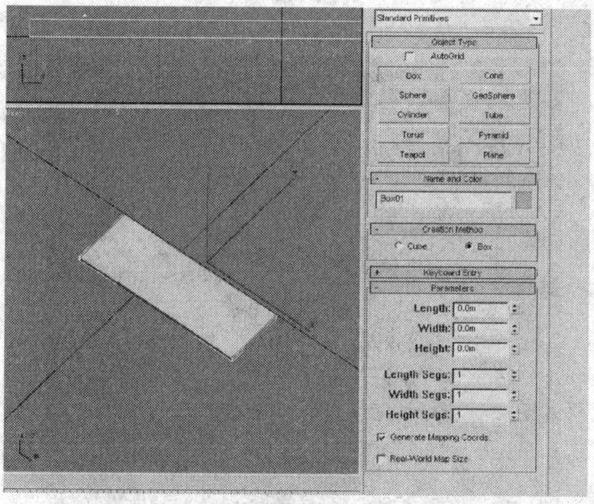

图 2-5-3

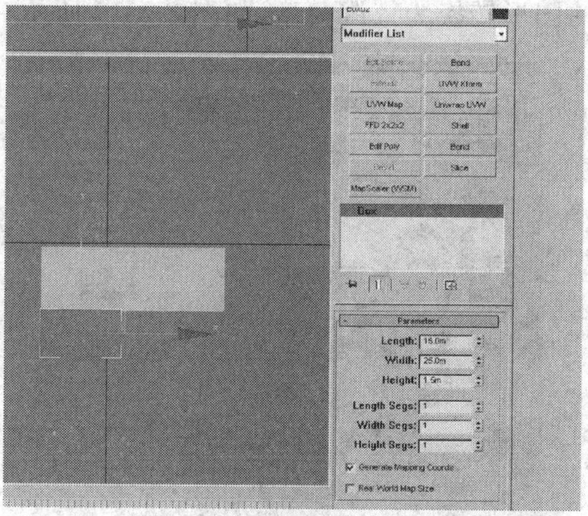

图 2-5-4

③Top(顶)视图中单击(创建)面板(几何体)中单击 Standard Primitives(标准几何体)面板下的 Box(长方体)命令按钮,然后在 Top(顶)视图中建立并设置 Length(长度)值为 42、Width(宽度)为 47、Height(高度)为 1.4,用来制作楼体的地基模型,如图 2-5-5 所示。

④Top(顶)视图中单击(创建)面板(几何体)中单击 Standard Primitives(标准几何体)面板下的 Box(长方体)命令按钮,然后在 Top(顶)视图中建立并设置 Length(长度)值为 3、Width(宽度)为 3、Height(高度)为 44,用来制作楼体的柱子模型,如图 2-5-6 所示。

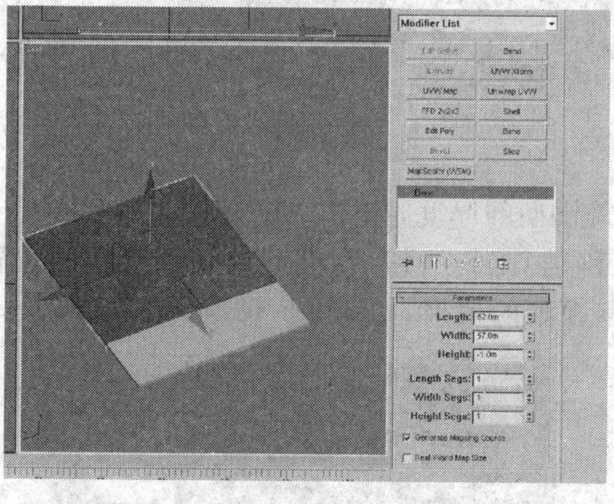

图 2-5-5

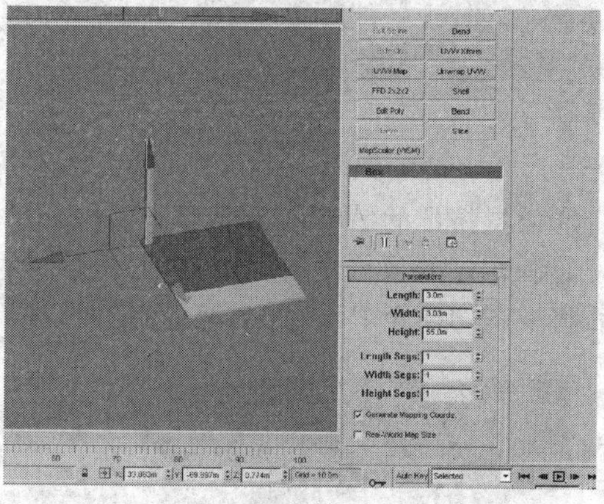

图 2-5-6

⑤创建好的柱子模型,在 Top(顶)视图中结合"Shift+移动"组合键进行复制操作,设置拷贝数量为 4,如图 2-5-7 所示。

⑥在 Top(顶)视图中单击(移动)工具按钮,将复制的柱子模型分别放置到合适的位置,如图 2-5-8 所示。

⑦进入(创建)面板中的(图形)子面板,单击 Splines(平滑线)下的 Line(线)命令按

钮，在 Top(顶)视图中绘制出楼体顶盖的截面图形，如图 2-5-9 所示。

⑧绘制好的顶盖图形，打开(修改)面板并在修改列表中添加 Extrude(挤出)命令，使绘制的图形转换为三维模型，如图 2-5-10 所示。

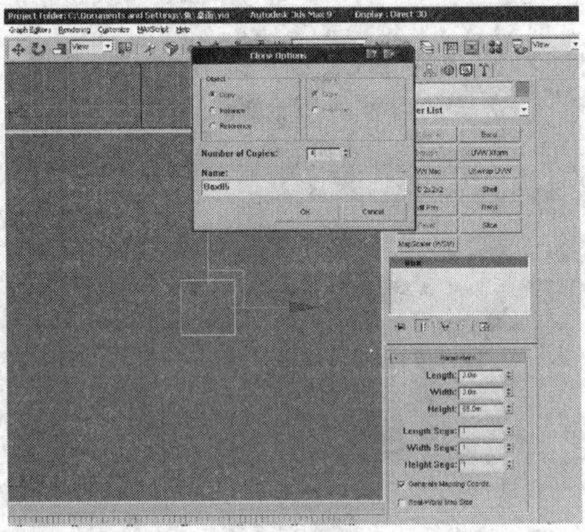

图 2-5-7

图 2-5-8

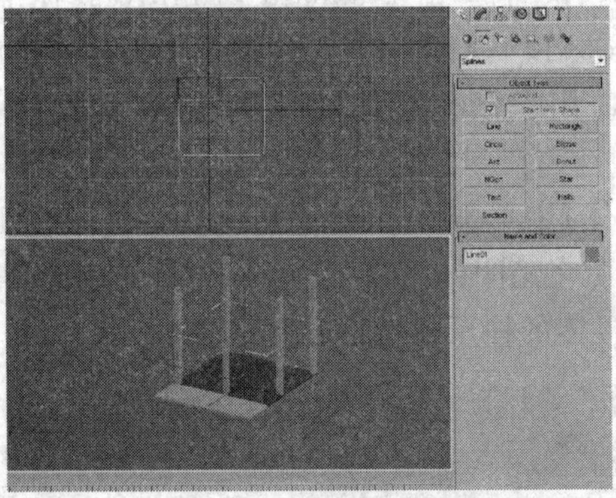

图 2-5-9

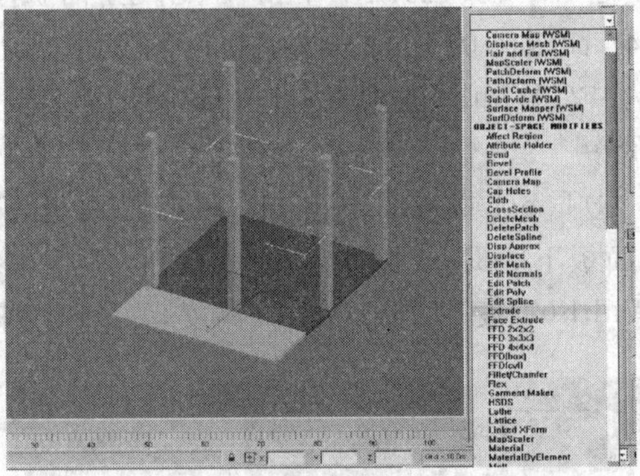

图 2-5-10

⑨设置挤出的 Amount(数量)为 3 制作出顶盖模型的厚度，如图 2-5-11 所示。

⑩制作好的顶盖模型，结合主工具栏中的(移动)工具按钮，将模型放置到合适的位置，然后将视图切换至 Perspective(透)视图，观看当前模型的效果，如图 2-5-12 所示。

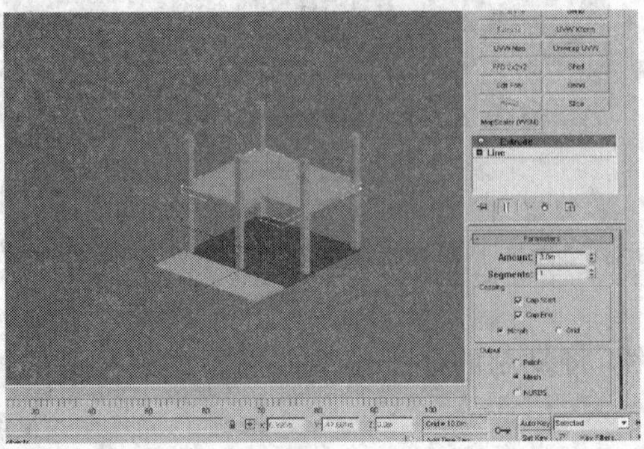

图 2-5-11

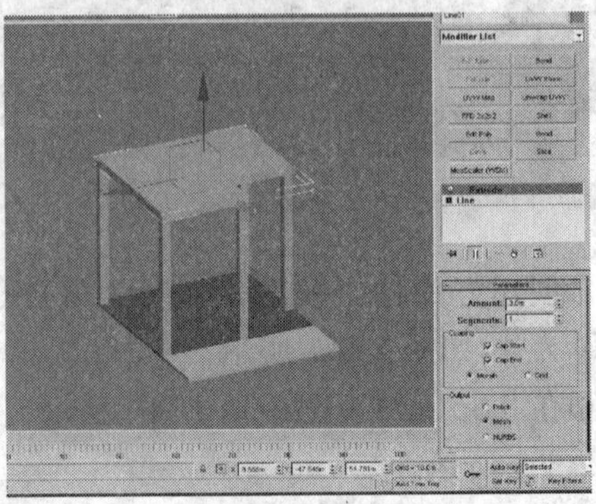

图 2-5-12

(二)墙体模型制作

①(创建)面板(几何体)中单击 Standard Primitives(标准几何体)面板下的 Box(长方体)命令按钮,然后在 Top(顶)视图中建立楼体正面的墙体模型,如图 2-5-13 所示。

②创建好的墙体构件模型,在 Front(前)视图中结合“Shift+移动”组合键将其进行复制操作,设置复制数量为 1,如图 2-5-14 所示。

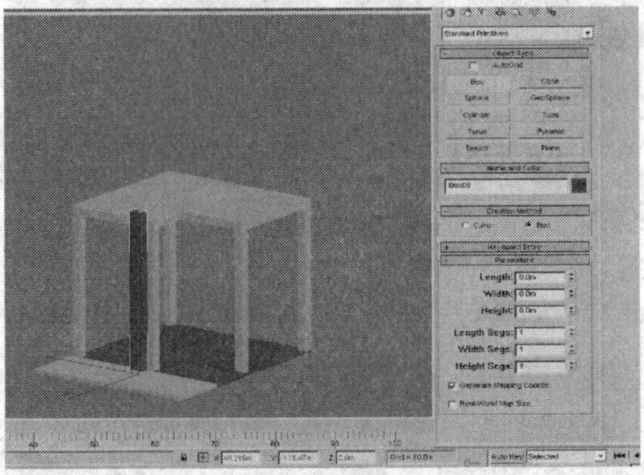

图 2-5-13

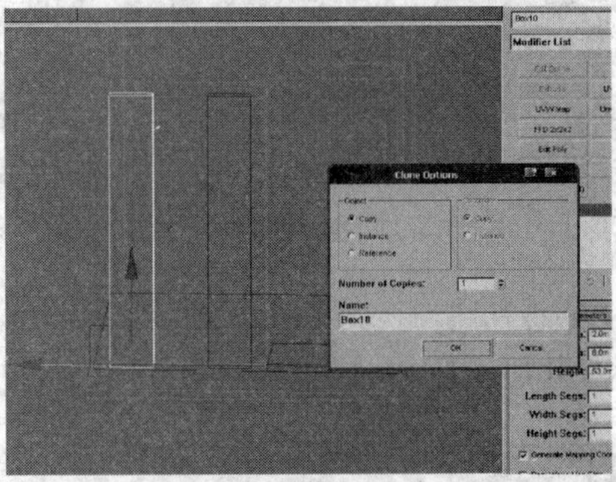

图 2-5-14

③继续在 Front(前)视图中单击主工具栏中的(移动)工具按钮,将复制的墙体构件模型分别放置到合适的位置,如图 2-5-15 所示。

④Front(前)视图中单击(创建)面板中的 Standard Primitives(标准几何体)面板下的 Box(长方体)命令按钮,然后设置 Length(长度)值为 2、Width(宽度)为 11、Height(高度)为 14,用来制作窗口下的墙体模型,如图 2-5-16 所示。

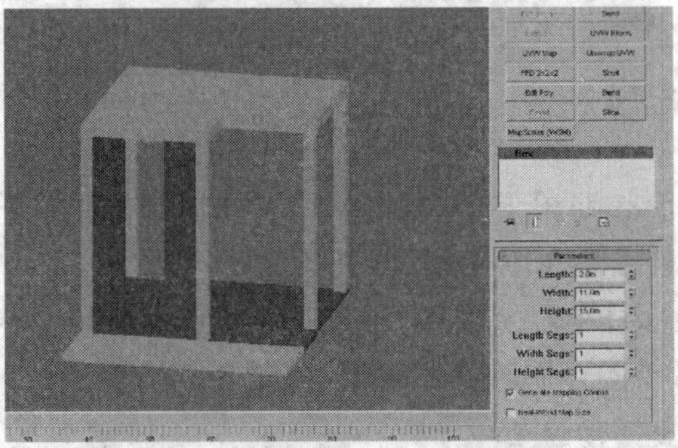

图 2-5-15

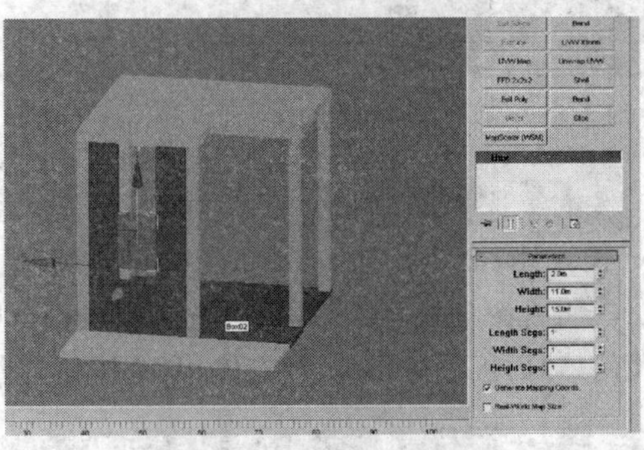

图 2-5-16

⑤选择创建好的窗下墙体模型,在 Front(前)视图中结合“Shift+移动”组合键将其进行复制操作,如图 2-5-17 所示。

⑥选择复制的窗下墙体模型,在(修改)面板中设置 Length(长度)值为 2、Width(宽度)为 11、Height(高度)为 4,用来制作窗口上方的圈梁模型,如图 2-5-18 所示。

⑦将视图切换至 Left(左)视图,在 Front(前)视图中单击(创建)面板几何体中的 Standard Primitives(标准几何体)面板下的 Box(长方体)命令按钮,制作出侧面的墙体,如图 2-5-19 所示。

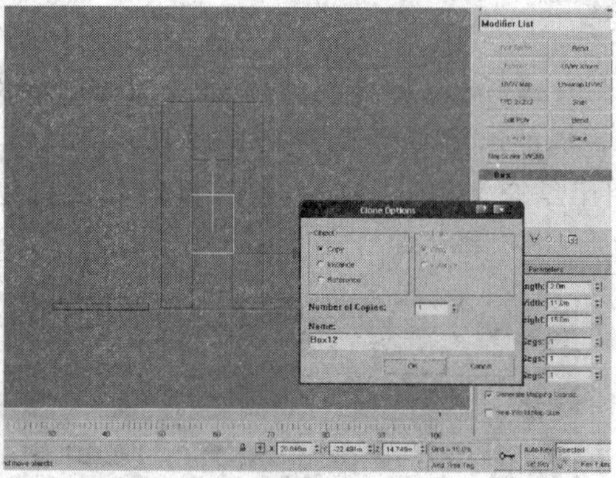

图 2-5-17

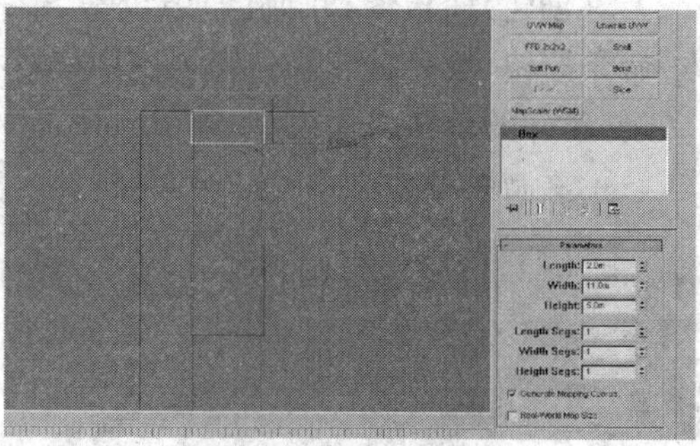

图 2-5-18

⑧将视图切换到 Front(前)视图，单击 (创建)面板 (几何体)中的 Standard Primitives(标准几何体)面板下的 Box(长方体)命令按钮，继续完善正面墙体模型，如图 2-5-20 所示。

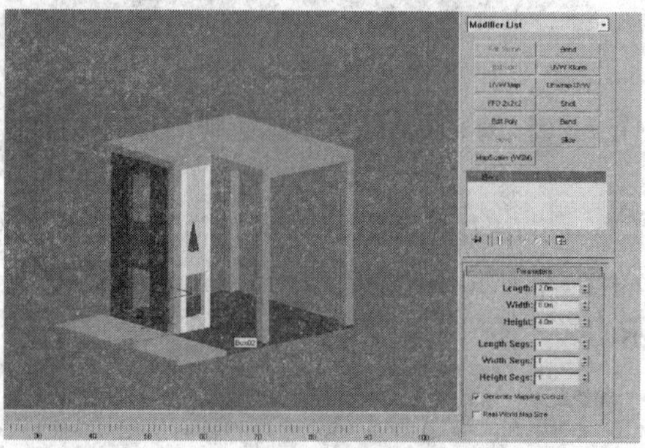

图 2-5-19

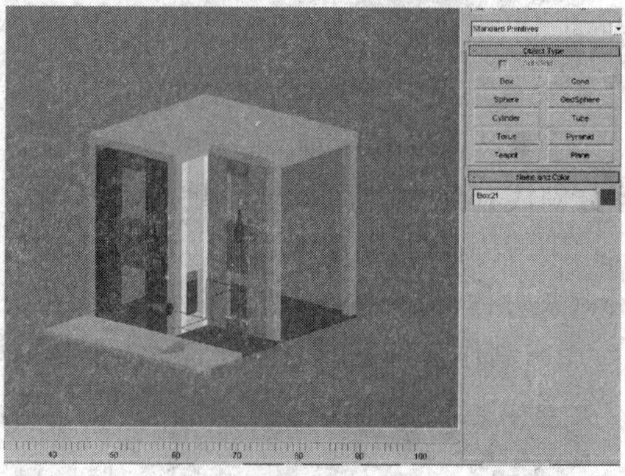

图 2-5-20

⑨继续选择 (创建)面板 (几何体)中的 Standard Primitives(标准几何体)面板下的 Box(长方体)命令按钮，在 Left(左)视图中建立，丰富侧面墙体模型，如图 2-5-21 所示。

⑩将视图切换至 Front(前)视图，单击 (创建)面板 (几何体)中的 Standard Primitives(标准几何体)面板下的 Box(长方体)命令按钮，制作出楼体背面的墙体模型，如图 2-5-22 所示。

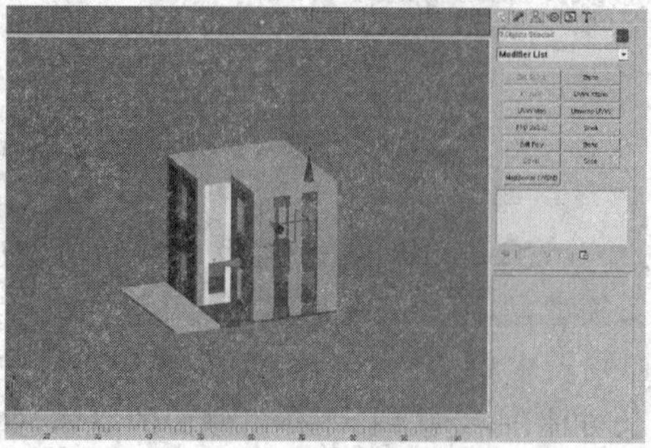

图 2-5-21

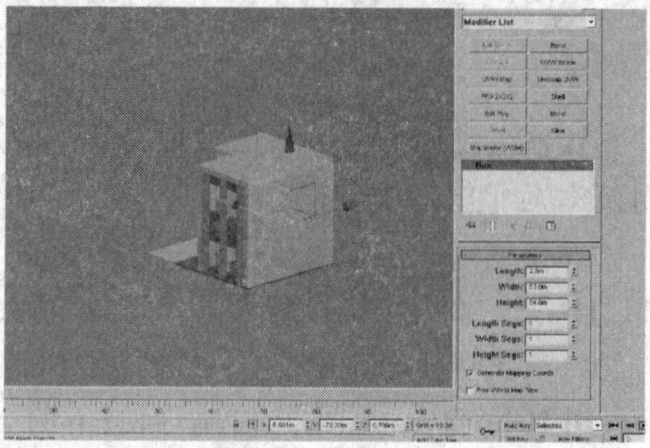

图 2-5-22

⑪继续选择（创建）面板（几何体）中的 Standard Primitives（标准几何体）面板下的 Box（长方体）命令按钮，制作出楼体背面的墙体模型，如图 2-5-23 所示。

⑫将视图切换至 Perspective（透）视图，观看当前模型的效果，如图 2-5-24 所示。

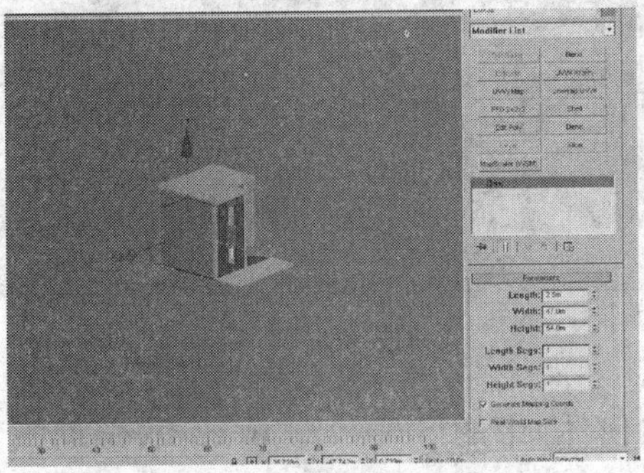

图 2-5-23

图 2-5-24

（三）门窗模型制作

①将视图切换至 Front（前）视图，单击（创建）面板（几何体）中的 Standard Primitives（标准几何体）面板下的 Box（长方体）命令按钮，搭建出门框的模型，如图 2-5-25 所示。

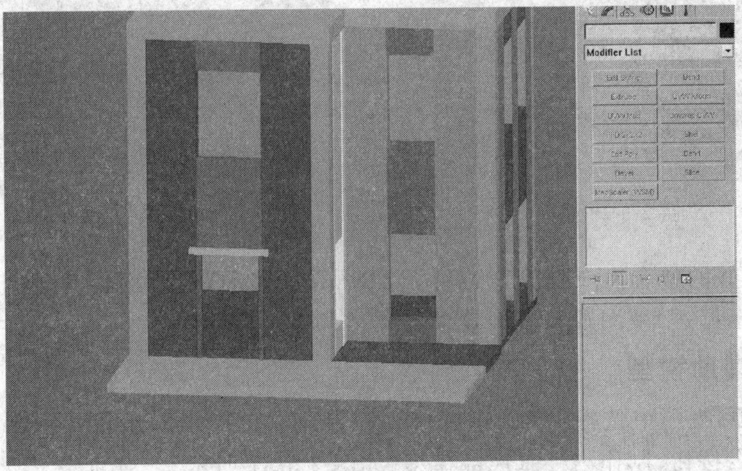

图 2-5-25

②继续在 Front（前）视图中单击（创建）面板（几何体）中的 Splines（样条线）面板下的 Box（长方体）命令按钮，绘制出门板的多个图形，选择一个图形并进入（修改）面板，然后选择 Geomentry（几何体）卷展栏下的 Attach（结合）命令，和其他图形结合为一个图形，如图 2-5-26所示。

③选择绘制好的门板图形，在（修改）面板下添加 Extrude（挤出）命令，然后设置 Amount（数量）为 40，挤出带有厚度的门板模型，如图 2-5-27 所示。

④在 Front（前）视图中单击（创建）面板（几何体）中的 Standard primitives 面板下的 Box（长方体）命令按钮，继续细化丰富门板模型，然后结合主工具栏中的（移动）工具将模型放置到合适的位置，如图 2-5-28 所示。

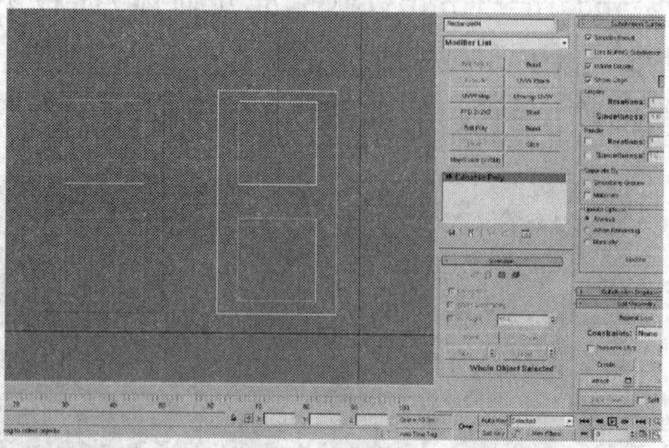

图 2-5-26

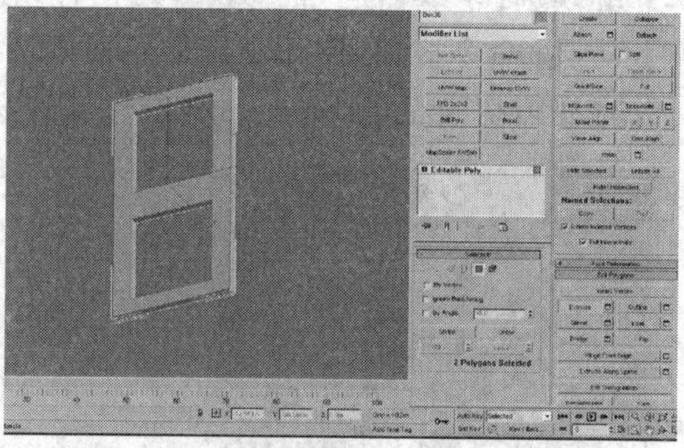

图 2-5-27

⑤在 Front(前)视图中单击 (创建)面板 (几何体)中的 Standard primitives 面板下的 Box(长方体)命令按钮,搭建出窗户的模型,然后再将模型放置到合适的位置,如图 2-5-29 所示。

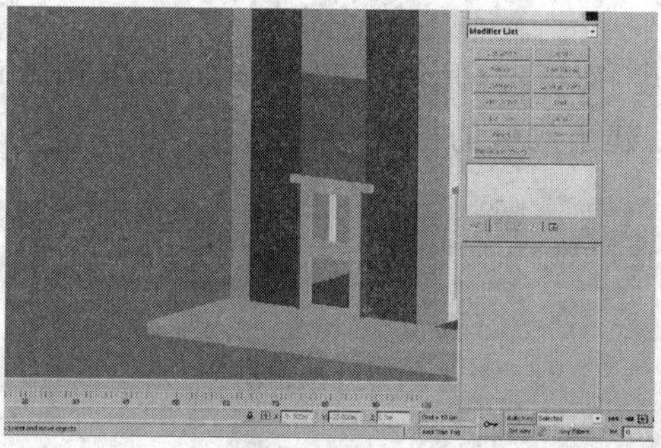

图 2-5-28

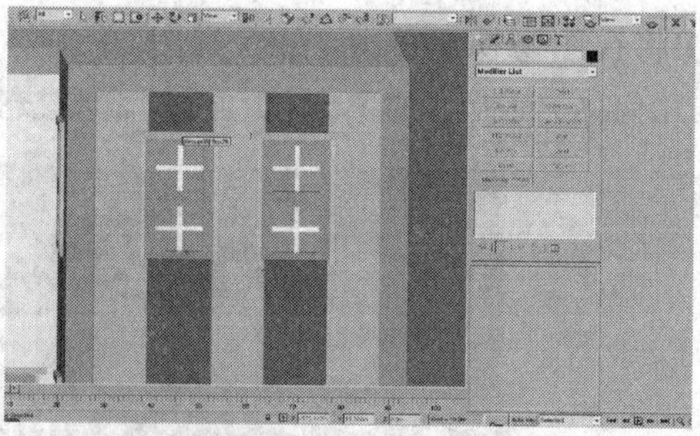

图 2-5-29

⑥选择制作好的整套窗户模型,然后结合"Shift+移动"组合键将其复制多个,再将视图切换至 Perspective(透)视图观看模型效果,如图 2-5-30 所示。

(四)添加辅助模型

①在 Top(顶)视图中选择 (创建)面板 (几何体)中的 Standard primitives 面板下的 Box(长方体)命令按钮,制作出柱基底部模型,如图 2-5-31 所示。

图 2-5-30

图 2-5-31

②选择做好的柱基模型,在 Front(前)视图中结合"Shift+移动"组合键将其进行复制操

作，如图 2-5-32 所示。

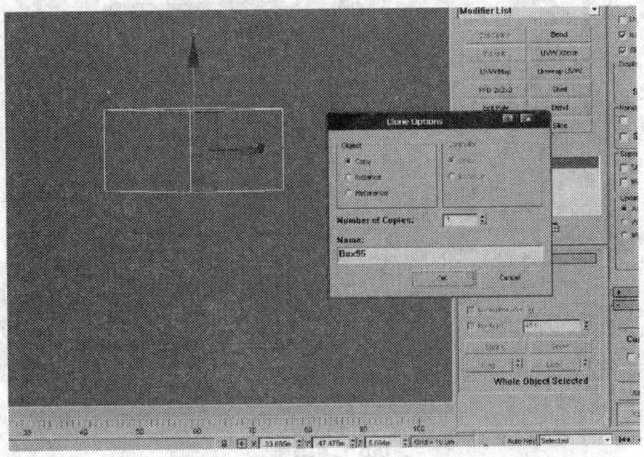

图 2-5-32

③选择复制的柱基模型，进入(修改)面板为其添加 FFD2×2×2(自由变形)命令，然后切换至 Control Points(控制点)模式，选择顶部的点并调整其位置，制作出柱基顶端的斜面，如图 2-5-33 所示。

④选择制作好的柱基模型并单击主工具栏中的(镜像)工具按钮，将其模型沿 Z 轴进行镜像操作，作为对称的柱头模型，如图 2-5-34 所示。

⑤将柱头模型放置到合适的位置，单击(创建)面板(几何体)中的 Standard primitives 面板下的 Box(长方体)命令按钮，制作出柱身模型，如图 2-5-35 所示。

⑥选择制作好的柱子模型，结合“Shift＋移动”组合键将其进行复制操作，设置复制数量为 3，如图 2-5-36 所示。

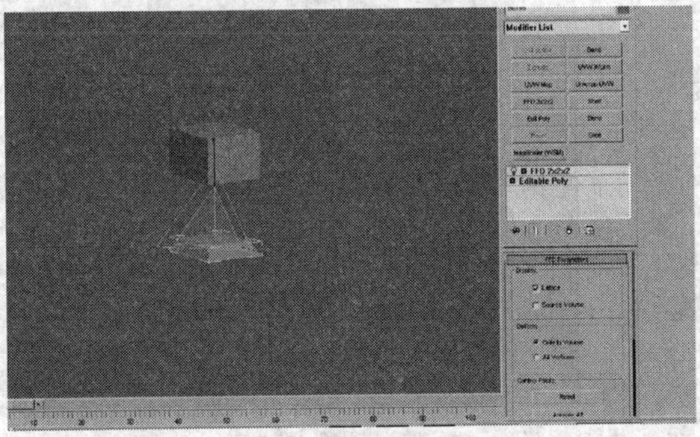

图 2-5-33

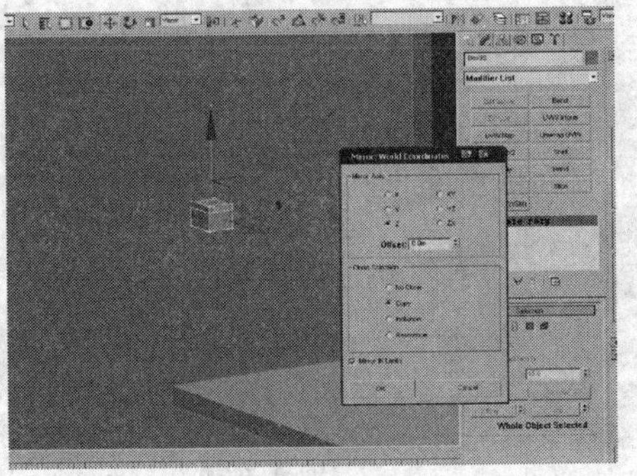

图 2-5-34

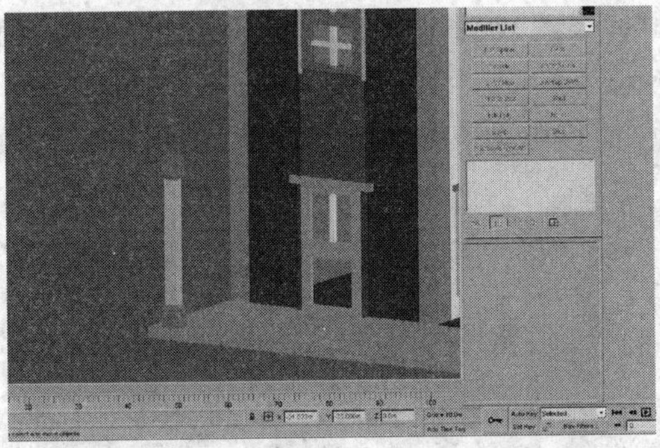

图 2-5-35

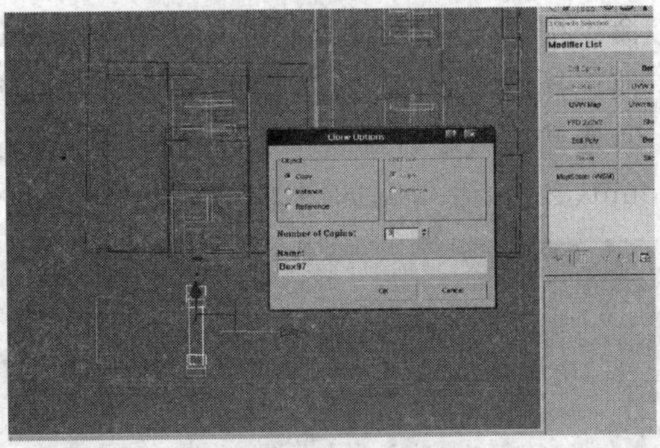

图 2-5-36

⑦选择制作好的柱子模型，结合主工具栏中的(移动)命令将柱子模型分别放置到合适的位置，如图 2-5-37 所示。

⑧将视图切换至 Left(左)视图，单击(创建)面板图形中的 Splines(样条线)下的 Line(线)命令按钮，绘制出雨棚的截面图形，如图 2-5-38 所示。

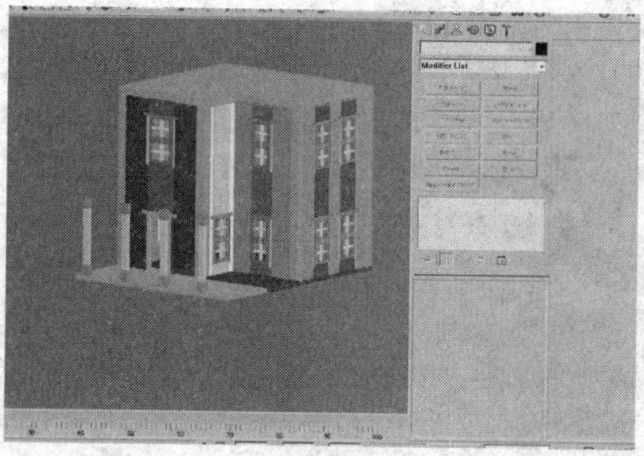

图 2-5-37

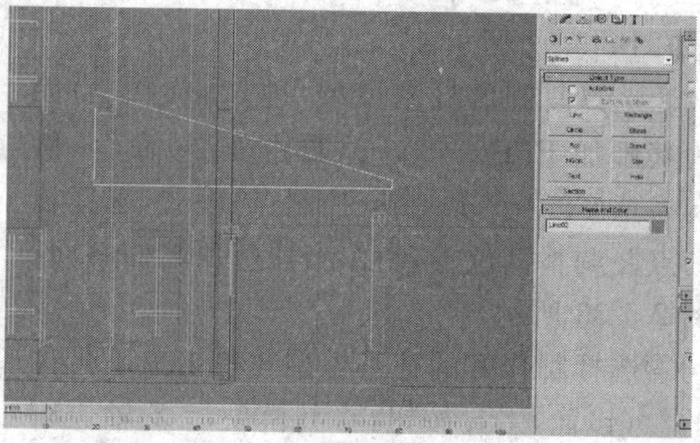

图 2-5-38

⑨选择绘制好的雨棚图形，在 (修改)面板中为其添加 Extrude(挤出)命令，然后再将雨棚模型放置到合适的位置，如图 2-5-39 所示。

⑩继续在 Left(左)视图中单击 (创建)面板图形中的 Splines(样条线)下的 Line(线)命令按钮，绘制出雨棚上盖的截面图形，如图 2-5-40 所示。

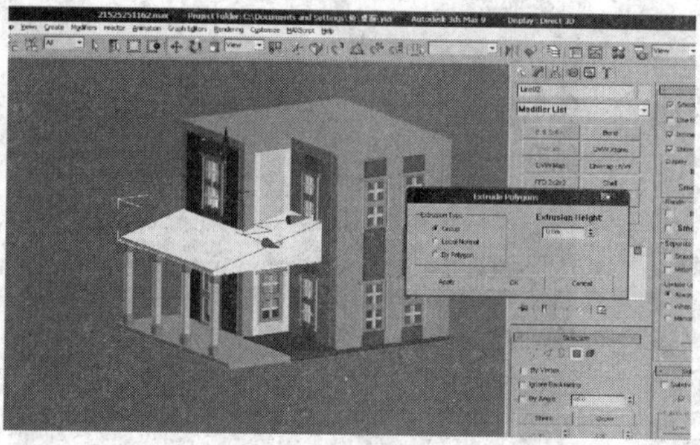

图 2-5-39

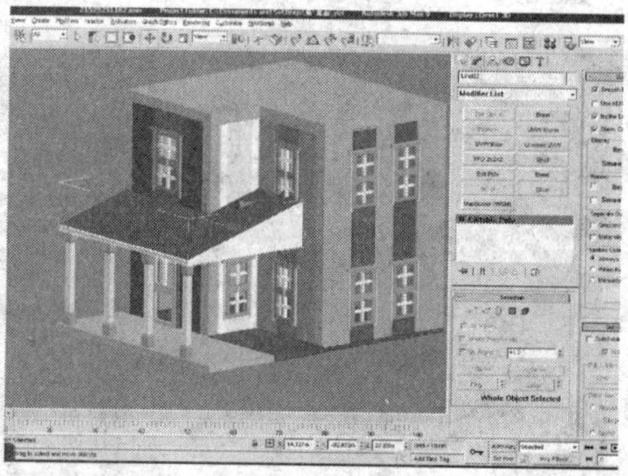

图 2-5-40

⑪将视图切换至 Top(顶)视图，单击 (创建)面板图形中的 Splines(样条线)下的 Line(线)命令按钮，绘制雨棚外轮廓并切换至 Splines(样条线)模式，然后设置 Outline(轮廓)值为 0.4，使选择的图形进行扩边操作，如图 2-5-41 所示。

⑫选择绘制好的雨棚外轮廓图形，在 (修改)面板中为其添加 Extrude(挤出)命令，设置 Amount(数量)为 0.4，如图 2-5-42 所示。

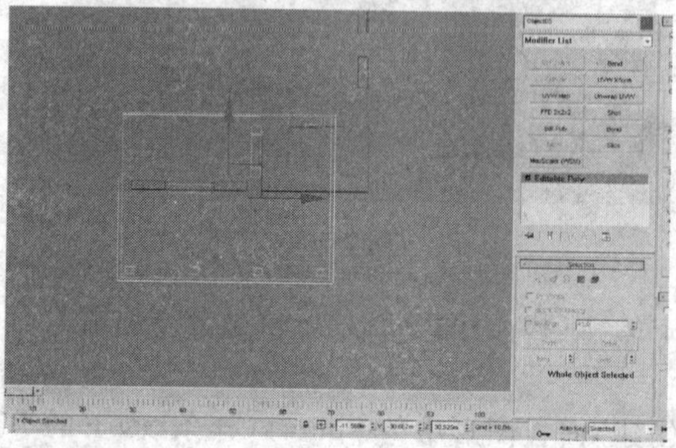

图 2-5-41

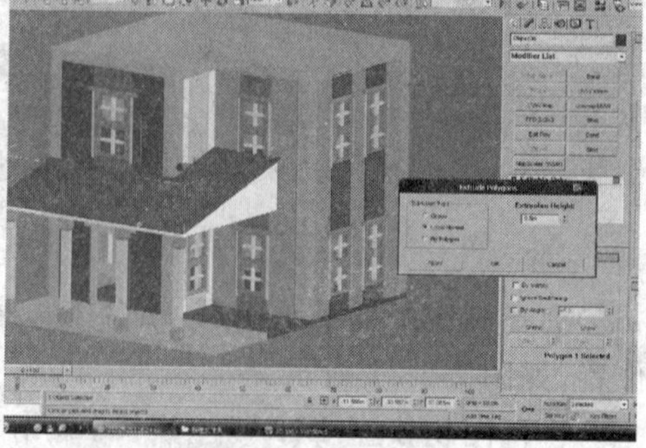

图 2-5-42

⑬将视图切换在 Perspective(透)视图,为场景赋予灯光和材质,然后渲染最终效果如图 2-5-43 所示。

图 2-5-43

二、古建筑在 3D Max 中的表现——以爨底下村房屋制作为例

重要提示：

通过以上几种爨底下村物件的案例我们知道:庭院案例中主要使用的是多边形建模工具和常用修改器,通过这些命令搭建庭院的模型。

制作方法：

①本案例中没有绘制 CAD 平面图,我们可以利用爨底下的航拍图(卫星地图)来充当平面图,在顶视图中绘制一个和图片大小匹配的平面,贴上航拍图,如图 2-5-44 所示。

图 2-5-44

②在透视图中单击创建列表下的创建一个 Box(长方体),转换成多边形在(面)的模式下删除底面,然后加线,如图 2-5-45 所示。

③选择绘制好的模型,利用 Connect(连接)为模型加线,如图 2-5-46 所示。

图 2-5-45

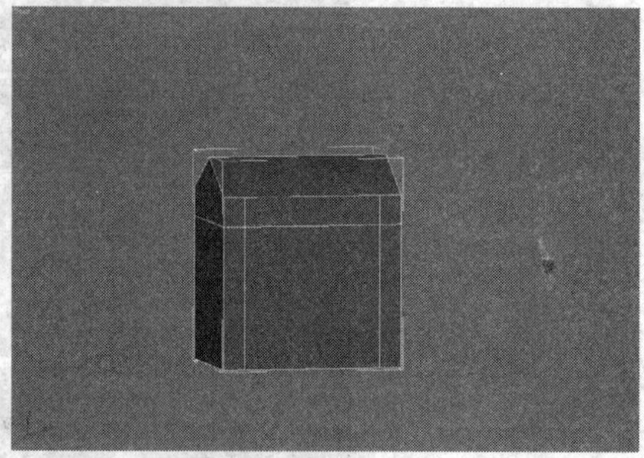

图 2-5-46

④在模式下,删除两面,然后在的模式下,选择两条相对的线在修改中单击 Bridge(桥接)工具按钮进行补面,如图 2-5-47 所示。

⑤创建 2 个长方体,放置到合适的位置,分别为门楣、门槛,如图 2-5-48 所示。

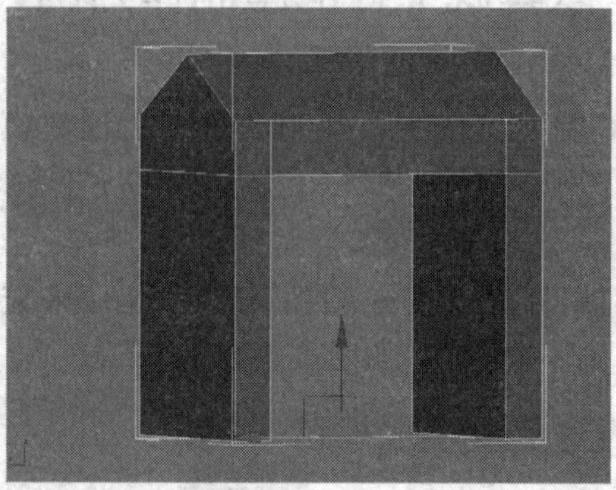

图 2-5-47

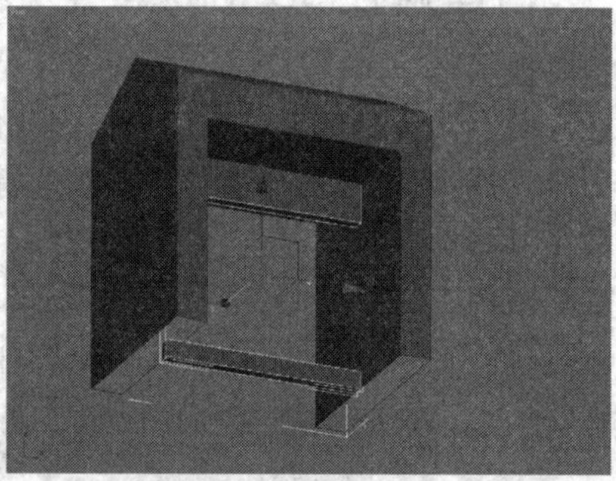

图 2-5-48

⑥再创建 2 个(Box)长方体放置到合适的位置,通过缩放工具调整其大小,如图 2-5-49 所示。

⑦创建一个(Box)长方体,再用"Shift+移动"组合键移动到合适的位置,作为分开的两扇门,如图 2-5-50 所示。

⑧再创建一个(Box)长方体,再用"Shift+移动"组合键移动到合适的位置,作为门前的修饰物品,如图2-5-51所示。

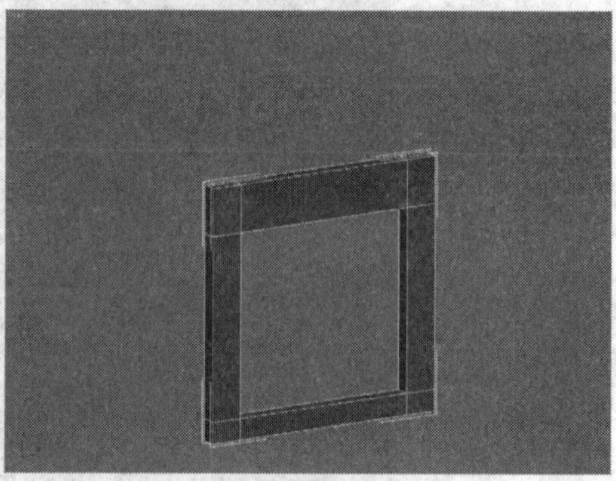

图 2-5-49

⑨选择绘制好的模型在的模式下选择模型顶面,进入修改面板单击 Bevel(倒角)工具按钮,设置参数 Height(高)值为 0.0 m、Outline Amount(轮廓数量)值为 0.01 m,再单击 Extrude(挤压),设置参数 Extrusion Height(挤压高度)值为 0.01 m,如图 2-5-52 所示。

图 2-5-50

图 2-5-51

⑩创建一个圆柱设置，进入修改面板，设置其参数为：Radius（半径）值为 0.007、Height（高度）值为 0.003、Height Segments（高度片段数）值为 4、Cap Segments1、Sides（端面片段数）值为 12，再转化为多边形，进入点模式，调点，最终如图 2-5-53 所示。

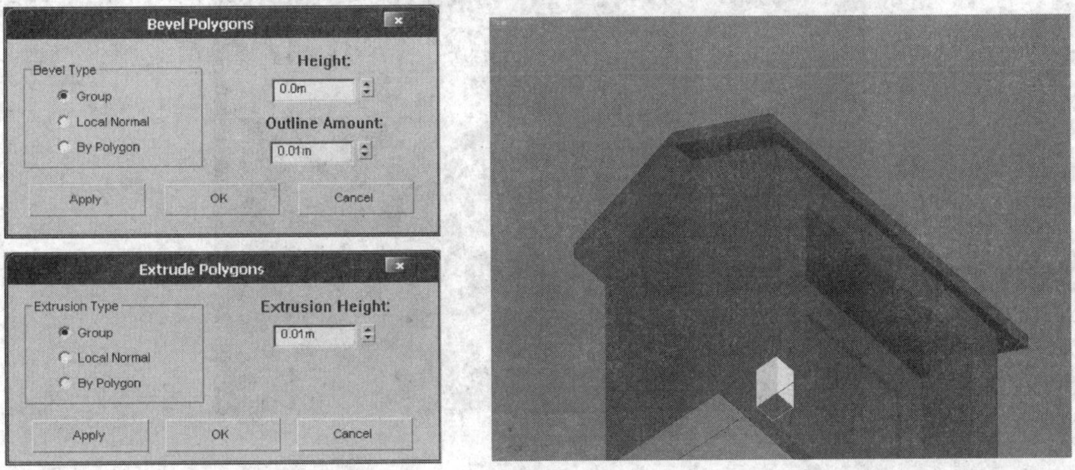

图 2-5-52

⑪选择绘制好的模型，进入面模式，选择顶面，在（修改）面板中单击 Extrude （挤压）工具按钮，并设置其参数为 Extrusion Height（挤压高度）值为 0.003，如图 2-5-54 所示。

⑫继续选择绘制好的模型，进入面模式，选择底面，在（修改）面板中单击 Extrude （挤压）工具按钮，并设置其参数为 Extrusion Height（挤压高度）值为 0.007，再在（修改）面板中单击 Bevel （倒角）工具按钮，并设置其参数为 Outline Amount（轮廓数量）值为 0.002，再在（修改）面板中单击 Extrude （挤压）工具按钮，并设置其参数为 Extrusion Height（挤压高度）值为－0.007，效果如图 2-5-55 所示。

⑬创建一个圆柱设置，进入修改面板，设置其参数为：Radius（半径）值为 0.126、Height（高度）值为 0.304、Height Segments（高度片段数）值为 4、Cap Segments1、Sides（端面片段数）值为 8，放置到合适的位置，如图 2-5-56 所示。

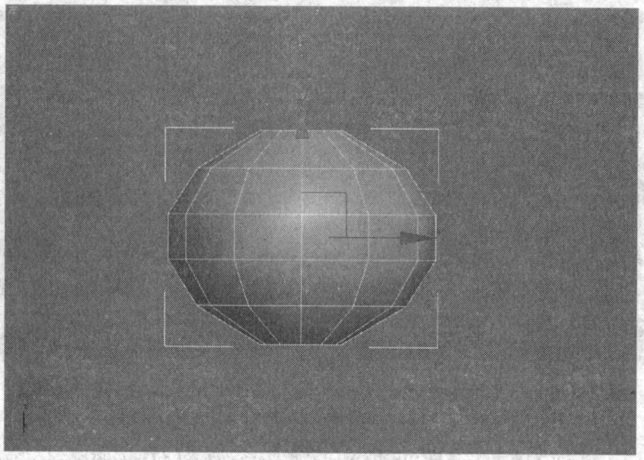

图 2-5-53

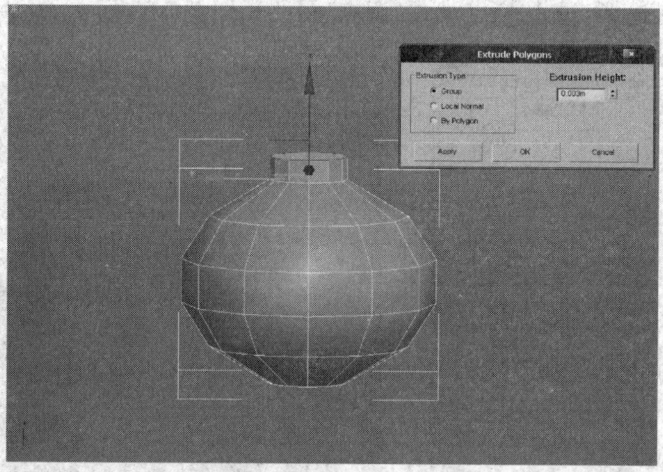

图 2-5-54

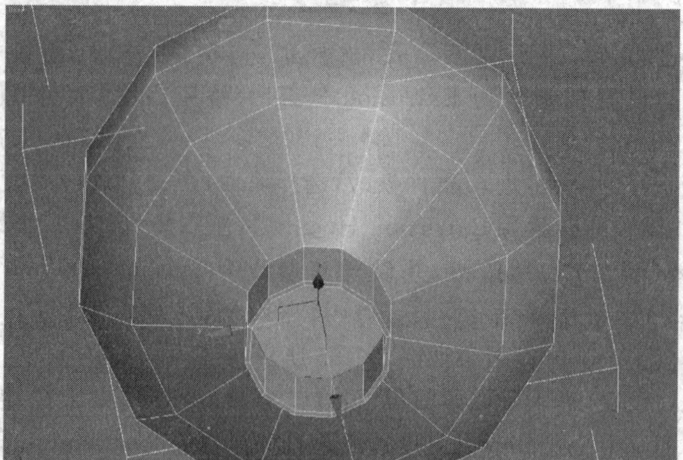

图 2-5-55

⑭选择绘制好的灯笼，通过“Shift＋移动”组合键，复制一个移动到合适的位置，如图 2-5-57 所示。

图 2-5-56

图 2-5-57

⑮制作房顶上的雕饰，在 Top（顶）视图中进入（创建）面板中单击（长方形）按钮，放置到合适的位置，再通过“Shift＋移动”组合键移动到合适的位置，其大小关系如图 2-5-58 所示。

⑯选择上面的模型的面，通过 Extrude 挤压、移动、缩放工具绘制出模型形状，如图 2-5-59 所示。

图 2-5-58

图 2-5-59

⑰制作相框：在 Left（左）视图中进入（创建）面板单击 Box（长方形），调整大小，然后通过主工具栏和“Shift＋移动”组合键，复制多个相框紧贴内墙壁，如图 2-5-60 所示。

图 2-5-60

⑱在前视图中再创建一个 Box(长方形)通过主工具栏和"Shift+移动"组合键,制作出如图 2-5-61 所示的 2 个门框。

图 2-5-61

⑲最后逐步为模型添加贴图,如图 2-5-62 所示。

⑳根据大门的制作方法,同样能建造出庭院内的其他建筑,如图 2-5-63 所示。

图 2-5-62

图 2-5-63

三、爨底下村地形制作

上述项目已经将规则建筑的建模介绍了一遍,本章节介绍不规则物体的建模,包括山形、地面、树木等物体的建模。

(一)不规则地形建模常用技术

地形(topography)指的是地物形状和地貌的总称,具体指地表以上分布的固定性物体共同呈现出的高低起伏的各种状态。地形与地貌不完全一样,地形偏向于局部,地貌则是一定整体特征。

画一个平面(分段数设置多一点)　转换为可编辑多边形,里面有一项功能——推拉。给够分段数,然后添加噪波修改,或者进到点层级,使用软选择推动。

制作流程如下所述。

①确定脚本,想要什么样的地形。

②分脚本,就是把这个脚本拆分,确定动画镜头,是全景贯穿的还是分镜头拍摄的,然后根

据这个来制作场景，如果贯穿，那么应该是做整个一体的场景，如果是分镜头，那可以根据场景地形镜头来制作场景，这样可以节约资源，以便每个镜头的完美呈现。

③确定模型，就是把场景内所有模型确定下来，修改模型与地形之间的高差。

④合成场景，尽量不要在一个MAX文件当中完成的，因为面数太多容易导致3D Max软件崩溃退出。

⑤分层渲染，把物体尽可能的拆分到不同的层里面渲染，比如背景、路面、树木、建筑、人物、细小物体等。

⑥后期合成，灯光或者天气之类的都是可以后期解决，没有必要在三维里面制作。后期还可以校色、做特效等。

首先是对高差地形的建模原则的介绍。因为路网牵扯的工作很多，比如布线与斜坡的表现，所以，单独处理路网是比较明智的，然后再考虑与地形的结合。也就是：先修路，再与地形融合。

下面，本文将从需求入手，引导用户找到合适的工具，并做简单说明。

一般来说，高差地形建模时有3个大问题是建模师最关注的：布线，斜坡与起伏道路的表现，路面与地形的结合。

第一步：下载3D插件。

第二步：用置换贴图的方法，使用置换修改器。

第三步：把一个平面转换成可编辑多边形后，右侧面板中有绘制变形栏，可以调整画笔自己画。

先在创建面板(Create)中创建二维线(Shapes)，用样条线(Spline)画出山脉的等高线，不要用曲线画，尽量用折线，折线的段数尽量多些，每层的点的数量最好一样多，把等高线用移动工具在高度方向上依次拖到相应的高度，也就是使等高线等高地排列，选择最底下一条，再在创建面板中创建几何体(Geometry)，几何体类型合成物体(CompoundeObject)，找到合成物体中的地形(Terrain)，点击拾取对象(PickOperand)，依次从下往上拾取其他线条，最后对地形物体加上网格光滑(Mashsmooth)就可以了。

还是创建二维线，用样条线画出底面形状，还是用折线，但是折线的段数尽量少些，只在关键的地方转折，然后右键塌陷成为多边形物体(Poly)，在次物体面层级(Face)中，选择塌陷后形成的面，找到斜角挤压(Bevel)，按照山体的倾斜程度依次挤压出山体的形状，再用点层级(Vertex)拖拽每个顶点使山体自然不规则，最后网格光滑。

这个是最简单的方法，先在PS中画一张黑白的位图，根据山脉的高低，最低的地方最黑，最高的地方最白，保存成JPEG格式，在3D中创建一个平面(Plane)，片段数给多一些，30×30段，加上置换修改器(Displace)在指定位图(Bitmap)中指定刚才保存的位图。可以用Dream-scape等专业自然环境插件来制作，效果很好。

(二)道路与地形的结合

道路与地形的结合主要有2种方式：

1. 现成的地形

对于现成的地形，比如等高线生成的地形或者第三方软件提供的网格状地形，可以通过删除路网以下结构，如图2-5-64所示，然后再取出边缘与道路进行缝合来完成。此时最快捷的工具是“多边形缝合”。如图2-5-65所示。

图 2-5-64

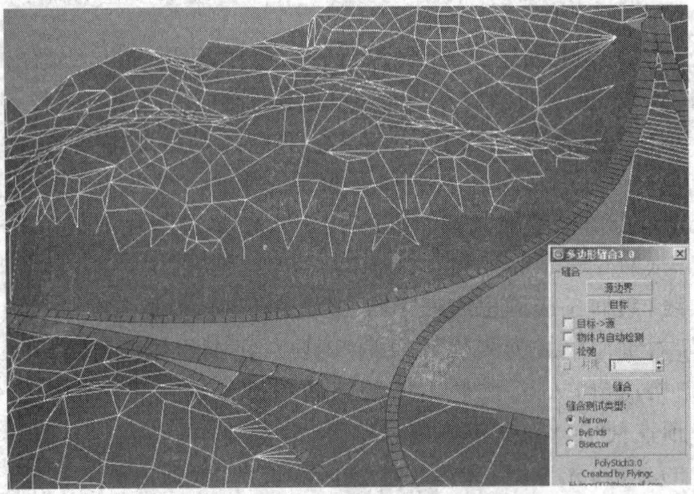

图 2-5-65

因为这是增强版中的功能，对于标准版用户，可以使用先在两条边界间生成大的多边形，然后使用“高级连点”完成。

2. 再造的地形

有些道路围合形成的区域，因为原始地形已经没有价值或者丢失，地形需要再造。这时可以使用“Cap”命令将围合区域生成多边形，然后再经过切割变成网格状结构，然后使用“relax”平滑表面，或者同时配合用“笔刷工具”得到自己想要的外观。如图 2-5-66 所示。

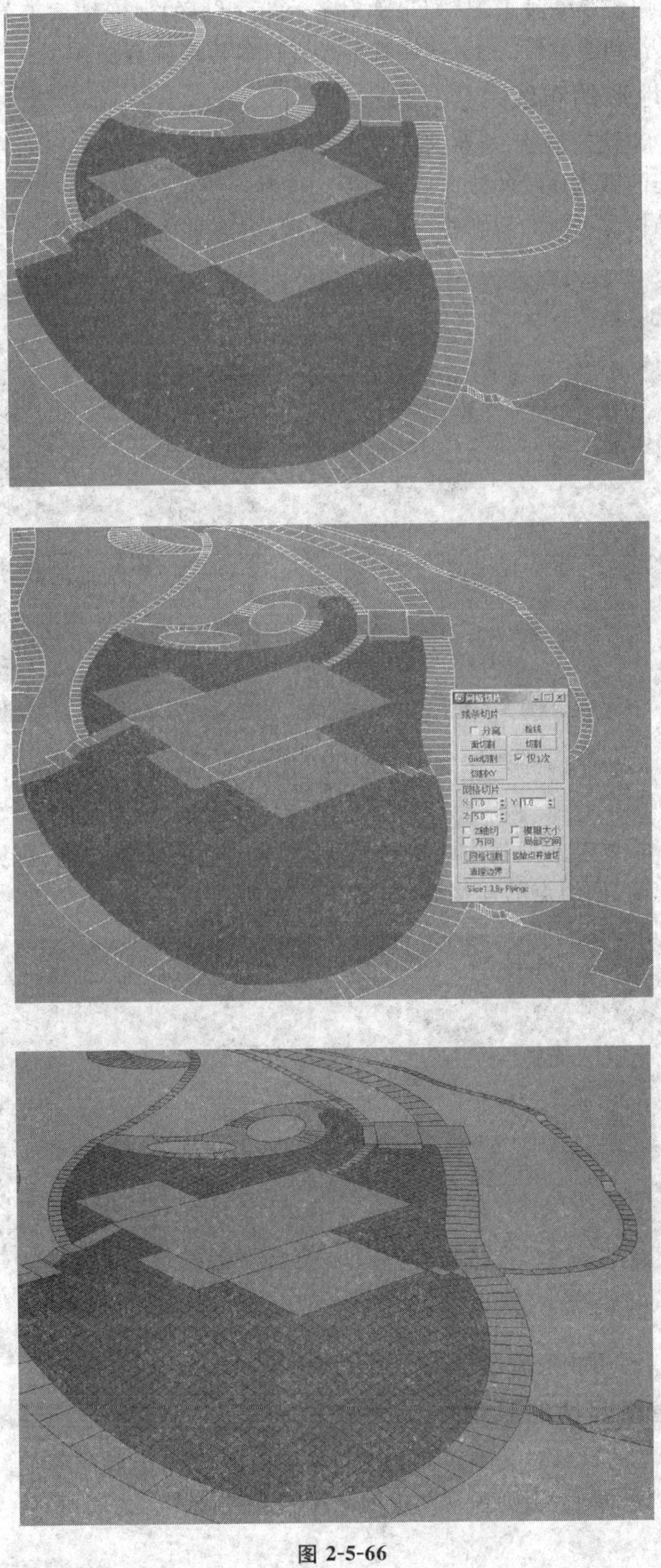

图 2-5-66

这种方法还适用于第一种情况，如果你对 terrain 生成的地形结构不怎么喜欢，可以使用把边界内的点都附着到原地形之上，这样就不必进行多边形缝合操作了。

（三）不规则地形的布线

为了表现斜坡、起伏的道路，对路网进行一些布线操作是最首要的。对于布线有一些要求，例如，道路要尽可能的做成连续的四边形，如图 2-5-67(1)所示。对于一些硬地铺装，要进行一些分割，让多边形的结构尽可能的规则些。布线越合理，渲染的效果就越好，如图 2-5-67(2)所示。

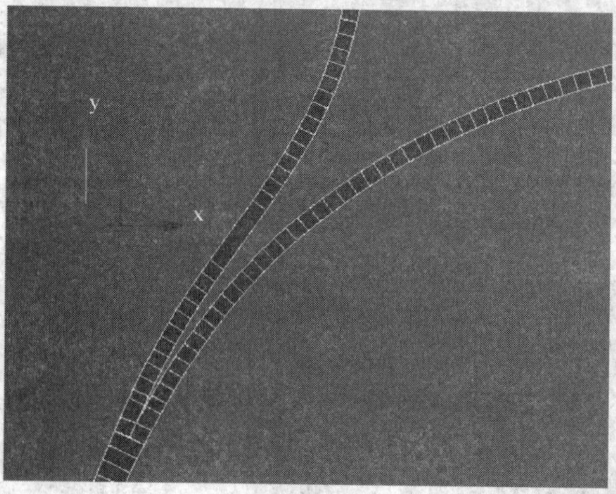

(1)

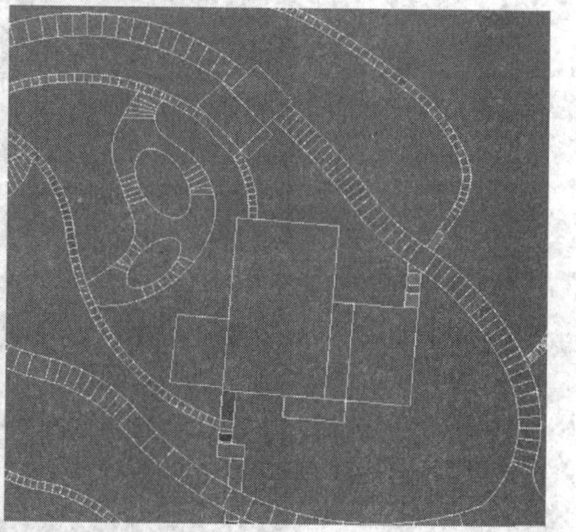

(2)

图 2-5-67

要完成上述工作，要经常用到一些切割工具，如点到边的垂直切割、边界上两边之间的角平分线切割、两点切割、两组点的连接等，如图 2-5-68 所示。

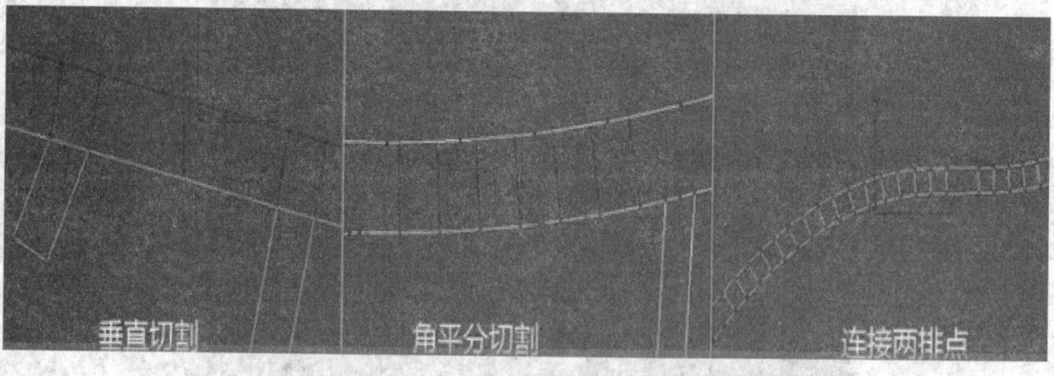

图 2-5-68

有些道路也可以利用线条通过“边线扫描”来生成，如图 2-5-69 所示。

（四）斜坡与道路起伏的表现

斜坡的表现，模型的点要对其到斜面上的同时要保持 x、y 坐标的不变。也就是让模型上的顶点沿 z 轴对其到平面上，否则顶视图中的结构就会被破坏。这时可以使用“移点工具”，如图 2-5-70 所示。

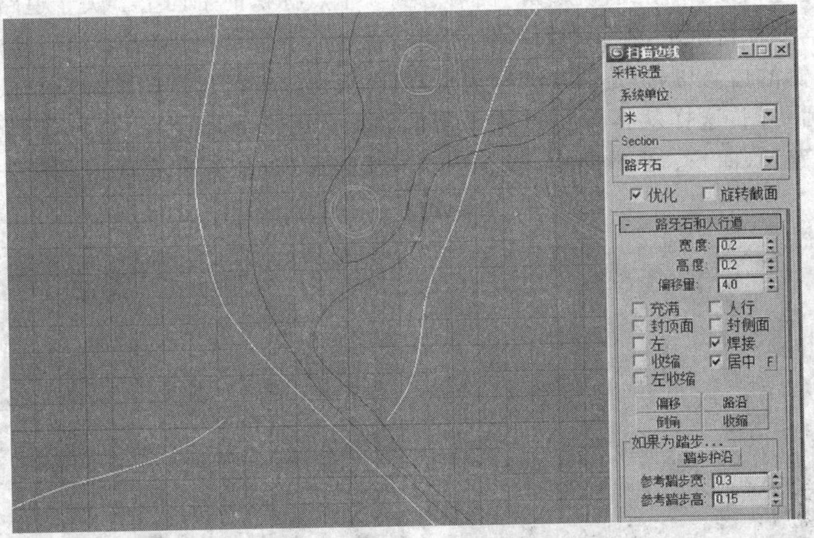
扫描边线
采样设置
系统单位:
米
Section
路牙石
优化
旋转截面
路牙石和人行道
宽度: 0.2
高度: 0.2
偏移量: 4.0
充满
人行
封顶面
封侧面
左
焊接
收缩
居中
左收缩
偏移
路沿
倒角
收缩
如果为踏步...
踏步护沿
参考踏步宽: 0.3
参考踏步高: 0.15

图 2-5-69

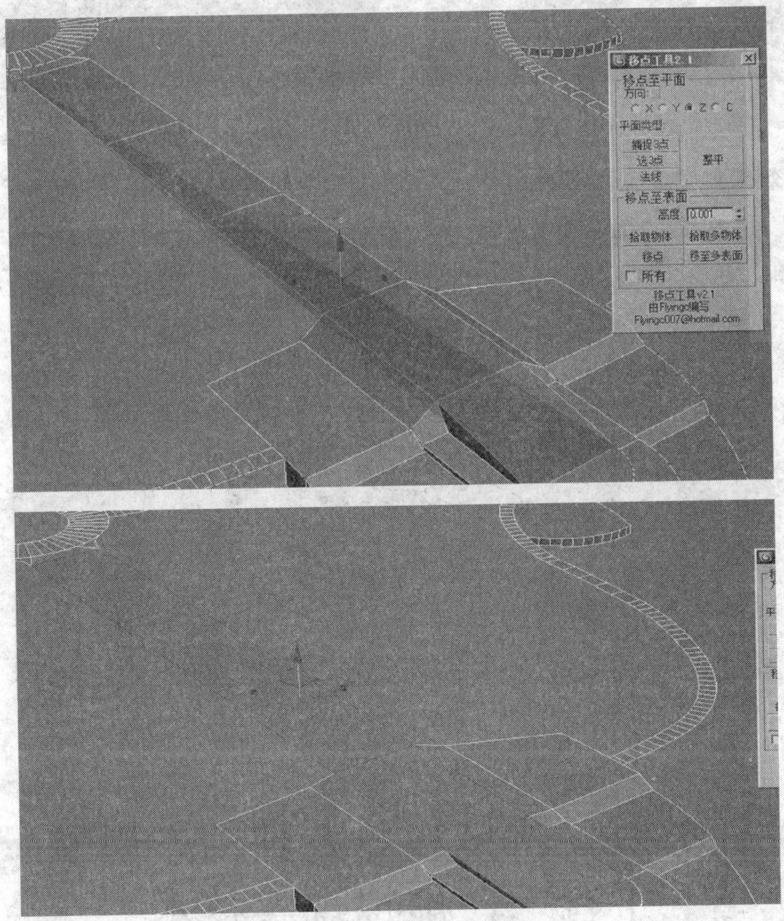
移点工具2.1
移点至平面
方向:
平面类型
捕捉3点
选3点
选线
整平
移点至表面
高度: 0.001
拾取物体
拾取多物体
移点
移至多表面
所有
移点工具v2.1
由Flyingc编写
Flyingc007@hotmail.com

图 2-5-70

斜坡的处理:将图中粉红色区域的面对齐到 3 个点标识的平面上。关于道路的起伏,注意路的横截面需要保持水平,不能布料一样直接贴在地形上,所以我们需要使用这样一种修路工具:选择路一侧的边,根据指定的几个标高点,可以使得到平滑过渡的曲线,同时还把这一侧的高度映射到另一侧,这样就得到了过渡平滑的路面。用户可以使用“修路工具”、“平滑路面(直)”、“平滑路面(曲)”、“平滑路面(多点)”、“平滑路面(近似)”来完成这些任务,如图 2-5-71 所示。

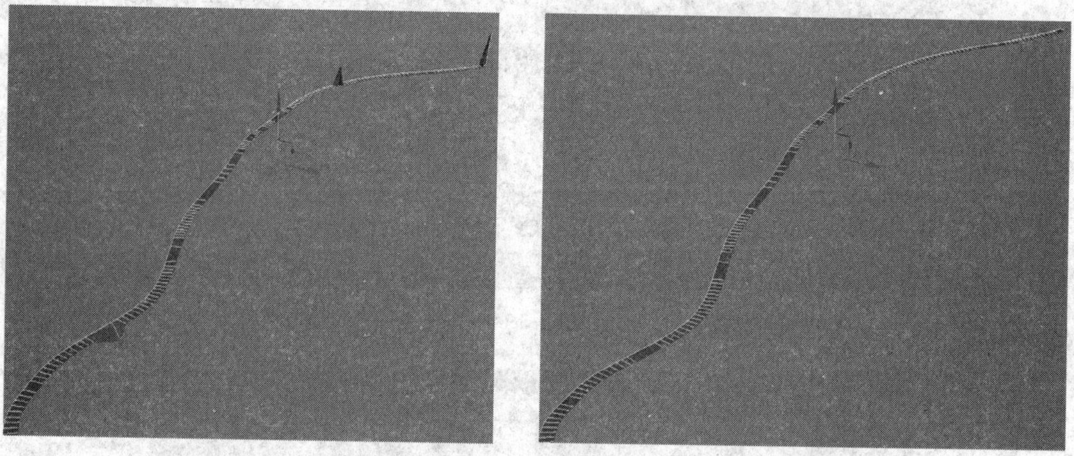

图 2-5-71

最终完成效果如图 2-5-72 所示。

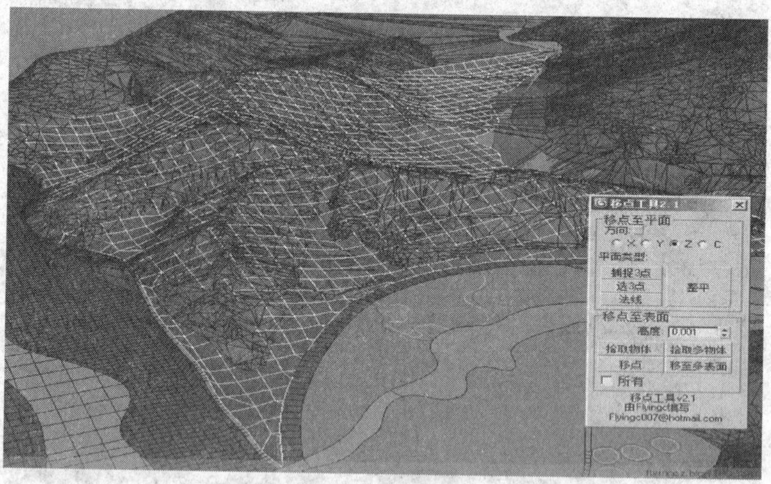

图 2-5-72

任务六　将模型导入到动态引擎平台——虚拟现实技术

前期任务已将爨底下村的 3D 模型建设完成,在本任务中通过 3D 互动技术(采用 Unity

3D系统)还原现实中的爨底下村旅游景区。凭借网上构建的虚拟景区,游客可以通过建立个性化的虚拟化身,在虚拟的景区环境中,身临其境游览拟真的景点,足不出户的体验千姿百态的风景胜地以及景点背后的传奇故事。由此,让所有的游客可以增加对爨底下村深层次的了解与熟悉,引发在现实中也希望"到此一游"的旅游需求。游客还可以与其他人以及景区的导游以3D虚拟化身的形式互动交谈,讨论对相关景点的旅游心得、奇闻趣事、出行指南等,通过有效交流,游客在未到真实景点之前就已经掌握了相关的景点知识以及出行须知。爨底下村景区管理人员或导游也可以在线主动推荐特色旅游景点,更好地推广爨底下村旅游景区。

一、虚拟现实技术介绍

虚拟现实技术(Virtual Reality,VR)是一种通过多媒体技术与仿真技术相结合生成逼真的视、听、触觉一体化的虚拟环境,在该拟真环境中,用户通过多种传感设备,可以根据自身的感觉,使用人的自然技能对虚拟世界中的物体进行考察和操作,参与其中的事件,同时提供视、听、触等直观而自然的实时感知,并使参与者"沉浸"于虚拟环境中。

虚拟现实是以计算机图形学、计算机仿真技术、人机接口技术、多媒体技术以及传感技术等学科为基础建立的一门新兴学科。对于该项技术的研究可追溯至20世纪60年代,但一直到90年代,虚拟现实技术才开始作为一门较完整的体系受到人们极大的关注。

由于虚拟现实技术具有3I特性,即交互性(Interactivity)、沉浸感(Illusion of Immersion)和构想性(Imagination),使得人们可以通过该项技术将实体"投射"于计算机所生成的特殊环境中,并操作、控制环境变化,从而模拟出现实世界中无法实现或者具有危险性的操作,因此已经在诸如建筑设计、军事仿真、虚拟制造、游戏娱乐、医学等领域得到广泛的应用。在教育、心理学、环保、文化艺术领域,虚拟现实技术也得到越来越多的关注。

更为重要的是,随着虚拟现实技术对推动科学技术发展的重要性渐渐显现,各国政府日益重视虚拟现实技术,知名高校与科研机构在全球建立的虚拟现实实验室如雨后春笋蓬勃发展,例如美国宇航局和麻省理工学院等。

虽然我国虚拟现实技术起步较晚,但却受到国家相关部门和科研人员的高度重视,并在计算机产业蒸蒸日上的基础上,积极引进吸收国外先进科技,勇于创新,利用虚拟现实技术为现有的计算机成像产业注入新鲜血液,从而运用科技这一生产力推动我国社会经济欣欣向荣。

我国最早涉及虚拟现实技术科研的院校当属北京航空航天大学,此外,清华大学等高校也从不同方向进行了研究,并取得一定成果,但作为虚拟现实技术运用的基础,虚拟现实专业相关人才却极端匮乏,能够熟练运用虚拟现实技术平台的人才更是千金难求。

二、Unity 3D介绍

Unity 3D是由Unity Technologies开发的一个让玩轻松创建诸如三视频游戏、建筑可视化、实时三维动画等类型互动内容的多平台的综合型游戏开发工具,是一个全面整合的专业游戏引擎。Unity类似于Director、Blender game engine、Virtools或Torque Game Builder等利用交互的图形化开发环境为首要方式的软件,其编辑器运行在Windows和Mac OS X下,可发布游戏至Windows、Mac、Wii、iPhone和Android平台。也可以利用Unity web player插发发布网页游戏手机游戏，支持 Mac 和 Windows 的网页浏览。它的网页播放器也被 Mac widgets 所支持。界面如图 2-6-1 所示。

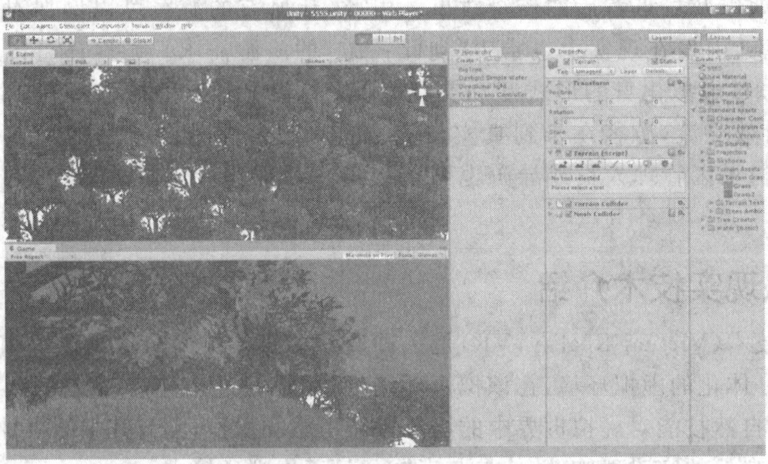

图 2-6-1

(一) Unity 3D 主界面介绍

1. Project(项目)视图

Project(项目)视图，如图 2-6-2 所示。

视图游戏中的所有文件(脚本、对象、场景、视频、音频、图片等)都组织到 Project 文件夹中，每个 Project 文件夹都包括一个 Assets(资源)文件夹。Assets 文件夹包含创建或者导入并包含在这个游戏中的任何东西，包括网格、贴图、脚本、摄像机、关卡等。

Project 视图显示了这个游戏的 Assets 文件夹中直接包含的任何东西，并且和它们在计算机硬盘上的组织方式完全一致。然而，如果不确定这些文件的位置，可以直接在 Project 视图中任何选中的资源上右击并选择 Show in Explorer 命令，它会直接打开项目文件夹，显示该文件；文件夹旁边的箭头表示这是一个嵌套层，单击某个箭头就会展开该文件夹的内容；在 Project 视图中简单地单击和拖拽，就可以在不同文件夹中移动和组织文件。

也可以在 Project 视图中直接打开文件并对其进行编辑。如果发现需要对任何文件的内容进行调整或者修改，只需双击这个文件就可以在默认编辑器中打开它。正常的保存这个文件，Unity 可以把它重新导入到项目中去。

如果 Project 视图中包含的内容比较多，可以在搜索栏中输入文件名的任何部分，就能在各个层次的子目录中进行查找了。

2. Hierarchy(层次)视图

Hierarchy(层次)视图，如图 2-6-3 所示。

该视图只列出了在当前场景中用到的对象，并且场景中的对象是简单地按照字母顺序进行排列的，随着添加或者删除对象，Hierarchy 视图会随着每次修改而进行更新。

在 Hierarchy 视图中选择一个对象并按住 Delete 键(或是右击并选择 Delete)，可以从游戏的当前场景中删除这个对象，但是，这并不会从该项目的 Assets 文件夹中删除它。

在 Hierarchy 视图中可以对对象进行重命名，重命名的对象不会对 Project 视图中的实际文件产生变化。如果想要更改实际对象的文件名，则必须在 Project 视图中改变其名称。

图 2-6-2

图 2-6-3

在 Hierarchy 视图中为对象建立父子关系，也可以帮助你对其进行组织并使得对游戏的编辑修改更为简单。

3. Inspector（查看属性）视图

Inspector（查看属性）视图，如图 2-6-4 所示。

Inspector 视图显示游戏中每个对象所包含的详细信息，只要单击某个对象，那么它的详细信息就会显示在该视图中，可以对其信息进行编辑修改。

在 Inspector 视图中一般包含很多属性信息，在属性查看器的顶端是这个对象的名称，然后是该对象的各个方面的一个列表，包括 Transform、Collider 等。并且在该视图中的每个属性都有与其对应的帮助按钮和上下文菜单，单击帮助按钮就会显示参考手册中和这个属性相关的文档，当然，只有在联网的情况下才能看到参考手册；单击上、下文菜单就会显示仅仅与该属性相关的选项，也可以在此把这个属性重置为其他默认值。

4. Scene（场景）视图

Scene（场景）视图是编辑器中最重要的视图之一，它是游戏世界或是关卡的一个可视化表示。在这里，可以对所有物体进行移动、操纵和放置，创建供玩家进行探险和交互的物理空间；我们既可以在 Hierarchy 视图中选择物体，也可以在 Scene 视图中选择物体；如果我们在 Hierarchy 视图中能看到物体，而在 Scene 视图中看不到物体时，那是因为视图缩得太小了，以至于无法看到各个资源，可以在 Hierarchy 视图中选择某个对象，并将鼠标指针停在 Scene 视图上，随后按“F”键来放大显示，如图 2-6-5 所示。

在 Hierarchy 视图中单击 Primitives 对象，实际上是在 Scene 视图中选择了它所有的子对象。在 Scene 视图中并不会显示一个单独的“Primitives”对象，所以，如果想要选择某个父节点之下的所有对象，必须在 Hierarchy 视图中这样做。

在 Scene 视图中，对视图的具体操作及快捷键如下所述。

①Tumble（旋转，Alt＋鼠标左键）：摄像机会以任意轴为中心进行旋转，从而旋转视图。

②Track（移动，Alt＋鼠标中键）：在场景中把摄像机向左、向右、向下、向上移动。

③Zoom（缩放，Alt＋鼠标中键或者鼠标滚轮）：在场景中缩小或放大摄像机视角。

④Center（居中，选择游戏对象并按“F”键）：摄像机会放大并把选中的对象居中显示在视

野中。鼠标光标必须位于 Scene 视图中，而不是在 Hierarchy 视图中的对象上方。

图 2-6-4

图 2-6-5

⑤Flythrough（穿越）模式（鼠标右键＋WASD 键）：摄像机会进入“第一人称”模式，使得你可以在场景中迅速地移动和缩放。

⑥Full Screen（全屏）模式（空格键）：按下空格键可以使得当前激活的视图占据编辑器所有可用的显示空间。再次按下它可以返回之前的布局。当前激活的视图就是鼠标指针多悬停的视图。

Scene 视图还包括一个名为“Scene gizmo”的特殊工具，这个特殊工具可以使你迅速地获取场景摄像机的朝向，从而迅速地把摄像机视角切换到预设的视角上。

Gizmo 就是一个图标或者记号，它通常用来表示那些在真实世界中没有可视化表示的东西。在 Unity 中，通常使用 gizmo 来表示移动和摄像机控制。

还需要注意的是，操作手柄的箭头颜色和游戏世界中某条坐标轴的颜色是匹配的：红色代表 x 轴，绿色代表 y 轴，蓝色代表 z 轴。也可以通过编辑菜单中的首选项命令来修改成自己喜欢的颜色。

在 Scene 视图下方，有一些视图的控制选项，它们可以改变摄像机查看场景的方式。如图 2-6-6 所示。

缓制模式可以控制游戏场景中对象的绘制。以下有几种缓制模式：

①Texture（贴图）：对象会使用你为其指定的颜色或贴图进行绘制。

②Wireframe（线框）：会显示对象的物理网格，而不带有任何贴图。

③Tex-Wire（带有贴图的线框）：会把对象的贴图和它们的线框叠加在一起显示。

这些选择中的任何一个都不会改变游戏的显示方式，只会改变在 Scene 视图中查看这些对象的方式。

渲染模式下同样会有以下几种选项：

①RGB：以通常情况下带有颜色的方式来显示所有对象。

②Alpha：会使用对象的 Alpha 值来显示场景中的所有对象，完全不透明的对象会用白色渲染表示。

③Mipmaps：会显示对象所使用的最理想的贴图大小。

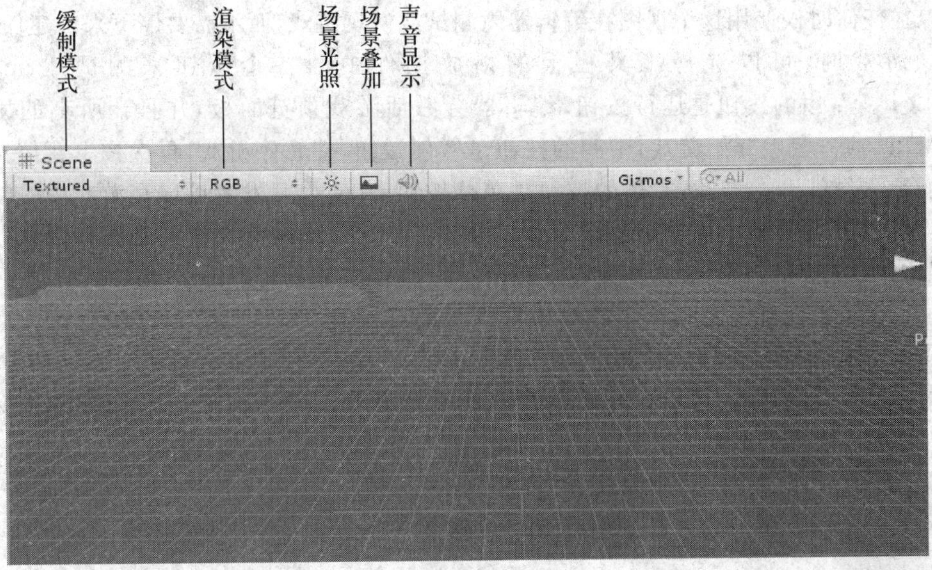

图 2-6-6

场景光照按钮在 Scene 视图中可在使用默认的内置光照还是使用自己创建的光照之间进行切换。

场景叠加按钮可以对摄像机进行更新，使得场景的显示方式就像在游戏中一样，其实也就是网格的显示与隐藏。

5. Game(游戏运行)视图

Game(游戏运行)视图，如图 2-6-7 所示。

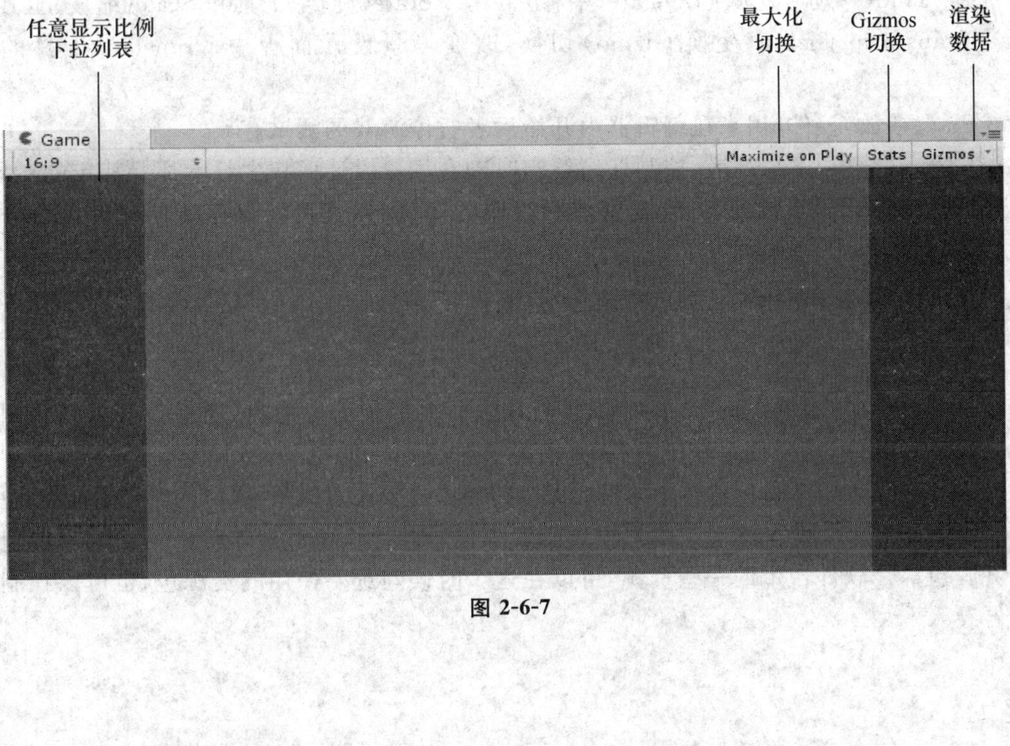

图 2-6-7

在该视图中，游戏会按照最后构建并发布时一样进行渲染。它就是浏览测试与发布的窗口，我们可以在任何时候使用这个视图在编辑器内测试或试玩游戏，而不需要停下来构建任何东西。

测试游戏时，可以选择工具栏上的播放控件中的各个按钮来测试运行。如图：。左边的按钮是运行按钮，编辑器会激活游戏预览面板，并且让所有的用户界面变得略微黑一些，然后开始游戏；中间的按钮是暂停按钮，即暂停游戏，再次按下暂停按钮可以从暂停的地方继续开始游戏；右边的按钮是单帧按钮，其使得开发者可以在游戏中一帧一帧地移动。当开发者需要调试某个特定的、有问题的代码补丁，或是需要看看某些东西在哪里出现错误时，这非常有用。

①Free Aspect：可以实时改变游戏预览面板的显示比例，即使游戏正在运行。当需要为不同大小的屏幕制作 GUI 时，这会非常方便。

②Maximize on Play：可以在开始运行游戏时把游戏的预览面板扩大到编辑器视图的整个区域。

③Gizmos：可以切换游戏中绘制和渲染的所有工具。

④Render Statistics：当开始优化游戏时，这非常有用。它可以快速查看游戏帧速率的方式。

6. 工具栏

工具栏位于菜单栏的下方，主要有交换工具、变换 Gizmo 切换、播放控件、分层下拉列表和布局下拉列表。如图 2-6-8 所示。

图 2-6-8

①Transform（变换）工具：在场景设计面板中用来控制和操纵对象。按照从左到右的顺序分别是 Hand（移动）工具、Translate（平移）工具、Rotate（旋转）工具和 Scale（缩放）工具。

②Transform Gizmo（变换 Gizmo）切换：改变场景设计面板中 Translate 工具的工作方式。

③Play（播放）控件：用来在编辑器内开始后者暂停游戏的测试。

④Layers（分层）下拉列表：控制任何给定时刻在场景设计面板中显示那些特定的对象。

⑤Layout（布局）下拉列表：改变窗口和视图的布局，并且可以保存所创建的任意自定义布局。

（二）3D Max 与 Unity 3D 的结合使用

①双击打开软件。

②打开软件时，会弹出一个对话框，这个对话框提示是创建项目，还是打开项目。因为如果是首次运行软件，需要创建一个项目，来打开软件界面。如图 2-6-9 所示。

Project Location（项目位置）：即项目的保存路径。需要注意的是：项目的路径不能出现中文。

Import the follow package（导入用到的资源包）：即导入项目制作时要用到的资源包。这里的资源包都是软件自带的一些资源，可以在这个时候勾选要使用的资源包，也可以在制作项目时再导入。

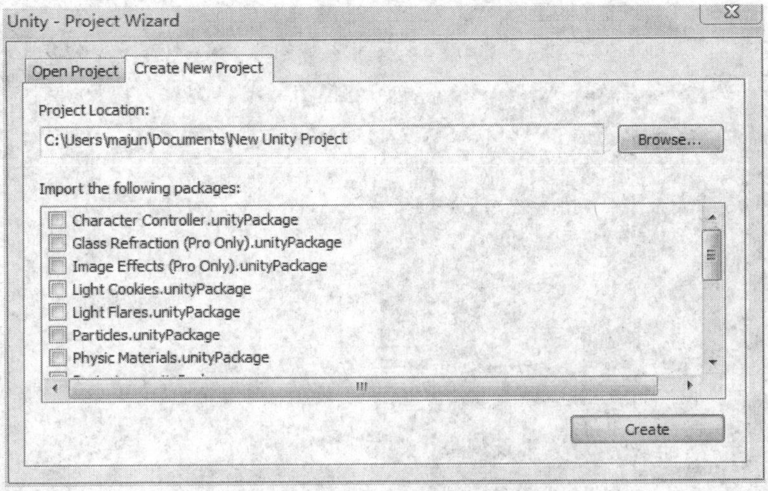

图 2-6-9

设置项目路径为 D:\CDX，由于暂时不清楚项目用到的资源，所以暂时不需要勾选，在制作时，根据实际需要导入即可。设置完成之后，点击 Create(创建)，即可进入软件界面，如图2-6-10所示。

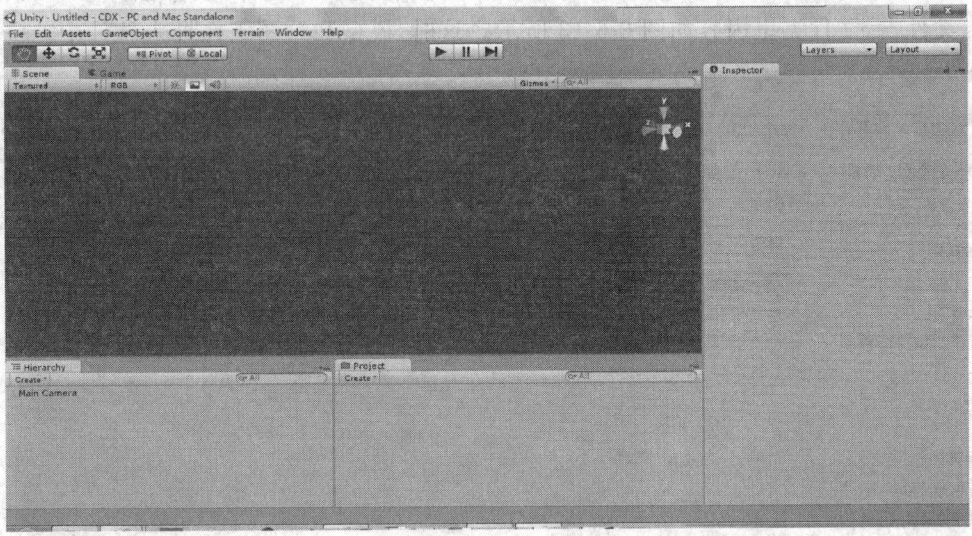

图 2-6-10

③打开界面之后，就可以对软件进行操作了。界面可以使用默认，也可以根据自己的习惯定制界面。

界面定制的方法是：将鼠标停留在视图面板的位置上，并使用左键拖动视图面板到想要的位置，释放鼠标即可。

暂时将界面定制成如图 2-6-11 所示的界面。

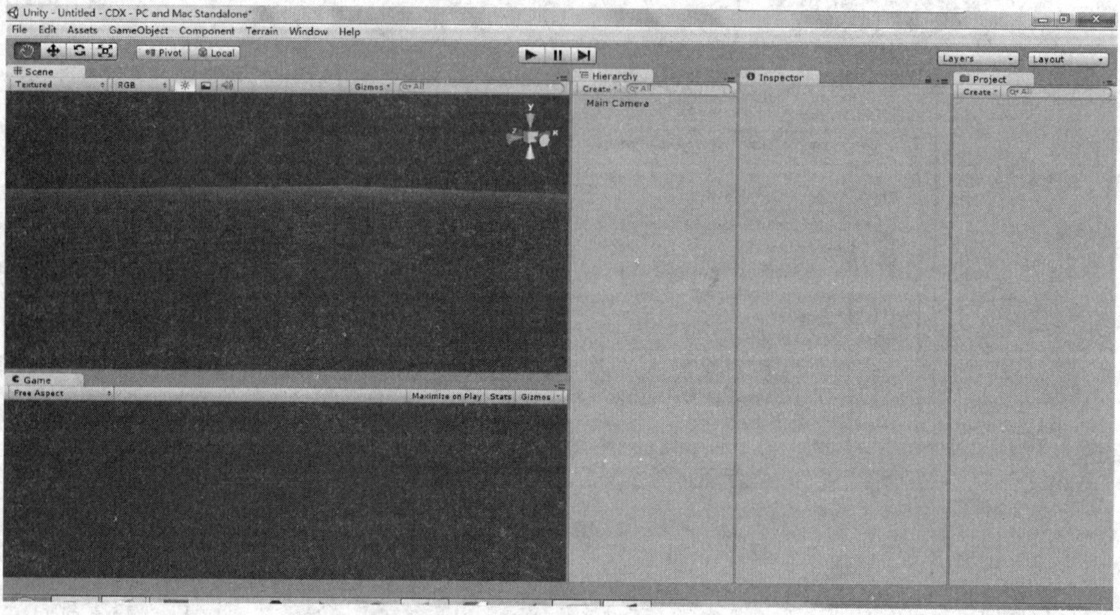

图 2-6-11

④接下来，将三维场景模型文件和贴图文件夹复制到项目文件夹，如图 2-6-12 所示中的 Assets 文件夹，文件夹里内容如图 2-6-13 所示。这时，模型和贴图正在导入软件中。

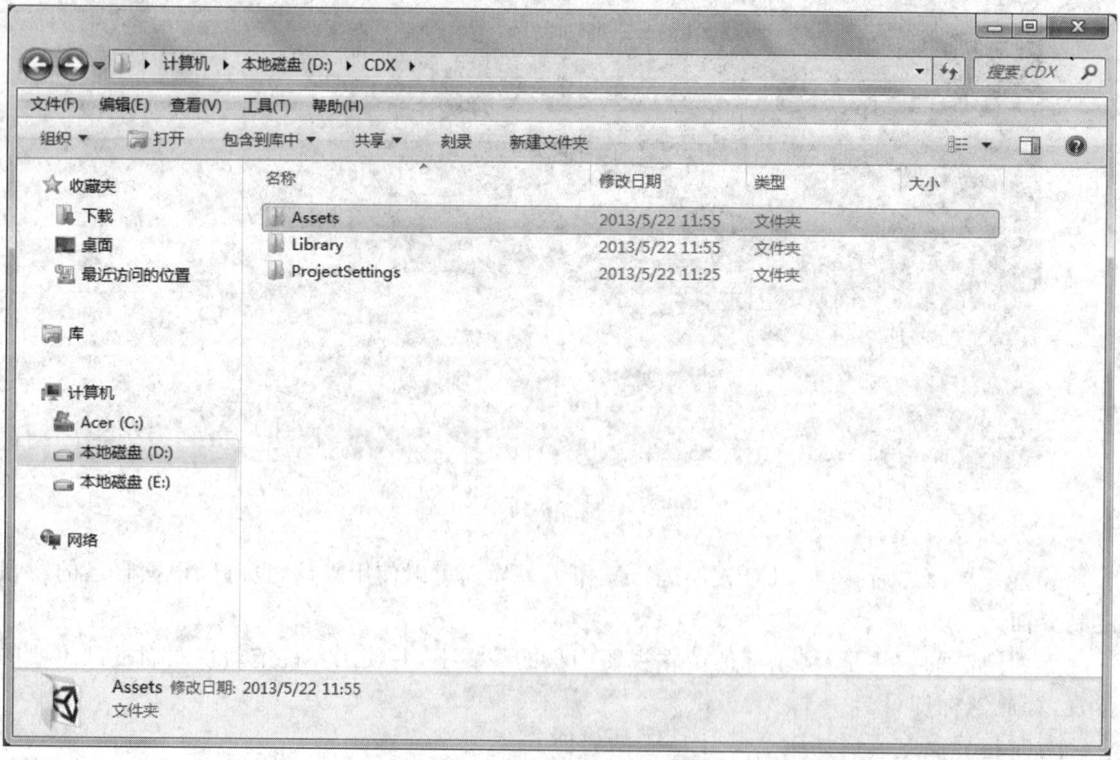

图 2-6-12

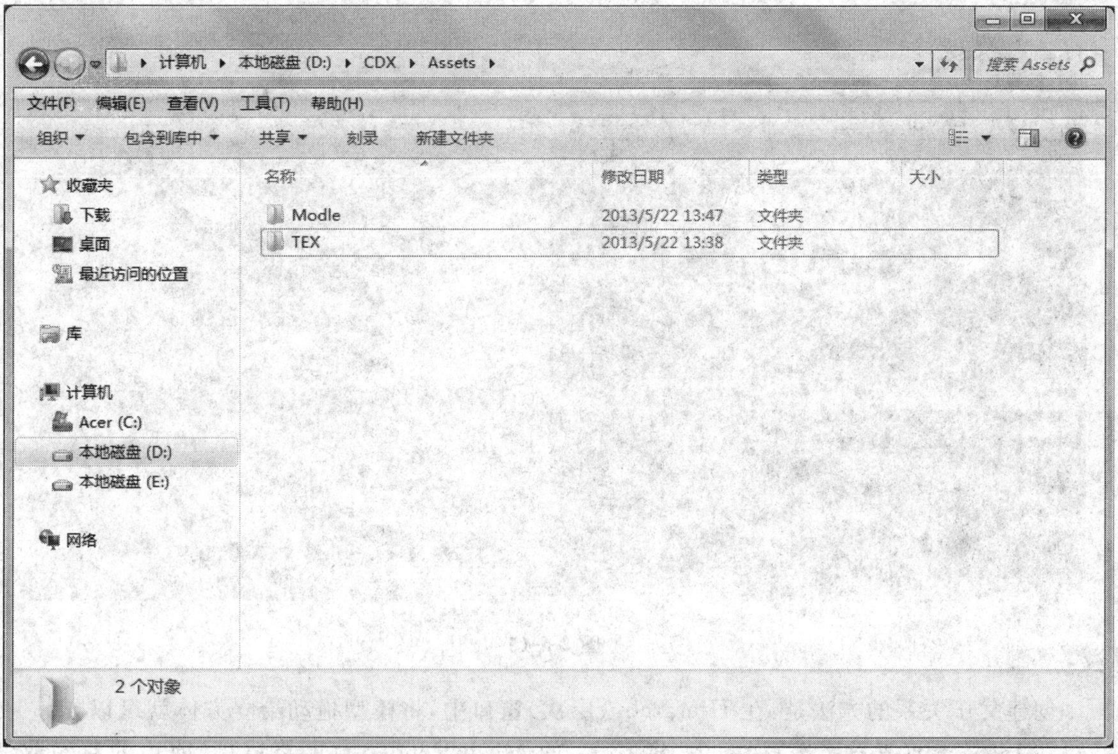

图 2-6-13

⑤导入模型之后，它会出现在 Project（项目面板）中，我们只要将模型拖入 Hierarchy（层次）窗口中，模型就会在场景窗口中显示。如果模型在场景窗口中显示太小或者太大，只要执行 GameObject-Create Other-Cube 命令，创建一个立方体，使这个立方体成为模型的父物体，如图 2-6-14所示，这样就可以对这个立方体进行缩放，缩放至合适的大小即可，如图 2-6-15 所示。

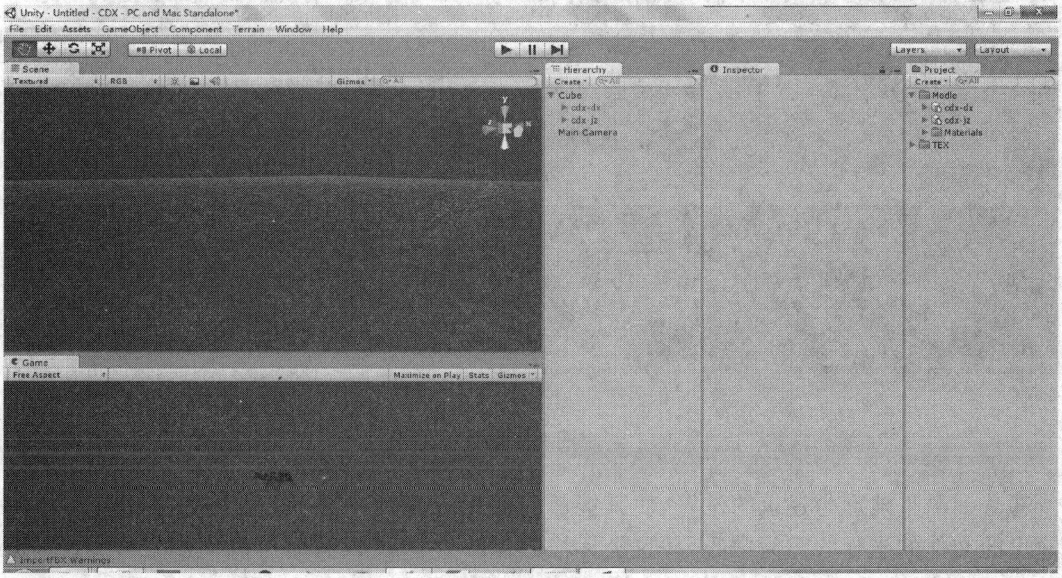

图 2-6-14

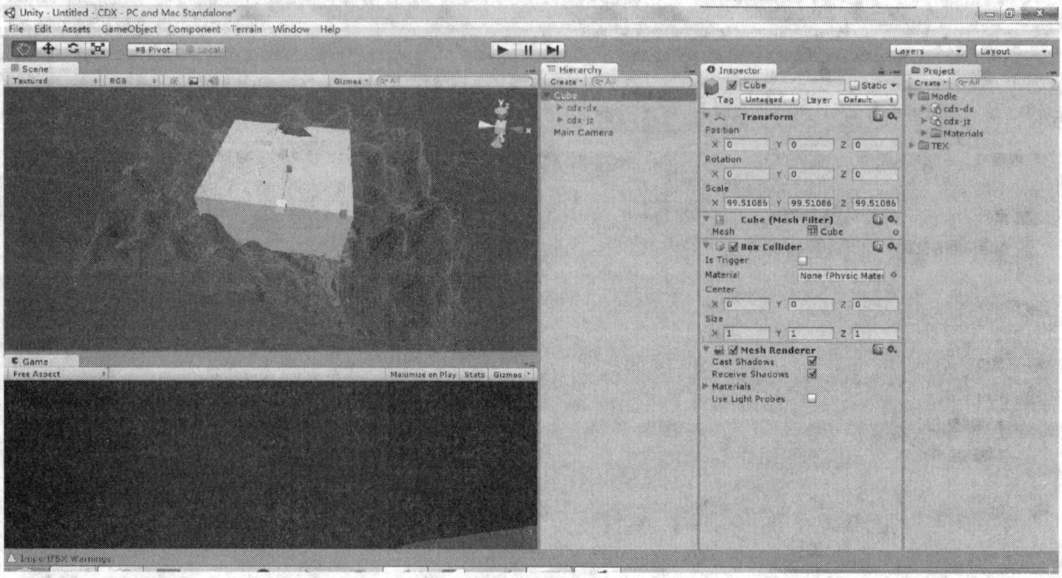

图 2-6-15

创建父子关系的方法是:在 Hierarchy(层次)窗口中,将模型拖动给立方体就可以了。

在 Inspector(查看属性)视图中,将 Cube 的 Mesh Renderer(网格渲染)前边的对勾取消掉,这样在场景视图中就看不到立方体了。如图 2-6-16 所示。

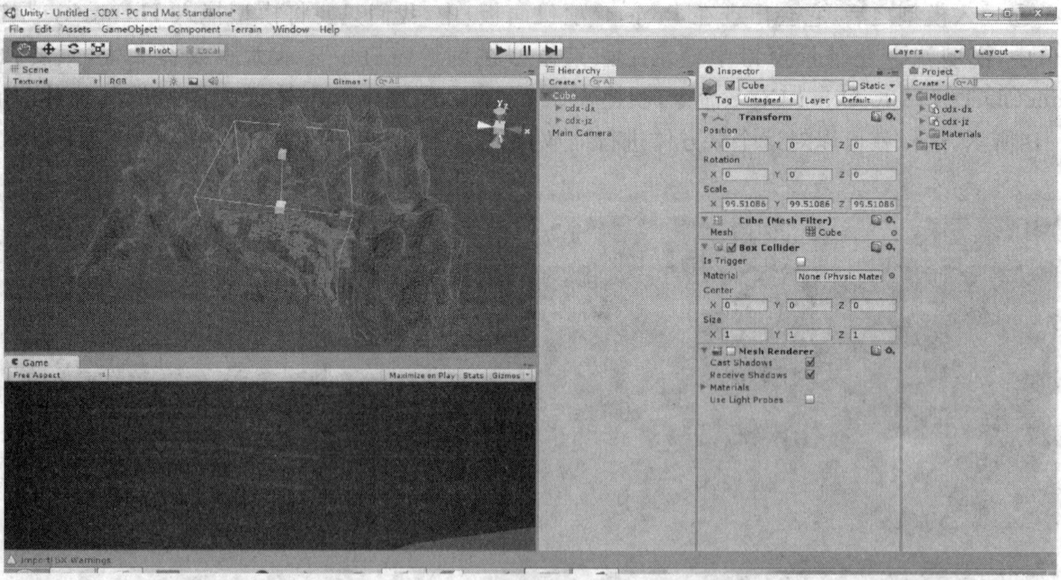

图 2-6-16

⑥分别调整地形与建筑的位置,使其能够完美的在窗口中显示,由于在 3D Max 中,最终要输出的文件的坐标均归为中心,并且坐标均已冻结为 0,所以有时可以不用在 Unity 中调整位置。在这里,将位置调整成如图 2-6-17 所示。

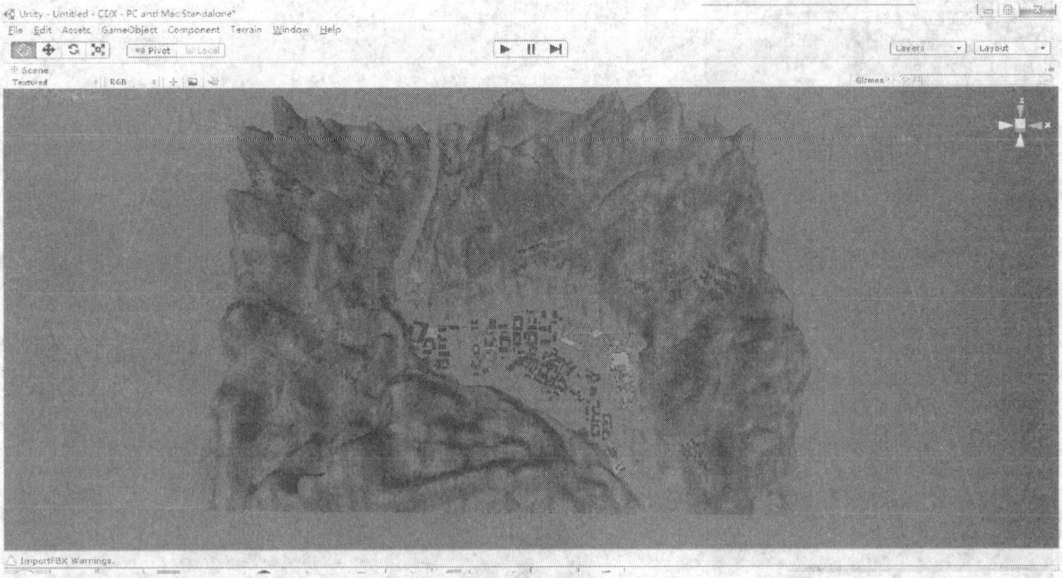

图 2-6-17

注:使用空格键可以把某个窗口切换到最大窗口显示。

⑦由于我们是把贴图和模型同时导入进软件的,所以在 Unity 中的模型是带有贴图的。如果模型没有带有对应的贴图,可以重新把贴图指定给模型。

指定贴图的方法是:首先选择没有带有贴图的模型,如图 2-6-18 所示。然后在 Inspector(查看属性)窗口中,点击『材质球 CDX03003』中的 Select,如图 2-6-19 所示,这时就会打开一个对话框,如图 2-6-20 所示,只要在该对话框中选择对应的贴图即可完成对贴图的指定。

注:这一步一定要完成所有的贴图指定。

图 2-6-18

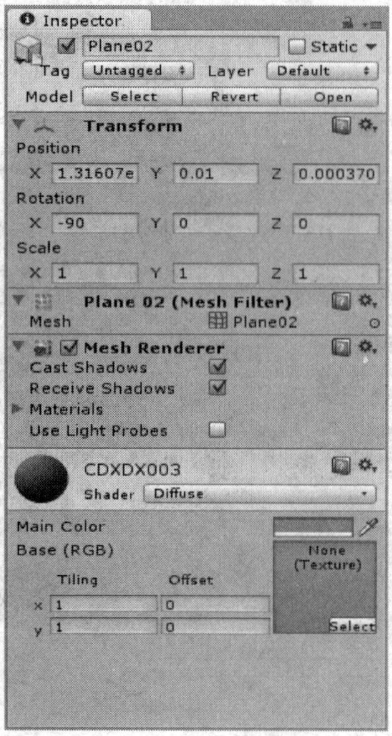

图 2-6-19

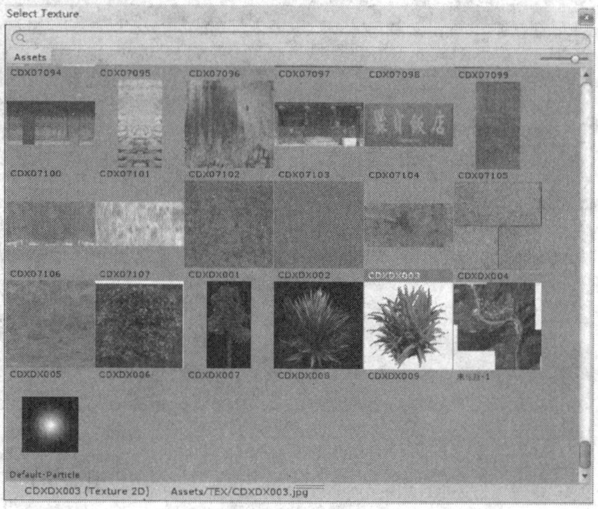

图 2-6-20

⑧贴图指定完成后，场景中现在是没有任何灯光的，所以接下来要开始在场景中创建灯光，灯光效果可以自己控制。这里把灯光效果创建成如图 2-6-21 所示。

图 2-6-21

创建灯光的方法是：执行 GameObject—Create Other—Directional Light（方向光）命令即可在场景窗口中创建灯光。

⑨灯光创建完成后，我们要给场景添加天空盒子，使其作为天空背景。

创建天空盒子的方法：

a. 在 Project 窗口，右击选择 Import Package 中的 Skyboxes 资源包，这样就可以使用天空贴图了，如图 2-6-22 所示。

b. 打开 Edit 菜单，执行 Render Settings（渲染设置）命令，这时会在属性查看窗口中显示 Render Settings 的属性，如图 2-6-23 所示。

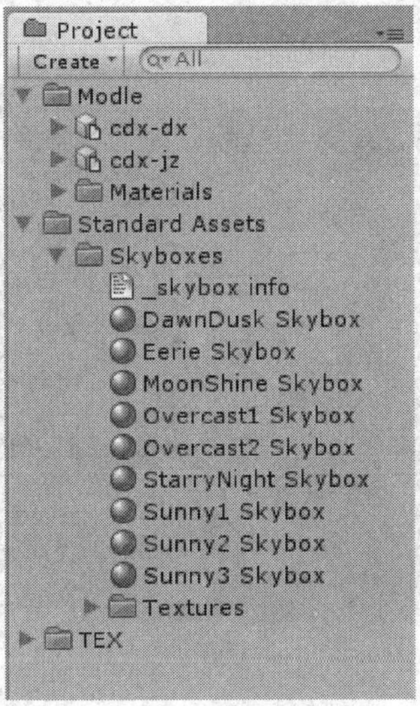

图 2-6-22

图 2-6-23

c. 在 Project 窗口中，展开 Skyboxes 资源包，选择一种天空材质球，这里使用 Sunny 2 Skybox 材质球，将这个材质球拖动到 Render Settings 中的 Skybox Material 节点上即可，如图 2-6-24 所示。

d. 运行游戏即可观看到效果。

⑩在场景中创建一个第一人称的摄像机，以便于运行游戏时是以第一人称的视角观看游戏。

创建第一人称摄像机的方法：

a. 在 Project 窗口，右击选择 Import Package 中的 Character Controllers 资源包，这样就在项目窗口中产生了第一人称和第三人称的脚本，如图 2-6-25 所示。

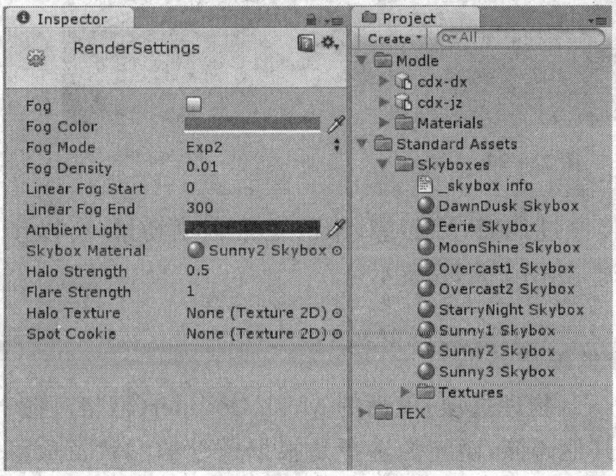

图 2-6-24

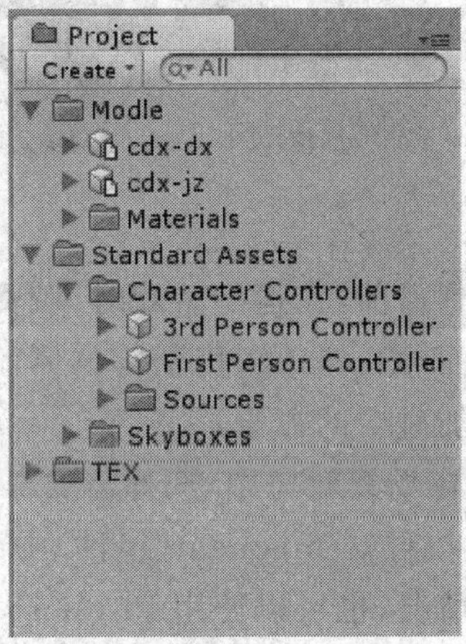

图 2-6-25

b. 将 First Person Controller 拖动到层次窗口中,会在场景窗口中出现一个类似胶囊的物体,这个胶囊代表的就是一个人,这个物体的高度就代表人的高度,然后,我们可以根据人物在场景中的比例调整高度,如图 2-6-26 所示。高度调整完成后,再次调整胶囊在场景中的位置,如图 2-6-27 所示。

图 2-6-26

调整高度的方法:在层次窗口中选择 First Person Controller 父一级文件,对其进行 Y 轴的缩放即可。

注:胶囊不能和模型产生交叉,而且胶囊的位置和地面的距离要合适。

图 2-6-27

⑪到目前,在运行游戏时,胶囊会直接穿过地面、墙面等,不能正常浏览场景,所以接下来要给地面、山、树、草、房子等物体添加碰撞,如图 2-6-28 所示。

添加碰撞的方法:

a. 在场景窗口中,选择需要添加碰撞的模型。

b. 执行 Component(组件)中的 Physics(物理选项)里面的 Mesh Collider(网格碰撞)。根据实际情况,也可以使用 Physics 里面的其他碰撞,碰撞的选择是根据模型的形状及项目需要来使用的,如图 2-6-29 所示。

图 2-6-28

使用这种方法，把所有胶囊能够接触到的模型全部添加成碰撞。

⑫在运行的时候，如果第一人称的移动速度不合适，我们可以重新修改脚本中的移动、旋转和跳跃的数值，如图 2-6-30 所示。

⑬Unity 制作的简单的环境虚拟制作完成，使用键盘上的“W、A、S、D”键和方向键进行测试浏览，并优化，最终效果如图 2-6-31 所示。

图 2-6-29

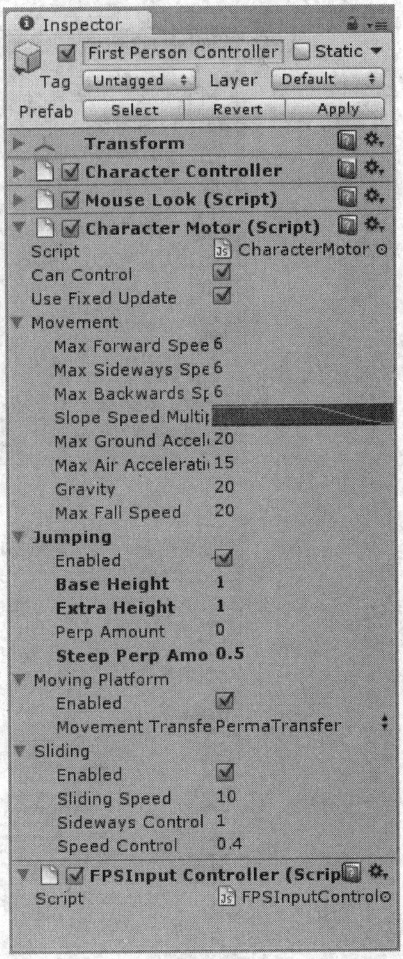

图 2-6-30

⑭输出最终版本。输出的类型有很多种，包括 Web Player、PC and Mac Standalone、Android、Flash Player、ios 等，根据需要，我们使用 PC and Mac Standalone 类型。如图 2-6-32 所示。

输出的方法：

a. 在项目文件夹下，新建名称为 Export 的文件夹，如图 2-6-33 所示。

图 2-6-31

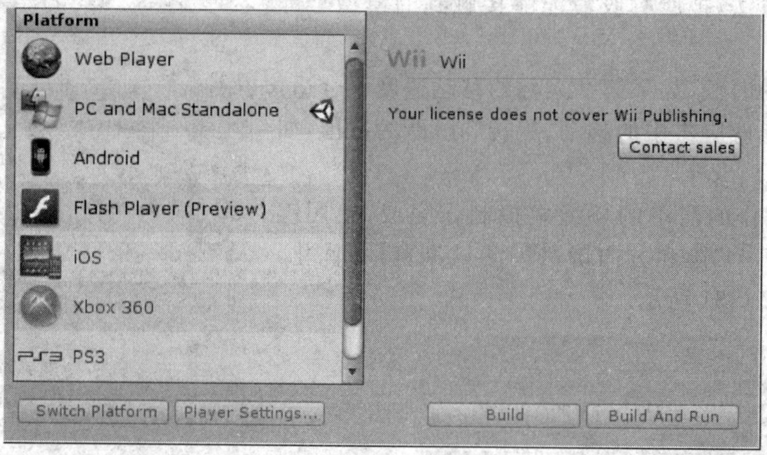

图 2-6-32

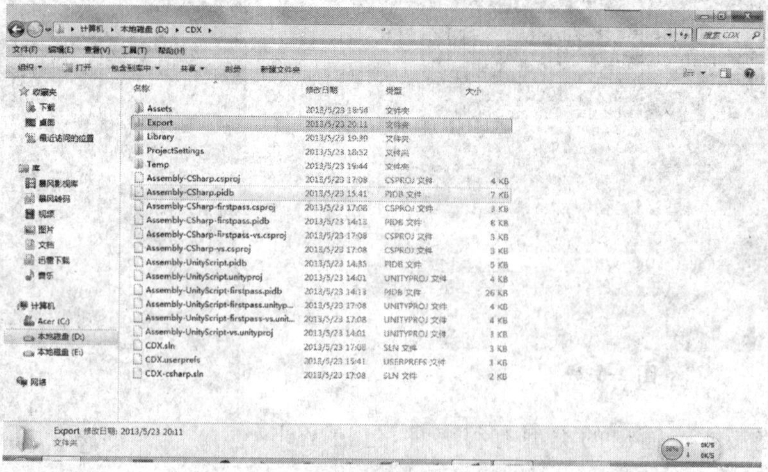

图 2-6-33

b. 执行 File 菜单中的 Build Settings(输出设置)命令,并选择 PC and Mac Standalone 类型,如图 2-6-34 所示。

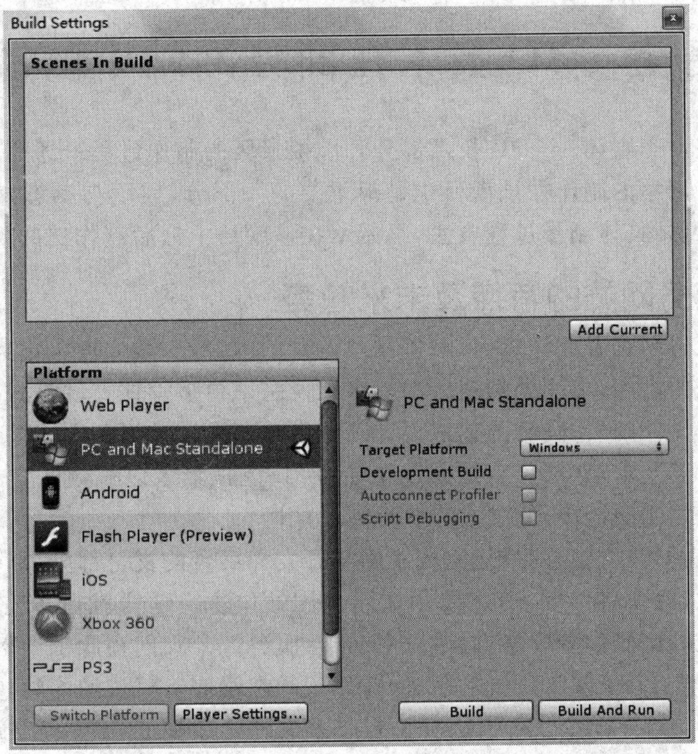

图 2-6-34

c. 点击 Build 后，它会提示你保存的位置，这时只要把位置保存在 Export 文件夹下，命名为"CDX"即可，如图 2-6-35 所示。

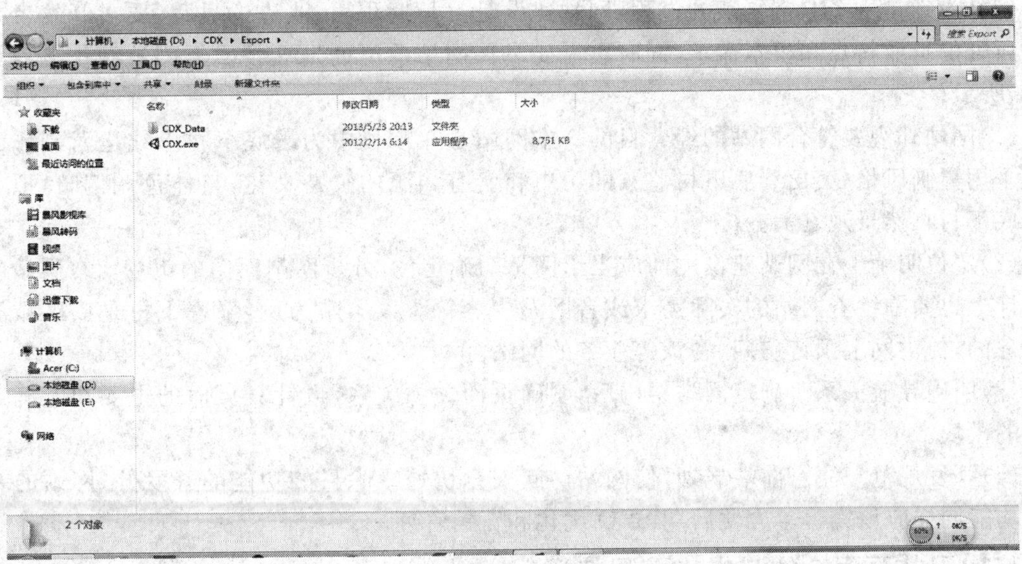

图 2-6-35

任务七　3D技术在商务网站中的展示

前面的内容将动态媒体——3D技术部分和虚拟景区的制作过程讲述完毕，下面将通过网页展示最终效果。网站的制作在该项目中是很重要的一部分，应该与动态媒体部分分小组同步进行，本书关于网站具体制作过程省去，只展示在该项目中最后制作出的效果。

一、旅游商务网站的特点及未来趋势

网站设计要吸引浏览者的注意力，除了网站本身的内容外，最大资源优势在于多媒体的功能。随着网络带宽的增加、芯片处理速度的提高以及跨平台多媒体文件格式的推广，越来越多的媒体元素被用来设计网站，网站的艺术设计开始由平面设计扩展到立体设计，由纯粹视觉艺术扩展到空间和听觉艺术，该项目就是通过软件将3D虚拟景区以视频的方式插入到网页中，通过软件建立相互之间的链接，使之成为一个整体的网页。

该项目中“爨底下虚拟旅游”只是完成了网站开发和后台的支付部分，那么移动APP应用也是一个主要形式，后续将移动APP技术应用到网站中来。这样就可以有很多的方式及视角，来完成虚拟旅游，比如旅游攻略、旅游分享、导游服务等。我们在此举个例子，通过“爨底下虚拟旅游”手机APP、LBS(基于位置的服务)应用记录在爨底下村旅游的轨迹，旅途结束之后，APP应用结合网站功能，能够将这些轨迹整合起来自动生成属于自己的旅游纪录片，也能便利地通过各种媒体手段发布并分享自己的旅游影像。

二、网站内容展示

(一)网站制作流程及注意事项

网站设计是一个非常复杂的过程，网站建设是一长期积累、改进的过程，要求开发者熟悉网站所处的行业特点和根本需求，同时也需要掌握网站前沿的发展技术。网站制作流程如图2-7-1所示。

(1)网站外观要符合网站的经营目的　本网站是在项目中为爨底下村上线运营制作的网站。采用墨画风格，突出爨底下村悠久的历史和富有渊源的独特文化；整体色调偏暗，拟在引出爨底下村自然景观之美。

(2)定位明确　在网站建设之前应当给网站明确定位，分析网站面向的市场。在网站的功能设计上也要围绕着网站的实际需求或者网站内容等。以本站为例，爨底下村是以区域旅游为业务的，提供网上预订房间、餐饮等业务的网站。

(3)明确导航关系　确定网站架构后，明确页面关联关系，再针对页面的主要功能确定要展现的模块。

(4)开发规范　注意前端规划，使网站访问安全快速。除目的功能的开发外，网站的基础优化功能同样应该完善。方便后期SEO优化和营销管理。

(二)网站页面介绍与操作使用技巧

该网站主页包括“首页”、“景区动态”、“爨底下风情”、“旅游指南”、“商旅服务”和“关于我们”6个一级页面链接的主题菜单。以及3D“虚拟景区”切换标志等。简言之，主界面包含了本站所描述与介绍的主要内容。如图 2-7-2 所示。

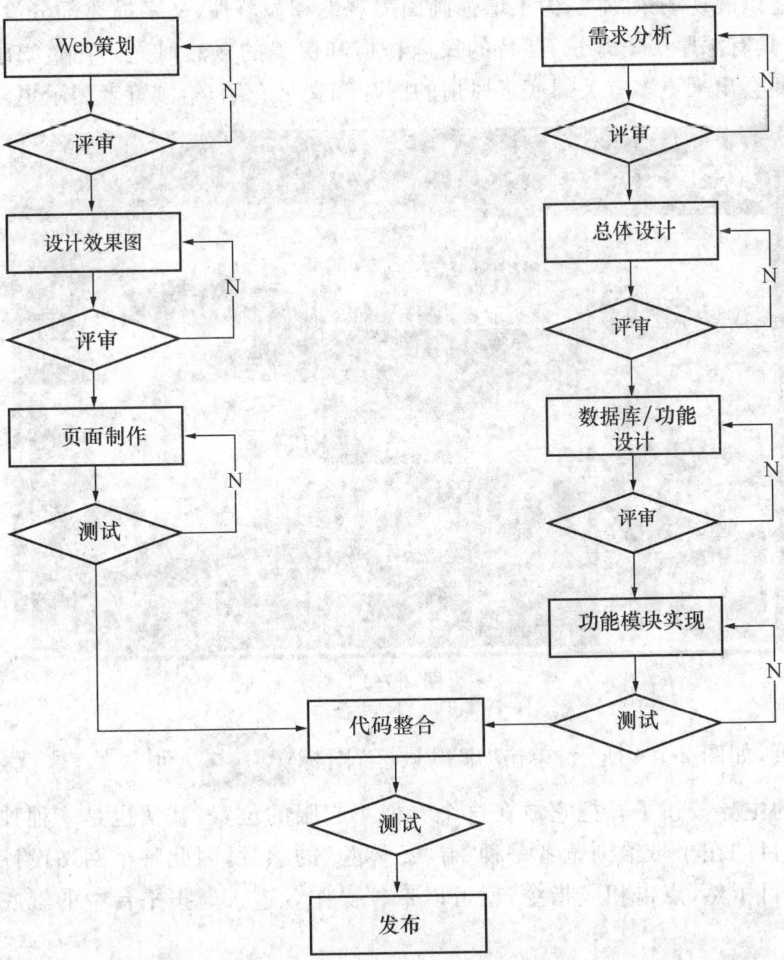

图 2-7-1

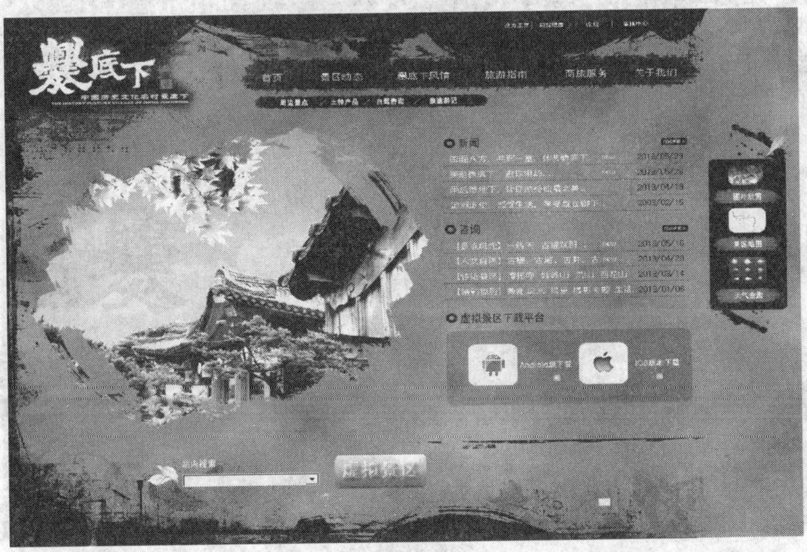

图 2-7-2

图 2-7-3 为一个一级页面，归类于首页中“爨底下风情”的链接。例如，通常情况下，网站通过图片加文字描述以展现场景，本站为了增强画面美观性和显著性，文字描述部分没有体现在首页面里，爨底下村具有深厚历史背景、独特的民风村俗和优美的自然风光。在整幅画面右上角，通过点击“more”便会出来更多有关爨底下风情的图片和文字介绍，给浏览者展示更多的内容。

图 2-7-3

在网站首页，如图 2-7-4 所示，单击“虚拟景区”图标 。很显然，这就是这个项目中进入虚拟平台的主导按钮了。把它放在这个看似不起眼的位置，其实也是一种独特的设计，给出的虚拟平台，目的在于带给浏览者一种“寻找、体验”的感觉，因此整个网站设计简洁的，打开网页后，指令一目了然，点击相应指令，就可以带领操作者进入虚拟平台中的爨底下景区，如图 2-7-5 所示。

图 2-7-4

图 2-7-5

如图 2-7-6 所示，是以第一视角操控的，当浏览者进入页面，仿佛置身于爨底下景区中，看到的画面栩栩如生。通过键盘上、下、左、右键控制所在位置的方向，鼠标用于控制前进的方向，即可以慢慢地体验爨底下村的美景（在 Android 和 IOS 系统中方向控制则用手指点触来代替）。

图 2-7-6

屏幕下层：上、下、左、右为操作状态提示灯，当操控者按着右键时，屏幕按键右键便显示淡光提示当前操作为“向右”状态。

屏幕下层有功能按键，分别为：留言、帮助、设置、查找、咨询、附近、介绍、收藏、地图。通过这些设置实现为浏览者提供服务。

如果浏览者在线上感受爨底下村风景后想要去爨底下村旅游，网站提供在线旅店预订服务。爨底下村旅舍都是村民经营，他们能为游客的旅行提供一定的条件，仅需进入选择页面即可完成预订。以“商旅驿站”为例，浏览者选择农舍后，可以把鼠标移动到这幅农舍的“牌匾”上，系统便会自动显示出此农户的有关信息，供浏览者参考，如图 2-7-7 所示。

图 2-7-7

当浏览者确定农舍后，鼠标双击此农舍“牌匾”，即可进入支付页面：与许多商务网站一样，爨底下旅舍在线预订支付平台支持财付通、支付宝等支付手段。以手机号作为购票凭证，选择支付方式后提交订单。手机号和订单号即作为使用凭证，如图 2-7-8 所示。

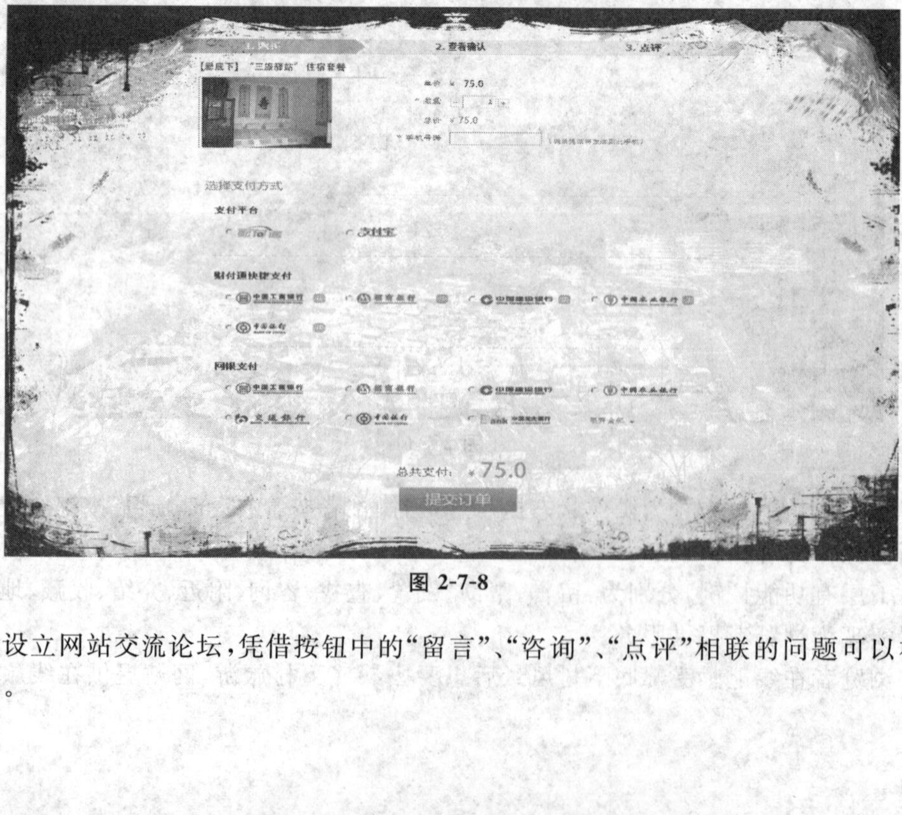

图 2-7-8

通过设立网站交流论坛，凭借按钮中的“留言”、“咨询”、“点评”相联的问题可以在论坛中实现交流。

参考文献

[1] 时代印象.3ds Max 2012 基础培训教程. 北京:人民邮电出版社,2012.

[2] 时代印象,曹茂鹏,瞿颖健.3ds Max 2012/VRay 效果图制作完全自学教程.北京:人民邮电出版社,2012.

[3] 王宇娇,耿璐,赵娅珺.新编中文版 3ds Max 2012 标准教程.北京:海洋出版社,2012.

[4] 范智军.旅游电子商务. 北京:清华大学出版社,2011.

[5] 杜文才,常颖,杜锋.实用旅游电子商务.北京:对外经济贸易大学出版社,2009.

[6] 闵敏,吴凌娇.电子商务使用基础.北京:清华大学出版社,2005.

[7] 李琪.中国电子商务.成都:西南财经大学出版社,2001.

[8] 黄京华.电子商务教程.北京:清华大学出版社,2003.

[9] 张军,王佩楷.ASP 动态网站设计经典案例.北京:机械工业出版社,2009.

[10] 鲁宏伟,江厚祥.多媒体计算机技术—3 版.北京:电子工业出版社,2011.

[11] 刘海疆, 李东博.网页制作三剑客教程.西安:西安电子科技大学出版社,2004.

[12] 张福成,谭国鹏.制作网页宝典.北京:人民邮电出版社,2000.

[13] 王凯,张家才.跟我学网页制作——网页制作技巧与实例.北京:冶金工业出版社,1999.

[14] 章牧.旅游电子商务.北京:中国旅游出版社,2008.